# ロボット工学と仏教

## AI時代の科学の限界と可能性

森政弘 上出寛子

Subject:「二元性一原論」とその応用

From: Masahiro Mori

To: Hiroko Kamide

>

>

佼成出版社

# ロボット工学と仏教——ＡＩ時代の科学の限界と可能性

# まえがき

本書は、二人の研究者のメールのやりとり（二〇一三年三月から二〇一六年七月まで）をまとめたものです。二二〇通に及ぶメールでは、深い慈悲心を持って仏教の教えを説こうとする側と、その教えに出会い受持しようと学ぶ側の経緯が、様々な出来事と共に語られています。対話している一人は、森政弘《もりまさひろ》先生（東京工業大学名誉教授、日本ロボット学会名誉会長）、もう一人がわたし、上出寛子《かみでひろこ》（大阪大学特任助教、後に名古屋大学特任准教授）で、もちろん森先生がご指導くださる側、わたしが初学者ということになります。

わたしの専門は心理学で、ロボット工学の先生方と共同研究をさせていただいていた頃、ふとしたきっかけで、森先生にお会いできる機会に恵まれました。二〇一三年当時、わたしにとって森先生とは、不気味の谷の理論（ロボットに対する人の心理を説明した世界的に超有名な理論）の提唱者であり、ロボコンの創始者であり、日本におけるロボット工学の先駆者でありながら、仏教哲学の専門家でもいらっしゃるという、あらゆる意味でとても遠く、不思議な存在でした。また森先生は、フルートの演奏や映画の撮影と編集など、他にも多種多様な技能をお持ちで、先生のことを知れば知るほど、自分との圧倒的な違いに、まさしく圧倒されるばかりでした。

今こうやって、森先生と共同で本を書かせていただけるようになっているのは、本当に〝有難い〟ことであると、深く感謝せずにはいられません。年齢も専門分野も知識の深さも、全く異なるわたしに対して、森先生は、適切なタイミングで、適切な難易度のトピックを選び、わたしが道を間違えないよう辛抱強く教えを説いて、今でも導いてくださっています。森先生とは圧倒的に違うわたしの中に、同じ心があるということを、きちんと信じて見つけてくださったのだと思います。森先生にお会いするまで、科学という二元論の世界をひたすら追究していたわたしには、これが正当だと言い切れる論理みたいなものがありました。しかし、今思えば、片目をつぶって、世界の半分しか見ていなかったのだと思います。

ひとつ重要な点ですが、仏教の教えは、非科学的で感情論的なファンタジーとか倫理観では、決してありません。二人のやりとりは、あくまで研究者としての、論理に基づく議論になっています。たとえば、人間の認識メカニズムは一体どのようになっているのか、そういった論理のもつ構造とは何か、そして、認識論から自由になるとはどういうことなのかなど、対話の中で様々なことが明らかにされていきます。この本の骨子になっている考えは、科学の限界と可能性の両方を、改めて見直す、古くて、かつ、まだまだ新しい理論なのです。

メールの編集に当たっては、個人的な内容や、仏教と科学の議論に関連しない部分はできるだけ削除しました。すべてのメールを収めると、本一冊では収まらなくなってしまうため、かなりの分量を削減することになりました。わたしにとっては、すべてのメールが宝物なのですが、この本に含まれているメールだけでも、森先生の自由自在な法の説き方は、十分に伝わるはずです。わたしは善人でも秀才でもない凡人、凡夫であり、今読み返すと恥ずかしい失敗なども色々と書いてあります。しかしながら、仏教を学んでみようとこの本を手に取ってくださった方々が、偉大な指導者の下で、右往左往しながらも学んでいくわたしの姿を見てくださったら、仏教の教えをより身近に感じていただけるのではないか、と僭越ながらも願っているところです。

なお、本書のここかしこに[省察][願い]がありますが、それは、読者諸氏への参考に供しようと、メールでは表現出来ない著者等の内心を、恥を承知の上で示したものです。また「注」も散見されますが、それも殆どはメール本文に関係した大事な仏教用語の簡単な解説で、ご参考のためにと設けたものです。

この本の出版を可能にしてくださったすべての方々、日本ロボット学会安心ロボティクス研究専門委員会、ロボット哲学研究専門委員会の委員の先生方、そして、佼成出版社の大室英暁様に、心より深く感謝申し上げます。

二〇一八年五月

著者の一人　上出寛子　しるす

# 目次

装丁……大竹左紀斗

# 第一章　森と上出の出会い

二〇一三年三月二六日〜
同年一二月二四日

**森政弘と上出寛子の出会いは、日本ロボット学会の「安心ロボティクス研究専門委員会」の講演を通して始まった。森は、教え子、生田《いくた》幸士《こうじ》東京大学教授の推薦でその講師となり、上出がその委員会の幹事であった。そして、その会の委員長が新井《あらい》健生《たけお》大阪大学教授であった。**（なお、ロボティクスとは、ロボット工学のことである。）

二〇一三年三月二六日
件名：**ご講演（座談会）のお願い、への御返事**
委員長 新井　健生　先生、　Cc：生田　幸士　先生
幹事 上出　寛子　様　　森　政弘　より

拝　復

＞平成二五年五月三〇日開催の研究会に森先生のご出席をお願いさせて頂きました。

五月三〇日（木）の日本ロボット学会「安心ロボティクス研究専門委員会」で話をさせて頂くこと、承知しました。

＞研究専門委員会は、東京大学先端科学技術研究センター会議室で開催します。

はい、いずれ、開催時間などくわしい情報は頂けますね。

「不気味の谷現象や、安心感」を中心にお話しはしますが、出たとこ勝負で、面白くやりましょう。録音、写真等いくら撮って頂いても結構です。

それから「安心」ということですので、ロボット技術の話だけでなく、仏教の考え方を持ち出すかも知れませんので、ご承知置き下さい。

とりあえず御返事まで。よろしく。

省察

先生は、不気味の谷現象の発見者でいらっしゃるけれど、あの理論とロボットに対する安心感は、どのように関連するのかしら？　安心という言葉が仏教に出てくるみたいだけど、単に不気味でないことが、安心なの？（上出）

その後の省察

この時点では、心理学的なロボットに対する主観的な安心感と、仏教的な意味における安心概念の違いについては、考えることすらしていなかった。（上出）

二〇一三年四月三日

**件名：ご講演ご承諾へのお礼**

森　政弘　先生

上出　寛子　より

大阪大学大学院基礎工学研究科の上出寛子と申します。

日本ロボット学会「安心ロボティクス研究専門委員会」の幹事をしております。

この度はお忙しい中、本委員会にてご講演いただけるとのこと、大変ありがたく存じます。わたしは阪大の基礎工学研究科におりますが、専門は社会心理学で、様々なロボットに対する心理的な印象評価の研究をしております。

人間にとって心理的に親しみやすいロボットとは何かを考える際に、森先生の不気味の谷の理論を大いに参考にさせていただいております。今回の座談会をとても楽しみにしております。

どうかよろしくお願い申し上げます。

二〇一三年四月四日

件名：**体力の問題です**

上出　寛子　様

森　政弘　より

拝　復

＞平成二五年五月三〇日開催の研究会に森先生のご出席をお願いさせて頂きました。

五月三〇日の「安心ロボティクス研究専門委員会」のこと、今から楽しみにしています。

ただ、勝手を申しますが、小生のように後期高齢者になりますと（小生現在満八六歳）起きているだけで体がしんどくなってきます。

そんな訳で、参加者の多くが興に乗ってこられると予想されますので、質問や議論が小生に対して集中砲火的に集まってしまうことを恐れます。悪しからずご了承下さい。

省察

八六歳になられた現在でも、仏教に関する勉強会を続けていらっしゃると伺ったことがある。仏教の教えを習得するのは、それほど時間のかかる、難しくて大変なことなのかしら。一般的な学問のように、博士論文を書けばとりあえず一件落着、というものではなさそうね。

二〇一三年四月四日

件名：**委員会の進め方**

森　政弘　先生

上出　寛子　より

ご丁寧なお返事をいただき、大変ありがたく存じます。お忙しい中、このような貴重な機会をいただけたことに、改めてお礼申し上げます。

確かに委員会の時間も長いですので、森先生に質問が集中したり、連続して長時間お話しいただくような形にはならないようにいたします。

当日は、様々なお考えをお持ちの先生方がお集まりになりますので、森先生をお囲みして、全員の先生方から、いろいろなアイデアやコメントを引き出せるよう、会を進めていきたいと思います。どうかよろしくお願い申し上げます。

注：その後四月二二日、森は体調を崩して入院したので、前記の会合はキャンセルになったが、退院、静養後、ＩＲＯＳ（International Conference on Intelligent Robots and Systems）という国際会議で講演を行った。その国際会議で森は、世界中のその道の人たちから「不気味の谷」現象の発見者として改めて認められた。その後、森から再度連絡があった。

二〇一三年一一月七日

**件名：安心ロボティクス研究専門委員会の再開**

Cc：生田　幸士　先生、　新井　健生　先生

上出　寛子　様

森　政弘　より

昨日の国際会議IROSでの小生の「不気味の谷」現象の特別講演をお聴き下さって、有難うございました。お陰様で、大成功に終わりました。あんなに世界の学者からサイン攻めに遭い、カメラの放列の前に立たされたことは、初めてでした。

さて、五月には、折角の会合予定をキャンセルしてしまい申し訳なかったのでしたが、昨日の国際会議でご覧のように、僕の体力はほぼ完全に回復しました。それで、「安心ロボティクス研究専門委員会」を再開して頂けば、場所が東京でならば講演に伺えます。

また、テーマは、五月の予定では「不気味の谷」と「安心感」でしたが、今度は「仏教の深層心理学「唯識論《ゆいしきろん》*」とロボット」など、如何でしょうか？

ご連絡をお待ちしています。

省察

唯識論とは何かしら？　哲学的な名前の理論だけど……。ロボットとの安心できる共存を考える上で、やはり関連するのかしら。唯識論について調べてみましょう。

**＊唯識論とは**……人間の心のハタラキを、坐禅を通して無意識領域

まで、徹底的に洞察し、その無意識領域の大掃除をすることが悟りへの道だと説くもので、西欧のフロイトやユングの心理学よりも遥かに奥深い。古来、仏教の基礎学として重要視されている。唯識論をよりどころとする宗派が法相宗《ほっそう》で、奈良の興福寺や薬師寺はその大本山である。

---

二〇一三年一一月七日

件名：**安心ロボティクス研究専門委員会再開へのご返事**

森　政弘　先生

Cc：幹事 上出　寛子　先生

委員長 新井　健生　より

大変お世話になっております。

昨日のＩＲＯＳでのご講演は大変素晴らしく、不気味の谷のお考えに至られた過程やその意義を改めて理解することができました。

委員会でのご講演のご連絡をありがとうございます。是非とも一二月の早い時点で日程を調整させていただきたく存じます。場所はもちろん東大駒場で致します。またお話の内容ですが、唯識論のお話を是非お聞きしたいと存じます。

　私個人的には、唯識論に大変興味があり解説本なども読んでみました。しかし、私の理解が足りずその本質が全く理解できておりません。

　先生の仏教についてお書きになられた御本も読まさせていただいておりますが、是非先生のわかりやすいお話を伺って、もっとよく理解したいと考えております。

　ご講演を何とぞよろしくお願い申し上げます。

森　政弘　より

二〇一三年一一月七日
**件名：安心ロボティクスの再開、多謝**
新井　健生　先生、　生田　幸士　先生
幹事上出　寛子　様
メール有難うございました。
　ＩＲＯＳのセッションに新井先生が居られたとは気付かず、失礼しました。小生の講演をお聴き下さったことに、御礼申し上げます。
＞お話の内容ですが、唯識論のお話を是非お聞きしたいと存じます。

やはりテーマは唯識論を主にして行くべきだと熟慮しております。「唯識を知らずしてロボットを語るなかれ」と言いたいくらい、重要なものです。

省察

仏教とロボットが繋がるとはどういうことなのかしら。かなり分野が違うように思える。

何の道でも、始めは存在論（実在論）的なところから始まりますが、極めてゆくと必ず（その対概念の）認識論（観念論）へ入らざるを得なくなるのです。

早い話が、野球のバッターが「ボールが止まって見える」などと言うのは、認識論へ入りかかっているわけです。存在論ならば、ボールは一五〇㎞ものスピードでピッチャーから飛んでくるわけで、バッターの手前で止まることはないわけです。

天文学でも、ビッグバンまでは存在論で良かったものの、「そのビッグバンから生じた人間が、そのことを観測し認識しているのはどういうことか？」という問題になれば、たちまち認識論です。ロボットなど、ちょっと深入りすると人工知能（物）と心の交錯になってしまい、たちまち、存在論から認識論へ入りかけます。

存在論では、物を前提として心を考えます（心は脳が作り出したとしている）が、認識論では、心を前提として物を考察します。つまり、物というものは心が作り出したものという立場です。

ここの所が科学を学んだ者にとっては、一番乗り越えにくい障壁です。そんなわけで、ぜひ唯識論を語らせて下さい。

場所は駒場の東大の由、有り難いです。日程の打ち合わせをよろしく。

省察

・唯識論について少し調べてみた。わたしたちは、常に現象をありのままに見ているのではなく、認識には様々な偏見や関心などのフィルターがかかっていることが説明されている。すなわち、自分の外部に物や現象が独立して存在しているのではなくて、わたしたちが意識しようがしまいが、自分のフィルターを通して外部に投影されたものが現象として認識されている、ということなのだと思う。フッサールの現象学と、似ているわ。

・でもこのまま突き詰めて考えていくと、外部に何かを投影しているわたしたちの心そのものも、実は存在しないという可能性はないのかしら？　心が物を作り出している、という構造の発見も、もしかしたら何らかのフィルターを通した考えなのかもしれない。となると、先生がおっしゃっているように、物を前提とすることが数ある前提のうちの一つであるように、心を前提とすることも一つの前提に過ぎないかもしれない。どちらの前提を取ればいいのかしら？

その後の省察

今から思えば、まだいずれの前提も自在に取れるようになることの重要性を知らなかった。でも、早く認識論に目覚めた人は幸運だと思う。その認識論の最たるものが「唯識論」で、これが分かると、きっと広い世界に出られるのでしょう。仏教も認識論的だと教えていただいた。逆に言えば、認識論にぶつかっていないうちは、まだ突っ込みが足りないのね。

注：日程調整を行った。

二〇一三年一一月八日

**件名：安心ロボティクス講演日程、承知しました**

上出　寛子　様

森　政弘　より

拝　復

早速の日程調整、有難うございます。新年早々ですが、一月七日、前回と同じ、東大駒場の先端科学技術研究センターでの講演承知しました。

演題は「「唯識論心理学」とロボット」でお願いします。それに関して、大きな資料「阿毘達《あびだつ》磨倶舎論図記《まくしゃろんずき》」（全紙大四枚）を持参し、参加者各位にお見せするつもりです。

では、よろしくお願いいたします。

省察

心理系や工学系での、普通の学術会議では見たことのない講演タイトルだわ。ロボット工学の先生だけど、唯識論や心理学など、人の心についてかなり慎重に考えられているみたい。でも、もの作りと仏教と心理学と哲学が、どういう風に関連しあうのかが、まだよくわからない。心理学と哲学は関係しそうだけれど、ロボット工学や仏教も含めて、相互にどう関連するのかしら。

願い

今回の講演では、最小限、仏教は葬式道具ではないことだけは知って貰いたい。出来れば仏教に開眼してほしいから、大事な阿毘達磨倶舎論図記だが持参しよう。（森）

二〇一三年一一月九日

件名：**阿毘達磨倶舎論図記について**

上出　寛子　様

森　政弘　より

前略

「阿毘達磨倶舎論図記」は、昔、部派仏教の最大の宗派だった「説一切有部《せついっさいうぶ》」の教義を組織的に膨大な表としてまとめたもので、小生にとっては、宝物のように大切な表です。

もちろん、それを当日解説することは時間的に無理ですが、仏教学というものが、大昔から、いかに精緻に組織されて来たかを参加者に瞥見して頂くと、仏教というものに対する見方が根本的に変わると思うから、持参するのです。

この『阿毘達磨倶舎論』(略称『倶舎論』(ぐしゃ、というふうには濁らないで、くしゃ、です))――これは存在論ですが、これが発展して「唯識論」が出来ました。唯識論は完全な認識論です。

それで、唯識論成立後一五〇〇年もたった今でも、「倶舎論」と「唯識論」の二つは、仏教学の基礎学としてその道では重要視されており、事実、これを勉強すると、あらゆる仏教学が非常に良く分かるようになります。ただ「倶舎論」はとても難解で、昔から「唯識三年、倶舎八年」と言い伝えられて来ています。よろしく。

省察

現象の成り立ちや構造を追究すると、人間の認識の構造を追究せざるを得なくなる。一方で、世界が現象することの根本的な理由を、人間の認識に帰属させてしまうと、もしかしたら世界は存在しない、ということもあり得てしまうのではないかしら？　それとも、もっと違う説明があるのかしら？「唯識三年、倶舎八年」とおっしゃるくらいだから、きっとそう簡単に答えが出る問題ではないのでしょうけれど、もう少しじっくり考えてみましょう。

二〇一三年一一月一〇日

**件名：ご講演概要のお願い**

森　政弘　先生

上出　寛子　より

大阪大学の上出寛子です。

この度は本委員会でのご講演をお引き受けいただき、本当にありがとうございました。わたしもＩＲＯＳで、先生のご講演を拝聴させていただいておりました。

本委員会でも、不気味の谷のお話の経緯のように、先生がロボット工学を研究されながら、仏教に関心を持たれるようになった経緯などについてもお聞かせいただければ幸いです。わたしは専門が心理学で、目に見えない心を扱うため、以前から認識論に興味があり、フッサールの現象学について初心者ながら本で学びました。唯識論のご本も読ませていただき、現象学と大変共通する部分が多いと感じています。当日にまた様々お話を伺えるのを、とても楽しみにしております。

お忙しい中、申し訳ございませんが、簡単な概要をメールでいただけますよう、お願い申し上げます。一一月二〇日までにいただければ幸いです。
どうかよろしくお願い申し上げます。

二〇一三年一一月一〇日
件名：**講演概要お送りと、仏教と小生の関係**
上出　寛子　様
森　政弘　より

拝　復
先ずは、ご依頼の講演概要ですが、以下のようにお願い致します。
「本当の仏教というものは、キリスト教やイスラム教などと横並びする特定のイデオロギーに裏付けられた信念ではなく、それらの宗教を信じながらでも学ぶことの出来る天地の道理である。つまり釈迦主義ではなく、釈尊によって（発明されたのではなく）発見された真理なのだ。
たとえば、私が仏教を学んだ寺には、毎年フランスから神父さんたちが三〇名も坐禅にやって来た。そのとき師は、「今日、キリスト教は限界に来ているから仏教を学べ」とは一言も言わず、「坐禅をすると、キリスト教の信仰が深まるからな」と言って指導された。仏教とはこういう無限に懐の広いものである。ロボティクスと仏教も同様な関係にあるわけで、仏教学を学べば、ロボット・心理学・社会学をはじめ他の多くの分野に広大な世界が開け、人間の抱えている難問題も次第に解決して行くと熟慮される。

　つまり、理性と論理に閉ざされた科学の世界の外の、直観という世界へ出てみると、本当に科学が分かる。これは外国へ行ってみて初めて日本が分かるようなものである。

　今回の講演では、質疑応答を軸として、参加者各位を、そういった世界への入口へご案内したいと考えている。その一例として、始めに、仏教の唯心論的側面を代表する「唯識論」のごく一部をご紹介したい。」

＞本委員会でも、不気味の谷のお話の経緯のように、先生がロボット工学を研究されながら、

＞仏教に関心を持たれるようになった経緯についてもお聞かせいただければ幸いです。

　はい、この八月に『仏教新論』（佼成出版社）という拙著を出版しまして、「二元性一原論*」という仏教哲学の根幹を説きました。その冒頭に、小生の師である後藤榮山老大師《ごとうえいざんろうだいし》（現、静岡県三島市の龍澤寺《りゅうたくじ》専門道場師家《しけ》）が書かれた「普勧文《ふかんもん》」があります。そこに仏教と小生との関係が説明してありますから、それを配布資料の一つとして、お配りします。

以上、長くなってしまいましたが、よろしくお願い致します。

省察

・原理を徹底すると、仏教でも哲学でも根本的には同じところに到達するのかもしれない。人間の認識の構造がどうなっているのか、そのメカニズムの根本を突き詰めて考えていけば、入り口は仏教からでも、いわゆる哲学からでも、同じところにたどり着くのかもしれない。「二元性一原論」とは何なのかしら。調べてみよう。

・宗教は中途半端に追究すると、価値観の押しつけになってしまうことがあると思う。お寺の和尚様が神父様に対して、「坐禅をするとキリスト教がよくわかる」とおっしゃるなんて、仏教はとてもオープンな感じがするわ。原理の底まで一旦たどり着いた人は、自分が歩んできた成長の歴史を知っているから、相手が今どの段階にいるのかを見極めたり、受容できたりするのかしら。

・学問というものも、ある意味では、特定のイデオロギーだと思う。世界を説明するのは宗教ではなくて科学である、科学の方が客観的で論理的で正しい、ということも、ある価値観に過ぎないのではないかしら。研究でのアイデアが、論理では説明できない直観で出てくることはたくさんあると思う。日本で初のノーベル賞受賞者、湯川秀樹博士も「先ず直観で把握し、後から理性で処理する」とおっしゃっていた。仏教の「空《くう》」から中間子を直観されたと聞いている。科学とは何か、宗教とは何か、ということを一般的なレベルの次元でとらえるのではなくて、それぞれがどういう営みなのか、ということを考える必要があると思う。どのレベルのものかにもよるけれど、直観というものは、心理学でもなかなかうまく説明できないんじゃないのかしら。

・ＩＲＯＳでのご講演は、聴衆の反応がよくて話し易かったとおっしゃっていたけれど、先生も、聴衆の様子をご覧になって、相手の理解度を察知されていらっしゃるのかしら。

＊**「二元性一原論」とは**……仏教思想の根本を論理的側面から表現した言い方で、「陰・陽」という正反対の二つ（二元）が融合し協力して全てが調和し、滞りなく動いているのが、この宇宙の本質（原）だとする。自動車のアクセル（陽）とブレーキ（陰）とか、刃物の刃の部分（陽）と柄の部分（陰）などは、身近な例である。

二〇一三年一一月一四日

件名：**当日の資料お送り**

上出　寛子　様

森　政弘　より

お待たせしましたが、これから、一月七日（火）の当日、プリントして配付して頂きたい資料を、添付ファイルとしてお送り申し上げます。資料はいくつもありますが、プリントはすべて「A4」でお願いします。

その中に資料4がありますが、この資料は唯識論が分かると、理解出来るものです。では、以上お手数ですが、よろしく参加人数分（僕の分を含め）のご用意をお願い致します。

省察

・資料4に、「存在論を徹底すると、知らぬ間に認識論へ入ってしまう。ロボットはほとんどが存在論的感覚で始まっているが、頭脳に当たるソフトになると、とたんに認識論的になる」とある。やはり、現象に対する関心は物理的な対象から始まり、ひいてはそれが人間の心の現れになる、という理解が必須になるのね。「人間は時間・空間の枠内のとりこになっているが、ロボットはそういう世界とは違う世界にいるように作ることができるわけで、これを時間・空間とは異なる「第三の間」と言いたい」という発想がとても面白いと思う。人間の認識の限界に気付いて、そこから自由になることができれば、面白い発見や研究につながりそう。

・資料の中に「正しく見る」とあるけれど、それは先日いただいた「八識《はっしき》」と「三能変《さんのうへん》＊」の解説ね。認識が自己によって歪められるということは、心理学では基本中の基本だけれど、仏教では認識の要素やレベルを、八つの識別レベルで分析して、さらにそれぞれの特徴や、レベルの移行の受動・能動を高精度に説明している。ここまで細かく理論化しているなんて全然想像していなかった。仏教は宗教というよりも、現象をできるだけ謙虚に正確に把握しようとする、理論的な営みなのね。理解できない自然現象を説明可能とするために、神様みたいな絶対的な存在を原理として策定するような、いわゆる一神教的宗教とは違うのでしょう。

　そして、単に論理を突き詰めるだけで終わらないところが、大事なところだと思う。この資料の最後に、仏教では実践（三昧）が大切だと書かれてある。頭で理解するだけではなくて、自分で体を動かして教えを実践するということかしら。

---

**＊「八識」と「三能変」とは……**（ごく概略を説明すれば）仏教の唯識論では、人間の心を、無意識世界まで掘り下げて緻密に研究し、八段階（左記）に分類されている。それが「八識」である。

・前五識——眼・耳・鼻・舌・皮膚の感覚のこと。

・第六識——前五識の各感覚を統合したり、推理・空想もする。

・第七識——仏教で厳しく否定するエゴの根源（末那識《まなしき》とも言う）。

・第八識——過去のすべてが種子《しゅうじ》として蓄えられており、これからすべてが出現する。この違いで認識する世界が変わる（阿頼耶識《あらやしき》とも言う）。
仏教理解に非常に重要。この第七識や第八識などのあり方で、認識がひん曲げられる。それに三段階があるから「三能変」と言う。

二〇一三年一二月二四日

**件名：一月七日の設備お願い**

上出　寛子　様

森　政弘　より

年の瀬も迫りご多忙のことと思います。

一月七日を楽しみにして、種々考えていますが、お願いがまた一つ出てきました。

オーディオの小さいファイルをＵＳＢメモリで持参し、参加の方々に聴いて頂きたいので、それなりの設備をお願い申し上げます。内容は、故本田宗一郎様（ホンダの創業者・初代社長）に僕が一九八四年一〇月一六日にインタビューした古い貴重な録音の一部で、唯識論の要点が、ズバリ一言で入っています。長さはほんの一〜二分です。さすがだと思います！

では、一月七日にお目にかかりましょう!!　良い年をお迎え下さい。

第二章

# 仏教と科学の出会い

二〇一四年一月八日～
同年八月五日

注：二〇一四年一月七日に安心ロボティクス研究専門委員会で森が講演を行った。

二〇一四年一月八日
件名：**お礼**
森　政弘　先生
Cc：生田　先生、　委員の先生方
上出　寛子　より

昨日は貴重なご講演を拝聴させていただき、本当にありがとうございました。これまであまり触れることのなかった仏教が、ずっと身近になった気分です。

ただ、森先生にお聞きしたいことの、ほんの少ししかお伺いできませんでした。ご講演の時間もアッという間でした。また、お会いできれば、大変光栄に存じます。

社会心理学には、幸せや、よい人生に関する研究がありますが、仏教の善や煩悩の考えをもとにして、もっと大きな視座から、よい人生を研究する方法が得られたらと思いました。現状では、善い状態を悪い状態と対立させた上で、安易に定量化する方法を取っています。これは、仏教的ではないということに気付きました。先生のご講演を聴かせていただけて、研究のヒントがたくさん得られました。
ありがとうございました。今後ともどうかよろしくお願い申し上げます。

注：四月に再度、委員会側から森へ講演を依頼した。

二〇一四年四月二八日
件名：**二度目の講演お引き受け**
Cc：生田　先生
上出　寛子　様
森　政弘　より

拝　復
再度の講演ご依頼、及ばずながら、お引き受けさせて頂きます。日程の打ち合わせをお願いします。
反省してみますと、前回は、ただ皆様の仏教勉強をあおり立てただけに終わりましたが、今度は「安心ロボティクス」にいくらかでも関係した内容にするつもりです。
仏教に施無畏《せむい》という言葉があります。これは無畏施《むいせ》とも言い、観音様の代表的姿勢で、畏（すなわち恐れ）を取り除いて悩める者を安心させる姿勢です。布施の一つです。
安心ロボティクスは、これを理解してかかる必要があると考えますので、この無畏施から話を切り出して行こうと思います。前回が総論ならば、今回は各論入りです。

省察

あるロボットに対してユーザーが安心できるかどうか、ということは、もっと広い視野で考えると、人間が世界に対して畏れを抱かず、心の平穏を保てるかどうか、という心の持ち方に根差している。話としてはとても納得できるけれど、今はまだ個別の学術研究と、どうつなげていいのかはわからない。ご講演で教えていただこう。

生田先生、貴君にとっては、一部ダブるかも知れませんが、仏教はダブりどころか、同じ事を百万遍繰り返す世界ですから、ご承知おき下さい。
何事につけても、正反対のことが同居しています。患者を安全に救う脳外科の執刀医のような、ちょっとメスをすべらせると患者を殺してしまうという、緊張して真剣な覚悟が安心ロボティクスには要るようです。では、よろしくお願いいたします。ご返事まで。

省察

科学や技術は常に、「何か新しいもの」、「これまでになかったもの」を追求するけれども、これは成果についての価値観であって、研究のプロセスの問題ではないのだと思う。百万遍繰り返さないと、到達できない境地みたいなものがあるのでしょう。本当に面白い研究をしている世界的に有名な先生方も、基本的な問いを百万遍問い続けていらっしゃるからこそ、誰もが思いつかないような面白い発見をされているのかもしれないわ。

二〇一四年四月二九日

**件名：二度目のご講演日程**

森　政弘　先生

上出　寛子　より

お忙しい中、ご講演をしていただけるとのこと、大変ありがたく存じております。

早速ですが、日程は七月二三日（水）でいかがでしょうか。

今回、各論という位置づけでお話しいただけること、大変楽しみにしております。

正反対のことが常に同居しているということは、何か非常に大切な示唆をいただいた感じがしています。また、たくさんお勉強させていただきたいと思います。

どうかよろしくお願い申し上げます。

二〇一四年四月三〇日

件名：二度目の講演日程了解

上出　寛子　様

森　政弘　より

前　略

お申し出の講演日ですが、七月二三日（水）の午後を確保しておきます。

以下、余談です。

「不気味の谷」現象が縁となって、精神科医の学会誌「臨床精神病理」へ、原稿を出しましたら、仏教を一貫する「二元性一原論」への反響は大きく、現在行き詰まっているその世界の学問が進むべき新しい方向だ、との意見を貰いました。仏教の力は偉大です。

たとえば、自然界の生物というものの解釈が、現在は「……のために」という合目的的な姿勢*が強く、僕はその解釈は人間が勝手にでっち上げたものという疑問を持っているのです。正反対の「無目的」も大事です。

「目的」なしには勉学も経営も巧くは行きませんが、あくまでもそれは人間が仮に想定したもので、自然界は常に「動」の連続「諸行無常」で、特定の目的点などという実体はなく、すべてがプロセスだけです。だから仏教では「今」を大切にせよと導くのです。

**＊合目的的な姿勢とは**……仏教では「ありのままに観よ」と厳しく導く。この世界の本当の姿「実相《じっそう》」を知らずに行動しても迷うばかりだからである。この立場からすると、人間が行動を起こすのに絶対必要だとしている「目的」というものさえ、見直してみることが必要で「目的」は人間が作った仮のものと言うのが真実の姿である。太陽が輝いていることに目的はあるのかを考えれば、すぐに納得できるだろう。

省察

目的そのものさえ仮のもの、とは考えさせられる。人間の科学的な研究活動というものは、しっかりした「研究目的」があることがスタートになっていて、その目的を達成するための妥当な「手段」は目的をベースにして決まる。「目的設定」→「手段選択」という手順が大前提になっていると思う。でも、もう一つ上の次元から観てみると、科学が命としている客観性も、実は世界を見るための一つの「手段」であるし、世界のすべてが何らかの目的に応じて出来上がっているわけではないとも思う。確かに太陽も、ただ光っているだけであって、地球上の生物を生かすために、という目的が確実にあるわけではないかもしれないわ。科学的なものの見方だけが、世界の実相のすべてを知る方法ではなさそうね。

二〇一四年四月三〇日

件名：**仏教での「目的」のとらえ方**

森　政弘　先生

上出　寛子　より

ご講演をお引き受けいただき、改めて、感謝申し上げます。

「目的」についての興味深いお話を、ありがとうございます。

目的論というか機能的な考え方というのは科学の常套手段ですが、わたしもそれだけが絶対的な原理ではないと思っています。一方で、このような哲学的な知見や仏教のお話を、どうしたら自分の研究と接続できるのかをこれまで考えてきましたが、実は今、若干あきらめている部分があります。当日、先生のお話にそのことを含めていただければ幸いです。

どうかよろしくお願い申し上げます。

二〇一四年五月一日

件名：あきらめずに問題意識だけになり、他は忘れる

上出　寛子　様　　　　　　　　　　　　森　政弘　より

拝　復

今日から五月です！　でも爽快な時期は短いでしょう。

>このような哲学的な知見や仏教のお話を、どうしたら自分の研究と接続できるのかをこれまで
>考えてきましたが、実は今、若干あきらめている部分があります。

あきらめては駄目です。他分野のことを自分の研究に取り入れるには、「創造性」が要ります。それには、知識を増やして複雑化させる頭の使い方は、役立ちません。逆に雑多な知識は捨て、単純化し、頭の中をサッパリさせて、問題意識だけを強烈に抱き、

「異なった（と自分では先入的に思っていた）ものの間に、同じものを観る」

という姿勢こそが大事です。いわば情報の遮断です。

そして、すぐにはアイデアは出ませんが、もう駄目かと忘れかけた時に、天啓のようにひらめき、自分が考え出したというよりは、向こうから与えられたという気がします。

省察

心理学の場合だと、心というものが目に見えないので、概念やロジックをどれほど複雑に、かつ正確に扱えるかどうか、が大事になる。でも一方で、どんどん複雑化していく理論やデータの中から、共通する根本的な説明原理を発見した研究こそが、後々まで引用される重要な知見になっているのも確かだわ。「異なったものの間に、同じものを観る」という姿勢は、心理学はもちろん、分野を超えて研究する上で必須なのね。

そういえば学際融合領域の先生方は、自然とそういう態度が身についていらっしゃると思う。学問分野とは関係なしに、自分で基本的な問いを立てて、多分野の研究から、共通の重要な知見を見つけ出す能力がとても高い。学校教育では、そういう研究方法を教えていないのではないかしら。創造的なアイデアは学問分野に縛られないところにあるのかもしれない。学問分野という分け方そのものも、人間が勝手に作ったものの見方の一つね。

省察

唯識論的に言うと、意識世界は空にして、無意識世界を満たしておくことが大切です。アイデアのひらめきは無意識世界から出るのですが、意識世界のもの（たとえば言葉や概念）が折角のひらめき出しを邪魔するのです。

これは、頭ではわかったような気がするけれど、実践できるようになるのはとても難しい。今はまだ自由にそのようなことはできないわ。

ついでながら、「あきらめる」は「諦める」と書きますが、この言葉は、今日では仕方がないからがまんしよう、という意味に変わってきています。しかし本来は「諦」は「あきらか」、つまり真実を「明らかに」するという意味です。

お経には、「汝今諦聴《にょこんたいちょう》」（汝、今あきらかにきけ）という言い方がしばしば現れます。仏様が説法される時、聞き手に注意をうながされる言葉です。

では、七月二三日（水）を楽しみに！

省察

諦める、というのはあきらかに観る、という意味なのね。自分のフィルターを外して観る、ということは、本当に大事で、難しいことなのだと思う。自分の関心を一切排して、外部世界を観ることは、本当にできるのかしら？

二〇一四年五月一日

件名：あきらかに観る、ということ

森　政弘　先生

上出　寛子　より

わたしの悩みについて貴重なアドバイスをいただき、本当にありがとうございます。ロボット工学の先生方と数年間共同研究させていただいてきたのですが、どうも表面的な問題しか扱うことができなくなっており、同時に哲学が扱うような理論的な問題は、関心の的でありながら、まったく別次元のものとして置いてきた気がします。

たとえば、学術的な議論をしている時に、人間が決めた設定（生物学的な分類など）を、まるで世界のはじめから決まっていたかのように前提とすることがあります。それは人間以外の世界にとってみたら、とてもお節介なことだと思うのです。でもこういう瑣末なことは理屈のようなものだから、気になりながらも、別のこととして置いておこう、としていました。

ただ、このように基本的な問題を通過してしまうと、他の先生方との接点も表面的なものにとどまってしまい、やはりうまくいきません。先生にいただいたアドバイスは自分の中にすっと入ってきました。実践できるように努力していきたいと思います。本当にありがとうございます。

お手数ですが、以前のように、タイトルとご講演概要をいただけますでしょうか。五月八日(木)までにいただければ幸いです。どうかよろしくお願い申し上げます。

どうかご自愛ください。

二〇一四年五月二日
件名：**創造と境目**
上出　寛子　様　　　　　　　　　　森　政弘　より

拝　復

＞学術的な議論をしている時に、人間が決めた設定（生物学的な分類など）を、まるで世界のは
＞じめから決まっていたかのように前提とすることがあります。

僕は「境目」という言葉を使ってそのことを表現しているのですが、人間の苦しみは、本来境目のないつながったもの（ただし密度の濃淡はある）を、自分で勝手に区切りを付け、その仮の境目を絶対視し、対象化しているところから始まっているようです。

創造性の豊かな人は、その「境目」にとらわれません。むしろ創造性とは境目の区切り直しと言っても良いでしょうね。仏教でも同じことを教えます。いずれ後程お話しすることもあるでしょうが、「無分別《むふんべつ》」という仏様の智慧です。

省察

善いことと悪いことの区別も、本来は人間の心が見出しているものであって、そういった区別は初めから決まっているものではない。複雑化して区別することは、科学が発展する上で必要なことではあるけれど、区別する考え方だけになってしまうと、境目がまるで初めからあったように錯覚してしまうようになるのね。

その最大のものは「自己」です。よくよく考えると、自と他の間に境目はありません。空気という物質でつながっています。

道元禅師の著『正法眼蔵《しょうぼうげんぞう》』*にもあります。小生はこのお言葉で仏道に入ったのです。

　仏道を習うというは　自己を習うなり。
　自己を習うというは　自己を忘るるなり。……
　自己の身心《しんじん》、および他己《たこ》の身心をして脱落《だつらく》せしむるなり。

自己と他己の身心脱落《しんじんだつらく》とは、自他に境目はない証拠です。

この連休に種々楽しく考えて（つまり遊*んで）、七月二三日のテーマ、概要をお伝え申し上げましょう。では、お礼まで。

**＊『正法眼蔵』**……正法眼蔵という言葉は、禅で仏法の真髄のことを表す。また、曹洞宗の大本山永平寺の開山であった道元禅師の主著に『正法眼蔵』と題されたものがあり、非常に沢山の仏教思想が盛り込まれている。上記の金言はその中の「現成公案《げんじょうこうあん》」の巻の中にある。

---

**＊遊とは**……今日一般には、「遊ぶ」ことは勉強や仕事よりも低い位置に置かれているが、仏教ではそうでなく、「遊」は仏や菩薩の行為のことを言う。苦しんでいる人を救済するのが、「遊《ゆ》」である。お経には「遊」の文字はたくさん出て来るが、仕事とか勉強という文字は見当たらない。たとえば『観音経』というお経には「遊」の字は三回出て来る。「遊」とは、言わば主体性のある行為である。「やらされていると言う気持のない状態、いやいや仕方なしにではない」と言っても良い。子供時代に遊んだことを考えてみれば直ぐに分かろう。

遊び、というのはとてもよい表現だわ。わたしも、研究と私生活を分けようとは思っていない。自分が主体的に関わるという遊ぶ気持でいれば、研究は仕事ではなくて、生活そのものなのだと思う。

二〇一四年五月二日

件名：**創造性とは境目の区切り直し**

森　政弘　先生　　　　　　　　上出　寛子　より

先生からありがたいお言葉をいただき、とてもうれしいです。

「創造性とは、境目の区切り直し」ということは非常に勉強になりました。結論を出すことを急がずに、このような議論をすることは、非常に楽しく、わくわくします。

七月二三日にもまたお話をしていただけるのを楽しみにしております。

どうかよろしくお願い申し上げます。

願い

前回の講演は仏教一般の話になってしまった。今回は、具体的に、どのように仏教を安心ロボ

ティクスへ応用出来るのかを示し、仏教の力を感じ取って欲しい。（森）

二〇一四年五月五日

件名：**七月二三日の講演テーマと概要お送り**

上出　寛子　様　　　　　　　　森　政弘　より

七月二三日（水）の「安心ロボティクス研究専門委員会」第二回講演のテーマと、概要が左記のように出来ましたので、お送り申し上げます。

第二回目　講演内容　　　　　　　　　　森　政弘

「安心へ向う心の練り上げ　と　ロボットに対する作法」

前回は、参加者各位を仏教へ勧誘するだけに終ってしまったが、今回は、安心ロボティクスのことも考慮してお話ししたい。

図のように、十個の◯で構成された正三角形で、安心ロボティクスとして考慮・検討すべき要因と、それらの相関を整理してみた。
中心の「安心R」はテーマで、三つの頂点「R」「人」「環境」が、この研究委員会の三本柱だと考えた。

先ずはこの図中の○で囲まれた各項目について、簡単に説明し、ついで三角形左下の「人」を囲む「油断禁物」「心・宗教」「ロボットへの作法」の三項目に重心を移し、前回でもお話しした「二元性一原論」を起点として、話を展開する。

近年では、作法を付けずに新製品が続々と出現し、ユーザーのその取り扱い方は全く乱暴・粗野に堕し、物世界は大混乱に陥ってしまっている。

思うに、真実を知ることと、ロボットの身になった立場から生まれた作法なしには、安全も安心も成り立たない。「ロボットへの作法」の確立は、当研究専門委員会の使命ではないかと考えられる。日本ロボット学会でこの作法を確立して「技術を技道に格上げ」し、機械文明から新しく機械文化を生み出そ

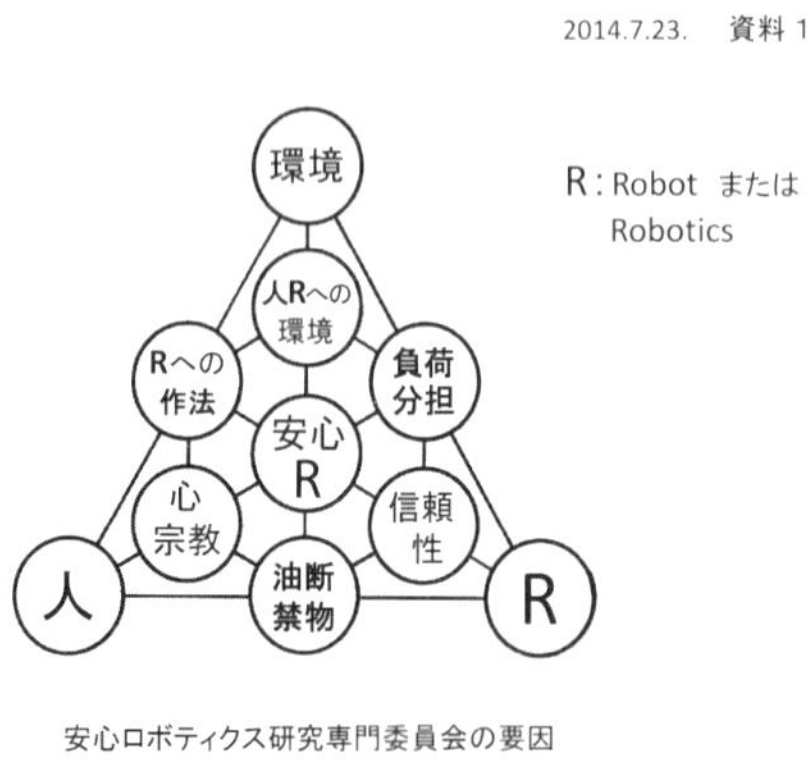

安心ロボティクス研究専門委員会の要因

うではないか。

なお話の途中で、気分転換、真実現象（手品ではない）の面白さを兼ね、自作装置による簡単で興味を引く電気実験二つを実演したく、準備している。

では、よろしくお願い致します。

省察

華道や茶道などは、物を扱う型が決まっているのだと思う。作法と言われると、古いイメージがするけれど、ロボットを扱うのにも作法がある、というのは、言われてみると確かにそうかもしれない。これまでの委員会では、ロボットに対する安心についての知見を集めるために、分野を越えた議論をまず中心に行ってきたけれど、ロボットに対する作法、というのをキーワードにすると良さそうだわ。日本ロボット学会は三〇年ほど続いているけれど、技術開発がすごいスピードで進んでいて、ロボットに対して人間が持つべき作法などは、あまり議論されてこなかったのでは？　ロボット学会の創設に携わられて、これまでの歴史を全部みてこられた先生だからこそ、人間とロボットの調和を一番よく考えていらっしゃるのでしょう。単に便利な機械ではなくて、ロボットから何を学べるのかを考えないといけないわ。

二〇一四年五月六日

件名：**七月二三日のご講演テーマと概要拝受**

森　政弘　先生

上出　寛子　より

お休みのところ、ご講演テーマと概要をいただき、本当にありがとうございました。当日、ご講演を拝聴させていただくのを、大変楽しみにしております。

注：その後森は、講演資料を九件も送り、更に少し改変した。また委員会の人数は少人数であることを、上出が森へ伝えた。

二〇一四年六月二三日

件名：**少人数承知しました**

上出　寛子　様

森　政弘　より

前　略

先にお送りした資料、沢山ありますがよろしくお願い申し上げます。

＞小さな研究会のために、資料を最適化していただき、ありがとうございます。

七月二三日の会でお話しするチャンスもあろうかと思いますが、「万人・万物、一切は（根本的には）完全平等」という仏教の教えに従っているだけです。

また、今回は参加人数が少ないと伺いましたが、気になさることはありません。聞き手の数が一人でも、三〇〇〇人の大講演会でも同じです。

では、お手数でも資料作成よろしくお願い致します。

省察

どんな規模の講演会でも、先生はご準備を怠ることなどはされない。わたしたちのために、本当にたくさん準備をしてくださっている!!　当日が楽しみだわ。

注：二〇一四年七月二三日に安心ロボティクス研究専門委員会にて森が第二回目の講演を行った。

二〇一四年七月二四日

**件名：ご講演のお礼**

森　政弘　先生

上出　寛子　より

昨日はたくさんのことを勉強させていただき、本当にありがとうございました。先生にご提案していただいた安心ロボティクスの要因は、本研究会の指針を、とてもわかりやすい形で具体化してくださっていると感じました。

また、倫理と宗教の違いや、分析的視点と同一視する視点との違いなども、研究を進める上で、とても重要になると思いました。

安心ロボティクスとしての理論的枠組みを、先生のお話をもとに再構築し、基盤作りと実証データをそろえていくことに、改めてわくわくいたしました。このようなことは、もちろんわたし一人ではできませんが、様々な視点をもった先生方が集まってくださっているため、昨日のような基礎付けになるお話をしていただけたことで、わたしたちそれぞれの接点や位置づけがとてもはっきりとしてきました。これは、安心ロボティクスとして一つの学を作り上げるために、非常に大切なことです。改めて深く感謝申し上げます。

またお会いできるのを楽しみにしております。このたびは本当にありがとうございました。

二〇一四年七月二五日

**件名：御講演のお礼、への御返事**

生田　先生、　新井　先生
上出　寛子　様　　　森　政弘　より

拝　復

お三人から、それぞれお礼のメールを頂き、有り難うございました。

反省してみますと、言い足りなかったことが沢山浮かんで来ました。

その一つに、資料５「寂室禅師絶句」がありました。それをご覧頂くと、その漢詩の左上に「字眼《じげん》」と出ています。字眼とは、このような禅の漢詩などには、禅者として一番肝心なことを表す一文字が読み込まれており、それが字眼で、字眼はどの字か？　ということを見付けることが大事です。

この七言絶句のはじめの二行の意味は、「無《む》業《ごう》

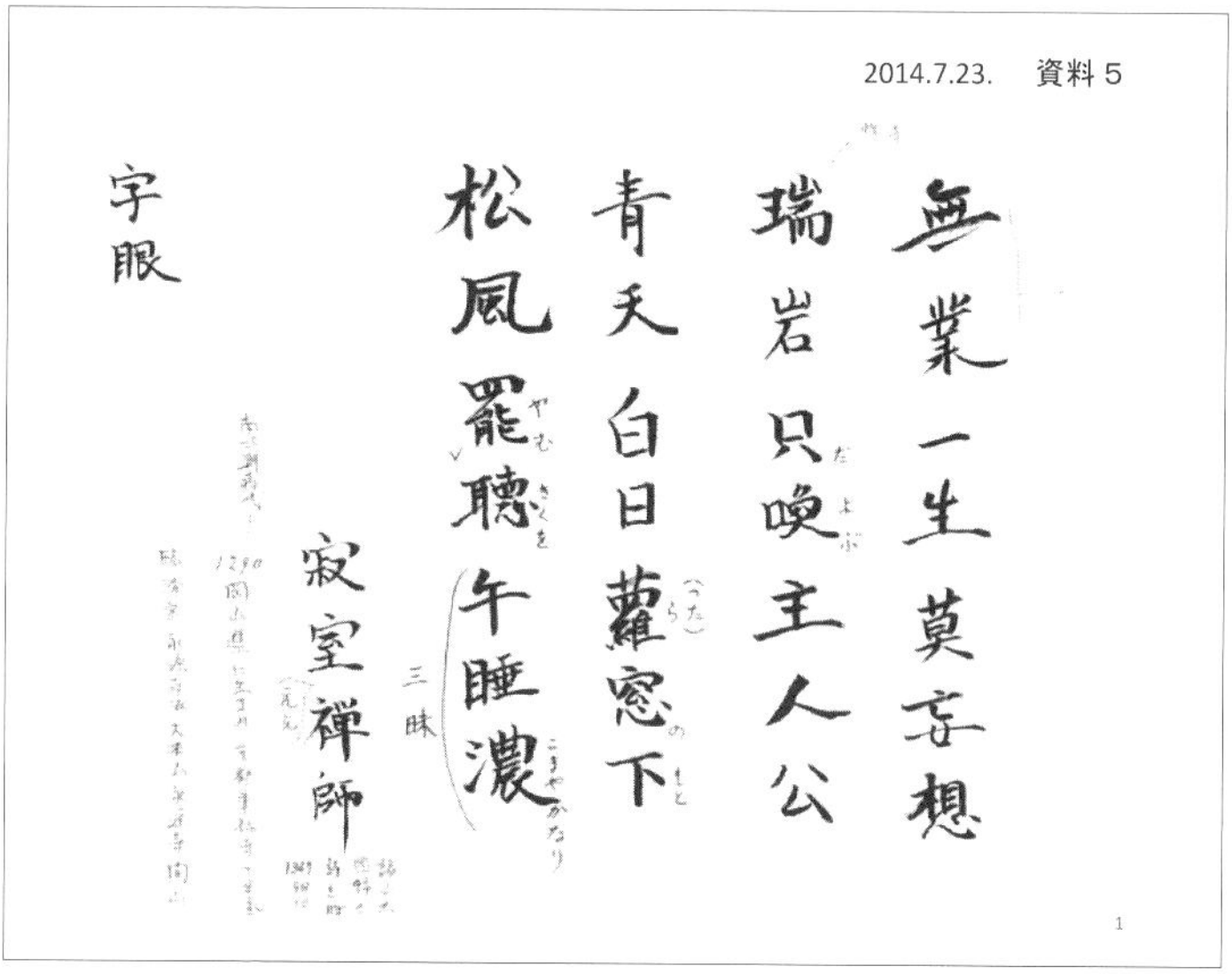


寂室禅師絶句（２行目の岩は巖が正しい）

禅師は一生の間、「妄想するな」とだけ言い続けて弟子を鍛えられた。また瑞巌禅師は、ただ「主人公」（主体性。随処《ずいしょ》に主《しゅ》となれ（『臨済録《りんざいろく》』の金言））とだけ（自分自身にも）言い続けて弟子を育ててこられた」ということです。

ここで答を言ってしまえば、二行目上から三番目にある、

「只」が字眼

なのです。万事、ただ行う。これが最高の姿勢です。

自分は善いことをしているなどという気持は（宗教的には汚れた気持となるのです）もちろんのこと、義務感・使命感さえも超え、目標達成のために頑張るぞ！という気持も捨てよ、ただ無心に（楽しんでと言うか、遊びのつもりで）やれというわけです。

省察

自分自身と、自分の行いが、まるで一体になるくらい、「只」ひたすらに没頭するのが大切なのね。最近の心理学では〝フロー経験〟と言ったりするけれども、人間が生きる上で重要なことは、ずっと昔から発見されていたのでしょう。

それで、昨日も僕はこの教えに従い、ただ遊びながら喋りまくった次第でした。ほとんど疲れなかったのもそのせいだと思います。これが、頼まれて引き受けたから仕方なしにやろうとか、

大事なことだから一所懸命に語ろうとか、つまり主体性を失って固くなっていると、疲れます。

人生万事のコツです。

猛暑、どうぞご自愛下さいませ。

二〇一四年七月三一日
件名：**諸のお礼とお願い**
新井　先生、生田　先生、川崎　和男　先生
上出　寛子　様　　　　　　　森　政弘　より

早いもので、もうあの研究会から一週間が経過しました。
上出様へ：議事録を有難うございました。あの難しい講演のメモを善く書き取って下さいました。多謝です。
皆様へ：あのシャープペンシルの芯の発光実験は、これまで何度も実演しましたが、小生自身は実験に夢中で、写真でその状況を見たのは今回が初めてです。上出さんが添付して下さった写真で、こんなに輝いているのか!!　と我ながら驚きました。
なぜ講演で私があのような実験をしたのかには深い訳があります。それは非常に大事な事です

が、ハタラキこそが「実」で、言葉は「虚」ということです。
この「実」を仏教では「実相」と言います。たとえば、「火」と言葉をしゃべっても、口の中は火傷《やけど》しませんが、あの光っているシャープペンシルの芯に黙って触れば火傷します。シャープペンシルの芯に電流が流れて熱を出して光るということこそが、ハタラキだからです。僕がわざわざ重い変圧器まで持参して、講演で実演したのも、話よりもハタラキの方が説得力があるからでした。あの光った瞬間に皆さんは驚きの声を張り上げられましたね。

省察

無理してでも重い実験道具を持って行って、ハタラキを目の当たりに皆に見せることができてよかった。禅では口でなく行動を重視することが更に納得できた。（森）

川崎先生へ‥結構なサイトをアップして下さいまして有り難うございました。仏教では「仏の三身《さんじん》＊」と言いまして、

シャープペンシルの芯の発光実験

法身《ほっしん》・報身《ほうじん》・応身《おうじん》の三つを使っています。

---

**＊仏の三身とは……**

・法身……永遠不滅の真理の当体で、これこそが本当の仏。研究会で説明した「原」のこと。人格性はない。

・報身……長い長い修行の報いとして仏になることができた身という意味で、近い例は阿弥陀《あみだ》如来《にょらい》である。如来になられる前の身は法蔵菩薩と呼ばれている。「……法蔵菩薩因位《いんに》時《じ》在世《ざいせ》自《じ》在王仏所《ざいおうぶつしょ》……」と、朝な夕なに浄土真宗門徒が読誦《どくじゅ》している『正信偈《しょうしんげ》』の第二行目に出ている。因位とは仏になる原因を作っている位《くらい》、という意味。法蔵菩薩が世自在王仏という仏の弟子として修行されている時に、あの有名な四十八願《しじゅうはちがん》を立てられ（とくに大事なのはその第十八願）、それに法然上人《ほうねんしょうにん》やその弟子だった親鸞上人《しんらんしょうにん》が感激されて、わが国で浄土宗・浄土真宗・時宗の、いわゆる浄土門が鎌倉時代に確立された。これは仏教史上の大事件である。仏教は、この浄土門《じょうどもん》と聖道門《しょうどうもん》（禅宗など）に大別され、この二つは、一見正反対の教義を説くので、入門者を惑わせるが、柳宗悦《やなぎむねよし》著『南無阿弥陀仏』（岩波文庫、青一六九-四）を一読されればその辺の疑問は解ける。報身は、真理だの空だのという抽象的で難しいことが分からない衆生《しゅじょう》の為に考案された方便《ほうべん》である。

・応身……さまざまな衆生救済のために、その時その場に応じて現れる、真理を体得された人を言う。

---

省察

相手に応じて接し方を自在に変えられ、衆生を適切に導いてくださるというのが応身の仏さまなのね。学生をその気にさせることのできる先生方は、こういう柔軟な対応がお上手なのでしょう。（上出）

メールが非常に長くなってすみませんが、上出様、お手数ですが、あの安心ロボティクス第二回目に出席された全員にお知らせ頂けませんか。質問されるなら、メールでならば、分かっているだけのことは惜しみなくご返事するつもりでいます。

省察

このようにおっしゃってくださるのは、本当にありがたいわ！　仏教を教えてくださる先生は他にはいらっしゃらないし、もっとたくさん教えていただきたい。

二〇一四年七月三一日
件名：**先生方へのご連絡、承知いたしました**
森　政弘　先生　　　　　　　　上出　寛子　より

ご連絡をありがとうございます。

先生がお話ししてくださると、難しい話も自然と真剣に耳を傾けることができ、議事録の整理も楽しかったです。先生があのように、わたしたちの質問に対して、色々な角度からお答えくださることは本当にありがたく存じます。

先生の実験の光は、大変な明るさでしたね。クリップが火花で溶けていたとか。三身のお話もありがとうございました。方便とは、わたしのような衆生にとって、大変ありがたいことです。

また連絡をさせていただきます。よろしくお願い申し上げます。

二〇一四年八月四日

件名：ご報告、他

上出　寛子　様

森　政弘　より

昨日は昼過ぎから夜に掛けて、あの、シャープペンシルの芯の発光実験装置を根本的に作り変え、久々に「もの作り三昧」にふけり、非常に気分の良い一日でした。

「もの作り」は、物と私との会話、物同士の会話という、声なき声を聞く絶好の遊びです。この歳になっても、非常に沢山のこと——バーチャルなディスプレイからでは絶対に学び得ないこと、実物からでなければ教われないもの——を昨日は物から学びました。やはり仏性を持つ実物は、有限な人間の頭脳が作り出したものとは違います。

省察

もの作りをしている先生方が、みんな活き活きと楽しそうにされているのは、物と対話する楽しみを知っておられるからなのね。わたしはこれまで、物はあまり扱わずに、頭の中で概念や理論的なメカニズムを考えることばかりしてきたから、随分と頭でっかちになっている気がする。もちろん、そうではない心理の先生方は他にたくさんいらっしゃるけれど、わたしは、理論や言語的な思考に気を取られすぎていたんだわ。

まさに昨日の工作は「陰の頭」の訓練でした。これを今後の教育全般に活かされなければ、人間が危なくなるという気がしました。教育は、座学だけでは絶対に駄目だという信念が深まりました。目下、家内たちは避暑に行っていて、僕は一人暮らしですが、ことごとくの物が語りかけてくれるので孤独感などまったくありません。非常に賑やかです。「物との会話」のコツを普及させれば、孤独感から自殺するなど、なんともったいないことかと分かるでしょう。これだけ多くの物に囲まれ、その恩恵を受けながら生かされていることへの感謝に、もっと人間は目覚めるべきだと思っています。

ご報告まで。猛暑ご自愛のほどを。

省察

物は単に、便利な道具というだけで終わる存在ではない。物と自分とのやりとりの中から、どのような意味を見出せるのかに挑戦できる、学びと気づきのチャンスそのものなのね。物質的に豊かになりすぎると、こういうことは単に古い考えだと思われそうだけど、本当は、色々な物から何かを学ぶことができるはずだと思う。ただし、自分が謙虚な態度を忘れてしまったら、きっと何も得られないのだとも思う。

二〇一四年八月四日

件名：**札幌時計台の機械保守——時計との会話**

上出　寛子　様

森　政弘　より

「物との会話」について思い出したのですが、二〇〇六年夏、札幌で「第三回国際ジュニア・ロボットコンテスト」が行われた時に、あの有名な時計台（一三〇年以上動き続けている）を見に行ったところ、その時計機械の説明看板に次のような言葉が書き付けてありました。印象に残っておりますので、ご参考までにお送りします。

（札幌の時計台の時計機械の話）

「明治十四年からの歴史を持つＥ・ハワード社製の(No. 738)。

時計機械を守るための道具は、オイルを除き意外なほど一般的なものばかりです。しかし日々の保守作業の中で大切なことは、時計機械との会話です。その時の

札幌時計台の時計機械

「音」や「動き」「におい」という時計機械からのメッセージを聞きとることが738号機を守り抜く「技」と言えます」と。

二〇一四年八月四日
件名：**人間がロボットに対して持つべき作法**
森　政弘　先生　　　　　　上出　寛子　より

ご連絡をありがとうございます。
まさに物との会話の話が書かれていたのですね。あの時計が一三〇年以上も休まず働き続けられるということは、人間が時計の声を聞きながら、大事に扱ってきたからなんですね。時計でも、ロボットでも、実験器具でも、扱う際の心構えは同じですね。
ロボットに関する作法にはきっと、
「ロボットの人間に対する作法」と
「人間のロボットに対する作法」の
二つがあるのだと思います。これまでは前者の、ロボットの人間に対する作法ばかりが研究の対象になっていたのではないでしょうか。例えば、ロボットは人間に対してどのように振舞えばばいいのかや、ロボットは人間に対して何をすべきでないのか、などです。

一方で先生が指摘された人間の持つロボットへの作法とは、時計台の例のように、人間が五感をもってロボットをじっくり感じたり扱ったりするなど、人がロボットをどう大切にするのか、ということです。

この視点は、本当に今まですっかり抜けていた、あるいは忘れられていたのではないかと思います。

この「作法」という視点を持つと、人間とロボットの関係も、整理しやすくなりました。また作法は、日本人になじみやすい概念だと思います。実践的な意味もあり、非常に興味深いです。ロボットの扱い方は、もちろん工学の専門家は知っているのですが、そのような専門的意味ではなく、「物への接し方」という一般的な意味がこめられている点も、とても良いと思います。

また、興味深い視点を教えていただきました。

これを「安心ロボティクス」に活かして参ります!!

二〇一四年八月五日
件名：**人間のロボットに対する作法は悟りと本物のエコへの道**
森　政弘　より
上出　寛子　様

昨夜のメールやり取りに関し、一言付け加えたくなりましたので、メールしました。ご指摘のとおり、人間のロボットへの作法の視点は、本当に今まですっかり抜けていたと僕も思います。

これはロボットだけに限らず、今日の文明全般について当てはまる、重大問題なのです。

（一）「ロボットの人間に対する作法」

（二）「人間のロボットに対する作法」

とした場合、（一）は道元禅師の『正法眼蔵』に見られる、

（イ）自己をはこびて万法《まんぼう》を修証《しゅしょう》するを迷いとす

（ロ）万法すすみて自己を修証するはさとりなり

の（イ）の迷いに、また（二）の「人間のロボットに対する作法」は、（ロ）の悟りにピッタリと符合します。

拙著『仏教新論』（佼成出版社）の二一二頁と二一三頁の図26もご参照下さい。

とにかく、（イ）は人間の自己中心的な、自然を支配し材料化している、傲慢で破滅に至る姿勢、（ロ）は人間が自然に帰り、自然と一体化して、現代文明がもたらした難問題を解いて行く、本当のエコの姿勢です。（この姿勢を、仏教では「じねん」と言っています。じねんは漢字表記

では、しぜんと同じ自然です。）

今日、「エコ、エコ」のかけ声は盛んですが、そのほとんどは、まだ人間中心の姿勢から出ていて迷妄の渦です。

上記のように人間が自己中心的な姿勢を改めてこそ、本物のエコが達成できるのです。このことが『仏教新論』の第十章です。

省察

よく、「人間と地球にやさしい技術」みたいなキャッチコピーを聞くけれど、人間にとっての利便性や経済性を優先していることについて反省すべき時に来ているのかもしれない。人間は自然と相対する存在ではなくて、自然の一部なのだと思う。それを忘れて、技術で自然をコントロールしようとすると、エコもエゴになってしまうのではないかしら。

本物の謙虚さもここから出ます。ここから出た宗教的な謙虚は、倫理・道徳としての謙虚よりも次元が高く、これこそが本物です。

どうぞ味わって下さい。お読み頂きまして多謝です。

今日もカンカン照りの晴天。猛暑お気をつけ下さい。では!!

# 第三章　坐禅へのいざない

二〇一四年八月一八日〜
同年九月一〇日

二〇一四年八月一八日

件名：**拙著、二〇日に出版されます**

上出　寛子　様　　　　　　　　　　　　　森　政弘　より

夕方のこおろぎの鳴き声に秋の気配を感じ、どこか心が癒やされる頃になりました。

実は、今年の初夏以来、まとめ直し、加筆訂正してきた『ロボット考学と人間――未来のためのロボット工学――』（帯に、ロボット工学者よ、哲学を持て。）が、この二〇日にオーム社から出版・発売になりますので、ここにご案内申し上げます。

ロボット関係の書としては、仏教思想からの応援と忠言とを入れた、これまでにない内容ですので、お読み頂ければ幸いです。気持は、謹呈申し上げたいところなのですが、献本冊数に制限がありまして、贈呈出来ないのが残念です。ご了承下さいませ。

二年ほど前までは、「本を書くなどというしんどいことは、もうやるまい」と思っていたのですが、その後、安心ロボティクスを始め、諸方面の方々からエネルギーを頂いたお陰で、四冊も書き上げることが出来、感謝の限りです。

どうぞ、くれぐれもご自愛のほどを。

不　一

二〇一四年八月一九日
件名：**ご本のお知らせへのお礼**
森　政弘　先生
上出　寛子　より

夕方になると秋の虫の声が聞こえ始めました。季節が変わるのは早いですね。

ご本のご連絡をありがとうございました。

実は先日、既に予約・購入をさせていただいております。先生のご本のタイトルは、どれも非常にインパクトがあり、Amazonで「ロボット考学」の言葉を見つけたとき、すぐに予約しました。届くのを大変楽しみにしております。

現在は、先生がお書きになった『仏教新論』を改めて読み直し、『退歩を学べ――ロボット博士の仏教的省察――』（佼成出版社）も勉強をさせていただいております。いろいろ質問をさせていただくことがあるかと思いますが、どうかよろしくお願い申し上げます。

二〇一四年八月二〇日
件名：**吾が師からの手紙**

新井　先生、　生田　先生
上出　寛子　様
森　政弘　より

皆様、拙著出版紹介へのご返事メール、有難うございました。ここに、ご多忙中とは知りながら、ある意味、どうでもよいメールを差し上げますことをお許し下さい。お時間のある時にお読み頂ければと、思います。

拙著『仏教新論』にも出ています、小生の仏教の師、後藤榮山老大師には、新刊『ロボット考学と人間』七七頁、第二章の扉の背景写真に、老大師作の七言絶句とその筆跡を使わせて頂いたこともあって、今日の出版を待たずに見本が出来た段階でお贈りした所、心洗われるような禅味溢れ、かつ襟を正される返事が参りました。

厚い和紙に立派な達筆で、しかも「漢文入の候文《そうろうぶん》」で書いてありました。その内容を以下に要約しますので、お読みいただければ幸いです。

本を一冊書くということは身を切るように大変な事で、『仏教新論』を書いてから、まだ一年しか経っていないのに、お前はよくやった。しかし、わしは今、禅の専門道場の師家をしていて、たとえ書きたいと思ったとしても、書いてはならない立場にある。

それは「無窓国師《むそうこくし》三会《さんね》院遺《いんい》戒《かい》」という戒《いまし》めを守っているからだ。その戒めによると、黙って一生懸命に坐禅する生き方が最高であり、書物を書いて金を稼ぐ者などは、たとえ僧の姿をしていても、俗人で最低だ。

と言うのです。

なお、ご参考までに、その道の専門用語のいくつかは、以下のような意味です。

「叢林不離専門道場山中暦日無之日常底拙々打老仕候《つかまつり》」

・叢林《そうりん》――群がり茂った林、すなわち寺の境内の意。

・不離――専門道場から外へ出るな。

・暦日無之《りゃくじつこれなく》――夏だから休む、正月だから祝って騒ぐ、などという暦とは全く無関係に。雲水《うんすい》（修行中の僧）は、修行中三年間は、新聞もテレビも見せてはもらえません。

・日常底拙々《ていせつせつ》打老――日常は老体にむち打って、を謙遜して拙々。

・無窓国師三会院遺戒――無窓国師は古く足利時代の名僧。三会院は無窓国師が住まわれた最後の寺。遺戒は遺されたいましめ。

・諸縁ヲ放下《ほうげ》――新聞・テレビを見ないのもその一つですが、諸の外部との関係を打ち切っての意。坐禅摂心《せっしん》中は電話も切ってしまいます。

・己事《こじ》究明――「自己とは何か」を徹底的に探求する。道元禅師の金言に、「仏道を習うというは、自己を習うなり」が、あるくらいです。詳しくは拙著『仏教新論』をご参照下さい。

・己霊ノ光輝――自己は何ものも冒《おか》すことが出来ない、限りなく尊い仏の現れ（仏性《ぶっしょう》）の意。
・東京海禅寺帰山後――現在の専門道場師家の役が解けて、老大師の自坊、海禅寺に帰ることができた後の意。

以上、難解なものを長々と、すみませんでした。

小生は、このような師から仏教を学びましたし、今もなお支えられているのだ、ということが、分かって頂きたいのです。小生の背景をご理解頂ければ幸いです。

どうぞ、残暑ご自愛のほどを。

省察

偉大な森先生にも、お師匠様がいらっしゃるのね。仏教の教えはこうやって、時間を超えて、伝わってきたのでしょう。歴史の長さはもちろんだけれど、空間的にも広大だと思う。仏教哲学を学んで、何か研究に利用できたらいいとは思っていたけれど、そういう近視眼的な態度でいては、仏教について無知でいるのと同じなのかもしれないわ。

注：森はこの後、上出に宛てて、この後藤榮山老大師からの手紙文の画像をメール添付で送った。

二〇一四年八月二〇日

**件名：お手紙についての質問**

森　政弘　先生　　　　　　　　上出　寛子　より

こんにちは。貴重なお手紙を拝見させていただき、本当にありがとうございました。

このような漢文のお手紙を拝見させていただいたのは、初めてかもしれません。立派な筆で、しかも「候文」で書いてあるのですね。仏教は形から入る、と先生のご本にも書かれてありますが、このように手紙ひとつを拝見しても、きちんとした形式があって、それを正しく遂行することは、いただいた側であったなら本当に気持の良い、ありがたいことなのだろうと想像しております。

老大師様の森先生に対する、丁寧で親密なお気持が表れているかのようです。わたしはいつもメールで申し訳ございません……。

三種類のレベルのお弟子さんがいる、と足利時代の名僧、無窓国師がおっしゃったのですね。

上等なのは、外部との関係を断ち切って、自己とは何かを徹底的に究明する人、

中等なのは、純粋な修行にはなっておらず、まとまりなく学ぶのを好む人、

一番下は、自分のことを仏性だと勘違いしている人、ということなのでしょうか。

その下の二行がはっきりと読み取れなかったのですが、「業ヲ文筆ニ立ツル」こととは、仏門

に入る際に剃髪《ていはつ》しただけの実は俗人ということで、一番下の下等より下だという意味なのでしょうか？「業ヲ文筆ニ立ツル」とは、どのような意味なのか、教えていただけませんでしょうか。徹底的に自己とは何かを考えるのは難しいです。いつも他者や以前の自分と比較していて、そのように自己を対象化するほど、対象と自分が一つになることができません。先生のご本を拝読するほど、坐禅やもの作りなどの、身体での経験の重要性を改めて実感します。本や論文を読んで頭で考えるだけでは、空振りしているような気がしてきました。

願い

空振りとは的を射た言葉だ。よし、上出君を坐禅に誘って上げよう。（森）

二〇一四年八月二〇日
件名：**坐禅へのお誘い**
上出　寛子　様

森　政弘　より

ご返事申し上げます。

（一）

まずは非常に大切な一点、貴女が逆に勘違いされている所について。

＞一番下は、自分のことを仏性だと勘違いしている人、ということなのでしょうか。

いいえ、そうではありません。ここが実に難しい所なのですが、「自分も尊い仏性の現れだ」という、自己の絶対的尊厳に気付くことが、非常に大事です。これは威張ること、とか、高慢になることでは全くありません。

実はそのことに気付いた瞬間に、「自分とは宇宙全体のことなのだ」と気付いているので、もう自：他という二元の世界には居ないからです。

ここが拙著『仏教新論』の「二元性一原論」の核心なのですが、このとき同時に、「無我」が達成されているのです。〈全宇宙が自分＝無我〉です。

これを易しく説いているのが左記、立正佼成会（『法華経』をよりどころとする、非常におだやかでまじめな新興宗教）の庭野日敬《にわのにっきょう》開祖の説法です。

「いま世間で言われ、行なわれている「自己を尊重する」とか「自己を主張する」というその自己は、けっしてほんとうの自己ではありません。無明《むみょう》がつくり現わしている「我《が》の垢《あか》」に過ぎないのです。もっと平たく言えば、自己中心主義がつくった「身の殻」に過ぎないのです。

ほんとうの自己というものは、懸命になって守ったり主張したりしなければ他に押し潰されるような、そんなはかないものではありません。宇宙のいのちと一体の、清らかで、しかも強い、人間の霊性なのです。宇宙のいのちと一体であるから、他のすべてのものと融合し、調

和し、みんなと共に生きるという性質を持っているのが、ほんとうの自己なのです。」（月刊誌「佼成」一九七二年九月号）

（二）

＞「業ヲ文筆ニ立ツル」こととは、仏門に入る際に剃髪しただけの実は俗人ということで、一番
＞下の下等より下だという意味なのでしょうか？

そうです。三等の中にさえも入れて貰えず、頭を丸めていても、それは、出家とは認めない、と言う意味です。

＞「業ヲ文筆ニ立ツル」とはどのような意味なのか、教えていただけませんでしょうか。

現代の多くの僧侶の悪口になってしまうのですが、本など書いて印税や原稿料で金儲けをしている坊さんのことです。

（三）

＞身体での経験の重要性を改めて実感します。本や論文を読んで頭で考えるだけでは、空振りし
＞ているような気がしてきました。

全くその通りです。頭だけで考えるの（陽の頭）は危険です。考えないで忘れることです（陰の頭）。

それで、お誘いですが、この秋、一〇月一六日（木）午後四時から、僕が自宅でやっている「新自在学講座」の受講生七人を連れて、後藤老大師の自坊、海禅寺へ坐禅の初体験に参りま

す。海禅寺の場所は、東京は上野と浅草の中間です。もし貴女にそれに参加してみたいというご希望があれば、参加費無料で仲間に加えて差し上げますが、ご都合など如何でしょうか？

坐禅の指導は、現在の海禅寺住職、法山《ほうざん》禅師（後藤老大師の義理の息子さん）がして下さいます。

最初に、坐り方の説明があり、三〇分ずつの短い坐禅を二度行い、午後六時頃には解散します。初めは足が痛いだけで、それくらい坐ったからとて、どうなるというものではありませんが、頭はスーッとして、まことに気持が良いものだということは体験できます。最初ですから、棒でたたくというようなことはしませんから、ご安心を。

一度でも坐っておくと、敷居を越えたことになりますから、あとは大阪方面で坐禅のために寺を公開しているところがいくつかありましょうから、その中から選ばれて体験されればよいと思います。一度体験してあれば、そこへ行きやすくなります。

ご遠慮は要りません。当方としては何の負担も増えませんから、お気軽にどうぞ。

では、よく読んで下さいまして、多謝です。

二〇一四年八月二〇日
**件名：座禅参加のお願い**

森　政弘　先生

ご連絡をありがとうございます。

ご教示くださり、本当にありがとうございます。

自己は、表面的には、エゴという局所的なものに思えるのですが、自己と全宇宙とが、連続的に溶け合っていることに気づくことができれば、二元性一原論が体験できるのだと思います。

二元性一原論は、本を読んで理解するものではなく、体験することが根本的に重要になる原理だと改めて思いました。

仮にわたしが先生と同じ言葉を使えば、見た目は同じように二元性一原論を説明できるかもしれませんが、わたしにとっては、まだ遠いもののように感じます。

座禅、貴重なお誘いをいただいて、本当にありがとうございます。一〇月一六日には是非、参加させていただきたく、お願い申し上げます。

わたしは座禅をしたことは、まだ一度もありません。他の受講生の方々と一緒に初体験にうかがえる、貴重なチャンスをいただき、ありがとうございます。

適切な服装や詳細について、ご教示いただければ幸いです。

上出　寛子　より

二〇一四年八月二〇日

件名：**坐禅ご参加、承知しました**

上出　寛子　様　　　　　　　　　　　　　　　　森　政弘　より

拝　復

わざわざ大阪からご上京なさっての坐禅参加、大歓迎です。

もしよろしければ、新井先生もお誘いになっては如何でしょうか。当方としては同じことですし、その後、安心ロボティクスのまとめをされるのに、話が合ってよろしいのではないでしょうか。ただご多忙ならやむを得ませんが。

先のメールで申し忘れましたが、「ザゼン」の「ザ」は、「坐」が正式です。マスメディアは座禅でやっていますが、禅宗では「坐禅」です。

省察

座禅ではなくて、坐禅なのね。仏教哲学をきちんと学ぶために、理論の内容だけではなくて、そういった書き方とか読み方とか、正しい形式もきちんと身につけていこう。

拙著『仏教新論』の第四章、九七頁の終りから六行目以下一〇六頁までを予習しておいて下さい。一応の坐り方、呼吸の調え方を書いておきましたから。
>適切な服装や詳細について、ご教示いただければ幸いです。
一〇〇頁にありますように、スラックスのベルトも緩めます。また、坐禅中は皮膚感覚も大切にして、真冬でも靴下も脱ぎますから、パンストはない方がよろしい。
ただし少し早めにお寺へ着かれれば、着替えもできます。スカート姿でしたら、フレアス
カートのように、あぐらをかいたとき、上からふわーっと覆うものがよいでしょう。スラック
スならば、なるべくダブダブの、あぐらをかきやすいものがよろしい。小生は、いつも着用し
ているゆったり目のズボンで、これまでやって来ました。
地図やアクセスに関しては、後程お知らせしましょう。

上出　寛子　より

二〇一四年八月二〇日
件名：**新井先生も坐禅にご参加です**
森　政弘　先生

新井先生も是非、参加されたいとのことです。
安心ロボティクスを体験的に理解する、一つの大事な起点になりそうです。

どうかよろしくお願い申し上げます。

第四章の「坐」禅の章を復習してまいります。少し試してみたのですが、わたしは「結跏趺《けっかふ》坐《ざ》」は大丈夫なようなので、ゆったりした服であれば、三〇分ほどは脚も持つかもしれません。寝不足は避けて、おにぎり一つ食べてから参ります。

腹式呼吸は慣れていないので、練習をしていこうと思います。今意識してみて気付いたのですが、いつもお腹ではなく胸だけで浅い呼吸を短めに繰り返しているみたいなので、まったく正反対の呼吸法になります。

一八日以降に、海禅寺への案内について、ご連絡いただけることを楽しみにしております。

どうかよろしくお願い申し上げます。

二〇一四年九月年九日

件名：**拙著『「無分別」のすすめ』お贈り**

（添付ファイル：『白隠禅師坐禅和讃《はくいんぜんじざぜんわさん》』、『法華経《ほけきょう》』長者窮子《ちょうじゃぐうじ》の喩《たと》え）

新井　先生、　生田　先生

上出　寛子　様

森　政弘　より

朝夕の空気の肌触りや日中の日差しにも、秋の気配が感じられるようになりました。

一〇月一六日（木）の坐禅会では、坐禅直後に『白隠禅師坐禅和讃』を、木魚に合わせて読誦する予定です。読誦の時は、意味を考えてはいけません。ただ声だけに成り切って、一語一語を読んで行くのがよろしい。

省察

「ただ、ひたすらに」という状態でいることが重要なのね。ロボコンを夢中でやっている学生たちのように。


寺の修行僧に対する教育では、意味など教えず、とにかくまず暗記させ、暗記が完了したら意味を後で教えます。

しかし、今回はそういうわけには行きませんから、『白隠禅師坐禅和讃』と、『法華経』長者窮子の喩えを添付してお送りします。坐禅の時までに、お目通し頂ければ幸いです。

なお、上記『白隠禅師坐禅和讃』の終りから三行目に「四智圓妙《しちえんみょう》の月さえん」とありますが、その四智の説明に、拙著『「無分別」のすすめ――自在に自分を動かす――』（ＰＨＰ研究所）第六章参照、と書いておきました。

この本は、一九八七年、僕が東工大現役で、仏教勉強もまだ駆け出しの頃、ワープロもない頃でしたので、文字通り手書きによる書き下ろしで執筆し、後藤老大師も一字一句見て下さったものです。由緒ある鎌倉の円覚寺の足立大進管長様からの僕への講演依頼の機縁にも成った本です。先生方には入手困難と予想して、本箱の中を探しましたら、運良く三冊出てきましたので、一冊ずつ、昨夕投函し、郵送申し上げました。

三〇年近くを経た今、読み直してみましたが、後藤老大師のアドヴァイスが良かったのでしょう、現在の僕でもＯＫが出せる内容になっております。

「般若《はんにゃ》」というものの説明が、どの仏教解説書をひもときましても、たんに「智慧」とだけ訳してあり、その内容は「直観智」で終っておりまして、そのため、ほとんどの人が、「般若」については、分からず仕舞いのままになっています。「般若」＝「無分別智」と心得られて、ぜひこの拙著を勉強して下さい。

以上、坐禅への準備として。では！

上出　寛子　より

森　政弘　先生

件名：**『「無分別」のすすめ』へのお礼**

二〇一四年九月九日

拝　復

貴重な資料を、ありがとうございます。

また、大切なご本を送っていただいたとのこと、深く感謝申し上げます。

読誦をするということも初めてなので、当日は聞かせていただければ幸いです。文字が読めても、どういうリズムやテンポなのかがわからないと思っていたのですが、調べてみると、YouTube にありました。完全に暗記して自動的に出てくるほどにならないと、唱えることだけに集中して声に出すことは難しそうですね。繰り返し聞いて、耳で覚えられるようにしようと思います。

『法華経』長者窮子の喩えの、放浪に出ていた息子と父親のお話も拝読いたしました。

「真実は知られることを待っている」

という部分が印象的です。

身体を使って、修行を繰り返し体得することが大切だという部分など、坐禅を体験させていただく上でとても参考になりました。

貴重な情報や資料を、本当にありがとうございました。予習をして参ります。

よろしくお願い申し上げます。

注：新井先生が、ロボット学会で安心ロボティクス研究専門委員会が主催したセッションについて

報告された。それに対して森が回答をする。

二〇一四年九月一〇日

件名：「**安心ロボティクス、オーガナイズドセッション（略ＯＳ）おめでとうございました！**」

新井　健生　先生
上出　寛子　様

森　政弘　より

拝　復

＞先日のロボット学会の「安心ロボティクスＯＳ」では基調講演として研究専門委員会の活動報
＞告をいたしました。
＞その中で、先生にお教えいただいた「二元性一原論」と「デザイン双六《すごろく》」を紹介させていただ
＞きました。
＞わたしの浅い理解による説明であり、先生の深遠なお考えを正確には伝えられなかったかもし
＞れませんが、工学技術の世界にも仏教的な考え方が重要であることが、参加者に少しはご理解
＞いただけたのではないかと期待をいたしております。
＞お陰様でＯＳは立ち見が出るほどの大盛況でした。

＞研究専門委員会を今年度で終わらせず、もっと続けるようにとのご意見もいただきましたので、

＞安心ロボティクスの活動を益々発展させる所存でございます。

それはそれは結構でした。有難いことです。

ここまで来ますと、仏教は仏教を超越して、人間の心も含めた天地の真理という次元です。相手がキリスト者であっても、通じるはずです。いよいよ、仏教が日本から世界に発信される兆しが出てきたようです。

＞今後ともどうぞよろしくご指導をお願い申し上げます。

はい、使命感は使命感を超えて、「遊」のレベルになるのが最高ですから、僕も、（普通の意味で）生きている間は、「遊*」の姿勢で協力させて頂きます。どうぞご遠慮なくお引き回し下さい。むしろそれこそが老境の僕の生き甲斐ですから。資料作りの手間や労力などは、心身共に動かすので、健康の源です。また持っている智慧は、出来るだけ先生方のような自ら求められる方々へ、お伝えしておくことが、死に際しての心を軽く安らかにすることになります。（宇宙と一体になった大生命「原」は、肉体や心に関係なく、永遠に生き通し*です。）では!!

＊**「永遠に生き通し」の意味**……普通の意味で、生死のあることが、（二元性一原論からすれば）より高次に生き続けていることになる。この次元での生きるということは、宇宙の大生命と一体になってい

る。この事に気付けば、『白隠禅師坐禅和讃』にもある通り、生死を離れたことになる。大宇宙と自己は一体である。

二〇一四年九月一〇日

件名：**『法華経』の解説本**

新井　先生、　生田　先生

上出　寛子　様

森　政弘　より

法華七喩《ほっけしちゆ》*（長者窮子の喩えはその一つ）の解説は、庭野日敬立正佼成会開祖著の『新釈法華三部経』（全一〇巻、佼成出版社）のものが最高だと思います。さらにそれに導入として『仏教のいのち法華経』が加わって、一一冊が一シリーズです。大部なものですが、いずれ仏教の勉強が進まれた時にお読みになるとよいでしょう。

**＊法華七喩**……『妙法蓮華経《みょうほうれんげきょう》』（略称『法華経』）の中で説かれている七種の例え話で、法華経の教義が、味わい深く、やさしく濃縮されている。

インテリや、既成仏教の僧侶達には、立正佼成会は、新興宗教だからとして、用心したり、馬鹿にしたりする人が多いのですが、本当にまじめな、いい教団です。

禅が、とくに臨済宗が、「狭く深い」ものであるのに対して、ちゃんと「二元性一原論」的に「広く浅い」ものが現れて来たのですね。

省察

人と人や、集団と集団も、陰と陽のように組み合わさって、「一つ」になることがあるのね。

鎌倉時代を顧みれば、当時は新興宗教だった鎌倉仏教の五人と言われる開祖方（法然・栄西・親鸞・道元・日蓮）は偉大です。同様に庭野開祖も偉大です。その作られた教団は「広く浅い」ですが、ご自身はまことに深い方でした。僕は三〇数年のお付き合いがありましたが、お亡くなりになってから、最近ますますその偉大さが分かってきました。書かれた解説書や、説法でも、訴える力がすごいです。

では！

二〇一四年九月一〇日

**件名：『「無分別」のすすめ』届きました**

森　政弘　先生　　　　　　　　　上出　寛子　より

拝　復

先ほどご本が届きました。

包装にも非常に細やかなお気遣いをしていただき、大変驚き、とてもありがたく存じます。背表紙の「無分別」が包装を開く前から目にすることができました（左写真）。また、本の中にもお言葉も書いていただき、本当にありがとうございます。

先生の造語も、とてもおもしろいですね。偉大な先生がご自身のことを「ロボット童子」とおっしゃられると、わたしのような者はますます頑張らなくては、と身が引きしまる思いがします。

さっそく、拝読させていただきます。ご本も大切にさせていただきます。

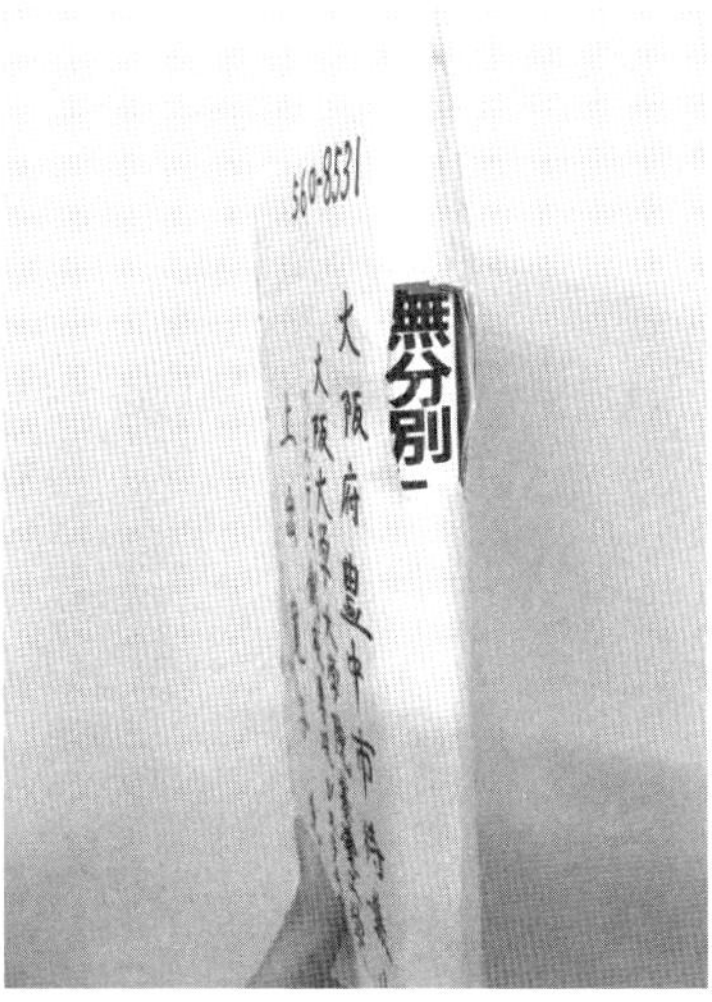

『「無分別」のすすめ』の封筒

注：森は「ロボット童子という文字」を造り、それを自作の落款《らっかん》にした。左写真左参照。偏《へん》がロボ、旁《つくり》が童子で、合わせてロボット童子である。童子とは若き修行者のこと。

「長者窮子の喩え」は、とてもわかりやすい喩えでした。庭野日敬開祖様のご本の情報も、ありがとうございました。こちらも探して拝読いたします。

急に気温が下がり始めたようですが、ご自愛ください。

またすぐにお会いできるのを、楽しみにしております。

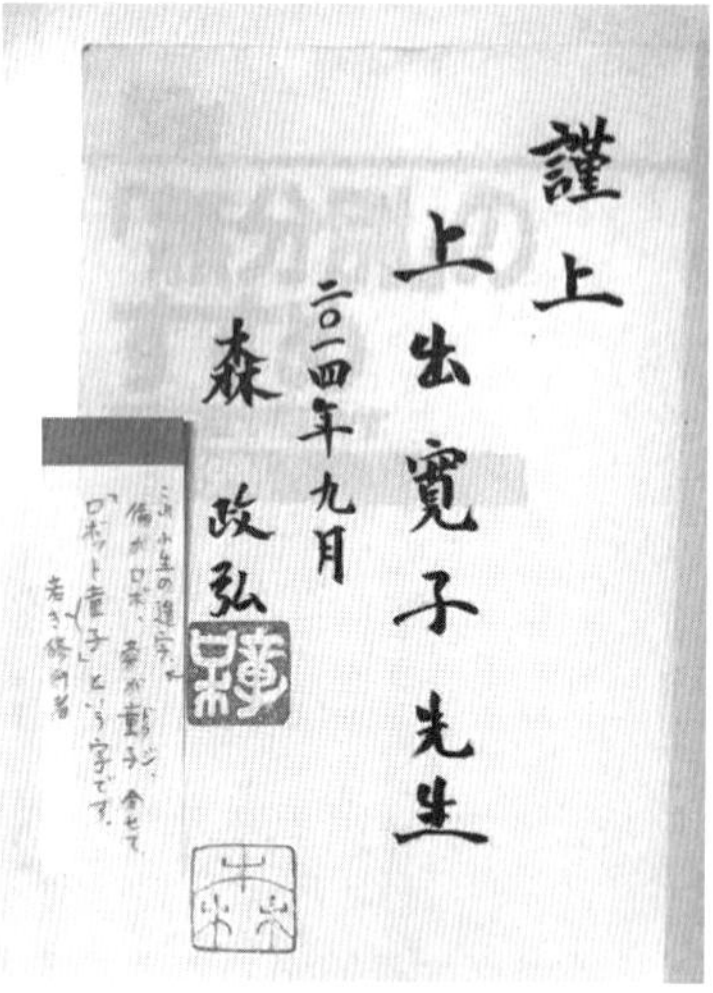


『「無分別」のすすめ』と落款

# 第四章 発見への眼力養成と坐禅初体験

二〇一四年九月一六日〜
同年一〇月一七日

注：上出は、八月二〇日に出版された『ロボット考学と人間』や、九月一〇日に届いた『「無分別」のすすめ』以外にも、森の著作を幾つも読んでいる。

二〇一四年九月一六日
件名：**僕の文章のコツ**
上出　寛子　様
森　政弘　より

＞先生の文章が大変楽しくて、その点でもとても勉強になります。
有難うございます。
自分で言うのは口幅ったいのですが、良い文章を書くコツをお伝えしましょう。
(a) 主語について
・主語と述語の関係をハッキリさせる。（助詞「てにをは」を大事に。また「私は」と「私が」とは大きくニュアンスが違いますから十分に気を付けること。）
・分かり切っていると思わず、多少くどくなるようでも主語は省かない。
・また、どれが主語なのかと、読者を迷わせるようなことは避ける。

（b）話の展開について

・それまでに述べてきたこととの関係を、面倒でも接続詞を入れて、ハッキリさせる。

・論理をそのまま進める場合でも、「それで」「したがって」「ゆえに」「だから」などをフレーズ毎に入れる。

・論理の展開が変わる場面では、「ところが」「ところで」「だが」「しかし」「とはいっても」などを、挿入することを忘れない。

・修飾語の位置は、できるだけ修飾される言葉のそばに置く。

・読点「、」をチャンと使って、こうも解釈出来る、ああも読めると、読者を途中で迷わせ、読みのスムーズな流れにブレーキがかかるようなことはしない。

・人名や書物名、場所の名前などで、すでにそれが前に出てきている時には、「前述の」「すでに前に述べたが」「〇〇頁で述べたが」など、ちょっとした一言を入れる。

（c）文章のリズムについて

・文章を感性的に大事にし、読む時に「音楽的リズム」が感じられるようにするというのが注意点として挙げられます。これも「異なったものを同じと観よ」との仏教の教え通り、「音楽は物語と思って聴け」「物語は音楽だと思って読め」の応用です。

難しい交響曲・協奏曲・室内楽などは、物語だと思って聴くと分かりますし、優れた物語の文章は非常に音楽的です。

要するに、感性を磨くことです。では！ご活躍を!!

省察

先生が文章のリズムを大事になさっているのは、ご著書を読んでいてよくわかる。先生は、フルートもお上手でいらっしゃるみたい。違う分野の活動を、それぞれが別のものだと思わずに、うまく融合させながら取り組むと、どの分野のことも結果的に上手にできるようになるのね。

二〇一四年九月一八日

**件名：文章のコツへのお礼**

森　政弘　先生　　　　　　　　　　　　上出　寛子　より

今、学会の抄録を書いていて、どうもわたしは文章が下手だな、と思っていたところです。ですので、先生にコメントをいただき、とても勉強になりました。

主語と述語の関係をはっきりさせるには、だらだらと長い文章ではだめですね。読者の視点に立って、読みやすい文章にするには、かなりの努力が必要だと改めて感じました。

先生の文章は決して口語体ではないのですが、まるでお話を耳から聞いているように、しっくりと入ってきます。これは先生のおっしゃるとおり、頭の中で、文章の音楽的リズムが心地よく再現されるからだと思います。抄録も音韻を気にしながら書いてみようと思うと、別の楽しみが出てきました。

学会の準備は大変ですが、七月二五日にいただいたメールの「随処に主となれ」に従って、やらされていると思うのではなく、楽しみながら取り組むことができそうです。

ありがとうございました。

二〇一四年九月一八日

件名：**オーケストラと僕**

上出　寛子　様

森　政弘　より

拝　復

文章のリズムのことに関してですが、和歌や俳句の七五調の文字数を発見したということは、実に素晴らしいことですね。

音楽のリズムはやはり訓練です。僕は、名古屋大学の二年生くらいから卒業後助手時代までの数年間を、名古屋フィルハーモニー交響楽団の二番フルートを受け持ったり、名古屋放送管弦楽団のエキストラメンバーをやって、音楽で小遣い稼ぎをしていました。

途中で間違えようものなら、「音符は抜かしても良いから、リズムだけは一拍といえども絶対に間違えるな！」としごかれ、泳げない者を海へ突き落とすような厳しい訓練を受けたのです。そうでなければ、アンサンブル（合奏）になりませんから。

まあ、そんなこともあってか、老いた今でもリズム感は持ち続けているのでしょう。

貴女達の坐禅ご参加のこと、今日の受講者達は承知ずみです。では!!

省察

研究だけではなくて、音楽も専門的になさっていたとは、本当に多才でいらっしゃる。一流の研究をされている先生方は、他にも一流の技能をお持ちなのかもしれないわ。

二〇一四年九月一九日
件名：**音楽と文章**
森　政弘　先生　　　　　　　　　　　　　上出　寛子　より

先生の文章が音楽的でいらっしゃるのは、プロの音楽家でいらっしゃるからなのだな、と深く納得をいたしました。

リズムを崩さないように演奏するという訓練は、厳しく、難しそうです。

速ければ難しいということでもなく、

遅ければ簡単だということでもなく、

同じテンポを持続させるということが難しそうに思います。大変な集中力が必要ですね。でもそうやって体の中にリズム感覚が養われると、生活や文章にも、きちんとリズムが出てくるんだと思います。

わたしは以前少し、お琴をやっていましたが、きちんと気をつけていないと、すぐにメトロノームからずれていました。

坐禅を経験させていただけることに、改めてお礼申し上げます。

よろしくお願い申し上げます。

願い

僕はこれまでに、いろいろな事にのめり込んで来たが、そのどれもが邪魔にならず、全て、今日という一点に凝縮して役立ち、今日の僕を支えている。確かにこれは仏教の「三法印《さんぼういん》*」のひとつ「諸法無我《しょほうむが》*」だ。これを上出君に具体的に示して上げよう。(森)

＊**「三法印」のひとつ「諸法無我」**……「三法印」とは、仏教教理の特徴を表す三つの印《しるし》のことで、あらゆる現象は変化して止まない「諸行無常《しょぎょうむじょう》」、すべての存在は、他の全ての存在に関係し影響し合うので実体がない「諸法無我」、悟りの境地は静かな安らぎである「涅槃寂静《ねはんじゃくじょう》」の三つを言う。

---

二〇一四年九月二二日

件名：**我が人生すべてセミプロ**

（添付ファイル：電気・機械部品　幕の内弁当）

上出　寛子　様　　　　森　政弘　より

今日は初秋の日差し、窓のすぐ外に柿の実がなっており、少し色づいてきています。

先ずは、お答え。

＞速ければ難しいということでもなく、

＞遅ければ簡単だということでもなく、

その通りです。むしろ普通に思われているのとは逆で、遅いテンポ、Adagio が難しいです。

音の緊張感を失わないように、曲想がボケないようにするのが大変。一番いやなのは、五線紙上の一小節が〇（全音符）一個だけという場所です。その解釈の難しさ！

ところで以下は、要件ではありませんので、お暇な時に流し読みして下さい。そして、学生を指導される立場の貴女としては、各学生のしかるべきチャンスを観て、僕が言おうとしている内容をお伝え頂き、少しでもそれが伝搬して行けば、望外の幸せです。

省察

先生に教えていただいた様々なことを、わたしだけにとどめておくのは、実にもったいない。機会があれば、他の人たちとも、是非、上手に共有していきたいと思う。

導くには「機」（ここぞという絶好のタイミング）をとらえる必要があります。その時、ちょっとつつけば、パーンと割れます。これを禅では「啐啄同時《そつたくどうじ》」と言い、師弟一如《いちによ》の素晴らしいハタラキを表しています。卵がかえる時、雛が殻の中で啼《な》くのを「啐」と、そしてその瞬間、親鳥が外から突き破ることを「啄」と言うのです。この啄のタイミングが早過ぎると雛は死にます。教育の極意です。

また貴女がおっしゃったとおり、分野とか専門などというものは、人間が勝手に引いた境目に過ぎませんから、それを乗り越えて進むことが常に求められるのです。以下はその参考になればとの願いでもあります。さて、本論です。

僕の人生、音楽も含めて、すべてプロではなく、「セミプロ」という気がしています。それはこういう理由です。

音楽で言えば、確かに当時でも、定期演奏会をリハーサル込みで昼と夜の二回こなすと、当時の金額で二〇〇〇円も貰えましたから、結構なものでした。その金で丸善へ行っては洋書を買うという癖が付いて、そのおかげで *CYBERNETICS*（N. Wiener 著）という新刊に出くわし、それを読んだら、「機械についても、動物についても、その制御系では同じ理論が成立する」との卓見が出ており、この一言に魅せられて、僕は無線通信から自動制御へと人生の舵を切ったのでした。

人生の日々は多くの縁とのすれ違いですが、その中から特別な一つを意識上に登らせ、選び取らせるのは、自分の問題意識によります。

生物的自動制御を目指したことで、僕は名古屋大学の電気の研究室から東京大学の自動制御専門

『サイバネティックス』の原書

の研究室に転勤するチャンスに恵まれました。

この自動制御への志の先に、ロボット工学を切り拓くファイトが湧いたわけでした。

話が脇へ行ってしまいました。戻します。

なぜセミプロかと言いますと、僕は多少は初見《しょけん》演奏はできましたので、にわかに、今夜の宝塚少女歌劇団の伴奏にフルートが必要になったからと頼まれて、ぶっつけ本番で楽譜を渡され、ステージ前下のオーケストラボックスの中に加わって、いきなり吹いたこともありました。

しかし、その程度の能力ではプロと言うにはまだ足りなく、移調演奏が出来る必要があるのです。たとえばオペラでプリマドンナがアリアを歌う時、「今日はちょっと疲れているから半音下げてくれ」と、いきなり注文が出た場合、即座に本来の調の楽譜を見ながら、実質半音下げて伴奏するということが出来なければならないのです。しかしそれは僕には不可能。だから僕はセミプロです。何の道も、本道を行くのは大変ですね。

仏教についてもそうです。専門の仏教学者は、サンスクリット語に通じてインドの原典が読める必要がありますが、僕は漢訳仏典だけです。また、僕は親戚の納骨くらいならば、お坊さんを頼まずに、僕がお墓の横でお経を読んでやっています。これは後藤老大師に家内の父親の納骨をお願いに行った時、「悪いけど、もうわしは葬式仏教には飽き飽きした。森先生あんたやっときなさい」と言われて以来、そうやっています。だから納骨くらいはやれますが、葬式の導師はとてもやれません。ゆえにセミプロです。

そう、映画制作も例外ではありません。やはりセミプロです。

〈ロボット工学から映画監督へ〉

僕が東京工業大学に在職中の一九八〇年のことでした。翌年は東工大の創立百周年に当たるということで、いろんな記念事業が企画され、その一つに、記念映画を制作するという話が持ち上がり、僕がその映画監督に選ばれてしまったのです。これはたんなる偶然ではなく、それには、僕の専門のロボット工学が大いに関係していたのです。

ロボット工学の研究発表には、論文——文字で書いたもの——だけでは不十分で、試作したロボットの動きを見てもらう必要があります。

僕がロボット工学の研究を始めた一九六〇年頃には、もちろん今日のようにビデオはなく、広い会場での上映にはサイズ一六ミリの本格的映画を使わざるをえませんでした。

ですから、僕はロボットに関する研究発表のおかげで、映画制作ではセミプロの腕になっていたのです。これが、記念映画制作の監督という白羽の矢が立った理由でした。

東京工業大学は、当時でも、研究室四五〇以上、学生数約六〇〇〇人という大所帯でした。それをなるべく平等に撮影するだけでも不可能なこと。しかも百年の歴史があります。その空間的にも時間的にも膨大な内容を、めりはりのある一本の映画にまとめ上げなければなりません。しかも百年後の二百年記念の際にも観賞に耐えうるものにしたいという欲も湧いてきました。

この大難題に僕は命がけで取り組み、失敗したら辞職しようと、辞表を書いて日付欄だけを空白で残し、それを毎日内ポケットに忍ばせながら、仕事をしました。その精神的苦労は、心臓に不整脈が出たほどでした。

内容の構成と同様に大切な点は、カメラです。僕自身もカメラを回しましたが、とてもその程度では不足で、プロのカメラマンが二人、僕の配下に配属されました。そのカメラマンたち――芸術家気取りで一癖も二癖もある――に、いかにハッスルしてもらうかが成否の鍵です。これなしに良い映画はできません。それには奇抜な「狂言回し」が要る。狂言回しとは、主人公ではないが、場面の転換や話の進行にあたる重要な役のことです。それを僕は懸命になって創造的に模索したのです。そうしたら、僕にはこの世のありとあらゆるものが、狂言回しに見えてきたのでした。

今思えば、このような、絶体絶命、命がけの開き直り、懸命になって明けても暮れてもそのことを考え続ける……こういったことは、創造的な答を得やすくする条件なのですね。仏教の悟りもそのようです。

創造的な答は、必ず自分がはじめに予想していた範囲（枠）の外に存在するものです。

〈電線が演出した幕の内弁当〉

来る日も来る日も狂言回しを考え続け、世界中が狂言回しに見えだした頃、僕は別の用で、昭和電線電纜《でんらん》という電線会社を訪問しました。その会社の玄関には、自社の製品のいろんな電線や、電話ケーブル、海底電線などの輪切りが陳列してありました。

普段なら、僕は、ああ電線やケーブルだな、と思うだけですが、その時は違いました。電線やケーブルの輪切りが、巻き寿司に見えたのでした!!

躍り上がった僕は、本来の用件は後回しにして、各種の電線やケーブルを厚さ一〇㎜ほどの輪切りにして送ってもらえないかと、その会社の人に頼んだのです。

待ちに待ったその電線などの輪切りが、到着しました。電線やケーブルは外見は黒やグレーで殺風景なものですが、輪切りを並べて眺めてみると、その華麗なこと!!

僕にとっては、もうそれは電線でありながら電線ではなく、食べ物でした。

〈機械部品が盛られた幕の内弁当〉

そこで大きな幕の内弁当用の黒塗りの箱を注文し、電線だけでなく、歯車だの、カッターだの、ICだのという、機械や電気の部品を盛りつけてみたのです。

そうしたら、そこには絢爛《けんらん》豪華な「機械幕の内弁当」が出現し、食欲までをもそそりました。それが添付の写真です。

それを、カメラマンに見せたところ、彼らのハッスルぶりは期待以上。これはすごいと言って、すぐには撮影せず、盛りつけ・照明・背景などの撮影の仕方を一ヵ月も考え、そのカットの撮影にも一週間をかけるという熱中ぶりでした。

こうして、ユニークで日本の工業大学というところにふさわしい、科学技術でありながら日本情緒豊かな、古今および東西の対比融合の妙を得た狂言回しが出来上がり、記念映画制作は順調に進んだのです。

映画は、イントロダクションに次いで、学長が昼食に幕の内弁当を召し上がる正面から撮影したシーンが現れ、学長が弁当のふたを開けられるや、カメラは真上のアングルに移り、写真の弁当がアップになり、カメラが機械部品のコーナーへズームアップすると、そこから機械工学科の話が始まる。磁気部品へズームアップすれば、わが国のフェライト工業を創造した物語へと進む……といった具合でした。

たった一〇秒のカットを撮影するのに、三時間く

電気・機械部品の幕の内弁当

ら い掛けることはざらで、カットによっては、一年掛かりました。たとえば、大学本館正面に立派な桜の木が一六本あります。その桜が、積もった雪が解け、芽を吹き、葉が出、開花が始まり、満開となり、やがてしづ心なく散って行く、――この様を二〇秒間に収めたのです。

それには、プロ用語で「同ポジ」（同一ポジションの意）撮影を一年間続ける必要があります。三脚の代わりにそれなりの専用杭《くい》を立て、そこへカメラを載せれば毎回同じアングルになるように仕組むわけです。……と言うように、結構この道にも深入りしました。こんな意味で、映画制作についてもセミプロです。

〈隠されたものの発見〉

長さは九六分という、一六ミリにしては長編です。その中には、ここで述べた「電気機械部品幕の内弁当」だけでなく、たくさんの創造的なアイデアを盛り込みました。たとえば「工大一〇〇」という文字を、それとは分からぬように、ここかしこに写し込んであります。遠方から学舎の夜景を撮影したシーンでは、そのビル全体の窓の明かりが、心して観れば「工大一〇〇」の文字になっていることに気が付きます。化学の実験装置の場面では、フラスコや蒸留装置などをつなぐ複雑なガラス配管の一部が、「工大一〇〇」という文字に曲げて作ってあります。

このほかにも、いろいろ隠しておきました。更に百年後の二百周年記念に際して、それを発見する楽しみを後輩たちに残し、また、続く人々が、より創造的に育ってくれるようにと念願してのことであります。隠し込んだものをどのように発見してくれるかは、私の死後の楽しみというものです。

〈おわりに〉

このおかげで、僕は、「大事なものは隠されている」という人生観を持つようになりました。たとえば、科学法則はすべてそうですし、先日お贈りした『白隠禅師坐禅和讃』の一句、「長者の家の子となりて　貧里に迷うに異ならず」の解説資料にあった「真理は、つねに知られることを待っている」の言葉に貴女も感じて下さった通りです。「仏性」「如来蔵《にょらいぞう》」がそうです。

しかも大切な事は、僕はこのようにいろいろな事にのめり込んで来ましたが、そのどれもが邪魔にならず、全て、今日という一点に凝縮して役立ち、今日の僕を支えているということです。これはひとえに、仏教教理「諸法無我」のお陰です。

ここまでお読み頂けたのならば、甚深の感謝を捧げます。誠に有難うございました。ではまた！

省察

「何か新しいもの」を追求するという姿勢ではなくて、本当はそこにすでにあるものを、正しい見方で「見つける」ということが、ひらめきや創造ということなのかもしれない。それにしても、先生は、実に広大な人生を歩んでいらっしゃる。わたしが先生の年齢になっても、こうはなれないわ。教えていただいたことは、ひとつひとつ大切にしましょう。

二〇一四年九月二三日

件名：**ひらめきと発見につながる生き方**

森　政弘　先生

上出　寛子　より

今日はきれいに晴れましたね。

昨日から東京に来ており、二週間実験をしています。

人生の物語をいろいろな人に語っていただいて、出来事の解釈が、個人の幸せにどのように影響するのかを検討しています。客観的に同じ出来事（結婚や出産）であっても、主観的には、やはり意味付けが人によって様々です。

セミプロのお話、大変興味深く読ませていただきました。プロというのは、本当に職人技なのですね。即座に半音下げて演奏する、というのはわたしには想像がつきません。

また、先生が納骨されるのにもびっくりしましたが、映画監督もされていて、さらにそんなに大変な作業だというのにも驚きました。いただいたお写真は、幕の内弁当というよりも、まるでお上品な懐石料理のようです。また、先生が作られたフィルムの中から、こっそり隠された「工大一〇〇」を発見するのは、とても楽しそうですね。

先生の映画は、どちらかで拝見できるのでしょうか。

創造的な答えは、自分のもっている窓枠の外に存在する、というのは研究をする際にもとても重要だと思います。

ロボットに対する安心感を考えたい、と思ってはいても、そもそも安心感という概念自体は、わたしが勝手にあると思っているだけで、そんなものは実は存在しない、あるいは問題ですらない可能性もあります。安心を考えたい、という希求《ききゅう》行為そのものが、ロボットへの仮想的不安(安心）を生んでいるのかもしれません。

そうなると、先生のケーブル巻き寿司のように、まったく違う角度からのアプローチが必要になります。でもそれは、そう簡単に見つかるものではありません。先生がずっとフィルムの案を考えていらっしゃったように、常にアンテナを張った状態でいないと、だめなのだと思います。ケーブルが食べ物に見える目をもっていないと、だめですね。

「大事なものは隠されている、知られるのを待っている」ということは、自分の見方、考え方について、改めて自覚的になる必要性を教えてくれる言葉だと思います。

でも、これは本当に難しいことです。自分の見たいようにしか見えないことが、ほとんどです。自分が無自覚に持っている態度を排して、対象をただそのままに観る、ということはどうしてこんなに難しいのでしょうか。

今持っている研究データも、発見されるべき大事なことが隠されていると思うと、ますます吟味の必要性を感じますが、そう簡単には見つかりません。

先生の貴重なご経験をお聞かせいただいて、本当にありがとうございました。

若い学生たちに、よいタイミングでうまく説明できればと思います。先生のように、魅力的な話し方ができればいいのですが。話し方も練習ですね。

それではよい休日をお過ごしください。

二〇一四年九月二三日

件名：**「事実」を「真実」に高める、ありのまま**

上出　寛子　様

森　政弘　より

拝　復

よくぞ、あの長文のメールをお読み下さいました。有難く存じました。

あまりにも沢山のご返事が書ける、濃密なメールを頂きましたので、言葉の限界に非常なもどかしさを感じます。どうか核心は以心伝心で捉えて下さい。

（一）心理データの解釈について

＞（二週間の実験で）人生の物語をいろいろな人に語っていただいて……

ぜひ、お聴きになるに際しては、無心になって、自己の専門や先入見のフィルターを通さないよう、無色透明に受け取って下さい。

さらに会話中、貴女も、相槌や、うなずき等をされましょうから、それが知らぬ間に相手の発言に影響していることにも注意が要るのではないでしょうか。「不確定性原理」の通り、「観察は多少なりとも対象を乱さずには不可能」ですから。

＞出来事の解釈が、個人の幸せにどのように影響するのかを検討しています。客観的に同じ出来事（結婚や出産）であっても、主観的には、やはり意味付けが人によって様々です。

「事実」と「真実」の違いを心得ておかれると役立つかも知れません。それは、

「事実」＝人間が認めようと、認識しまいと、存在するもの。

「真実」＝それを人間が自覚的に認識した時「真実」となり、それが尊いものと気付く。

この、「真実の存在を「実在」という」とは、後藤老大師の教えでした。すべての事実が真実になったとき「仏」というものを知ったことになります。世間で言う良きも悪しきも、すべ

てが有難く尊い真実となり、心は「長者窮子の譬喩」でいう本家に帰ったことになるのです。
ともかく、貴女の二週間の実験、できるだけ無心に、そして透明な観察で行って下さい。

### （二）自然現象解釈への疑問

ところで僕は、この初夏に「臨床精神病理」という精神科医用の学会誌に、依頼で原稿を書きましたが、その中で、「不気味の谷」に関して、次のように触れておいたのです。

我々はなぜこのような不気味という感覚を持ち合わせているのだろうか、それはどこからくるのか、さらに、それが人間に付与された必然性は何なのか？　恥ずかしながら、筆者にはそれは未知数である。

もちろん、防衛本能の一種という見方は出来ようが、自然というものを、合目的的《ごうもくてき》*という前提をもって解釈することに、筆者は限界を感じているのである。

種の保存のため、生命維持のため……など、「○○のため」という自然解釈が乱発されているが、果たしてそれで良いのだろうか。もっと奥深いものがありはしないか？

花が美しいのは虫を呼ぶため、という解釈は分かりやすい。しかしそれは虫にとって魅力があるだけでよく、花粉を媒介しない人間を魅了する必要はないのではないか？

また貝のアサリの模様である。泥の中に埋まっているのに、あれだけ多様な模様が必要なのか？……これらは「○○のため」だけでは説明出来ないではないか。
実は筆者は仏縁に恵まれて、四〇年間ほど仏教哲学も学び、わずかだが坐禅も修した。「ありのままに観る」ことは仏道修行から言えば命がけのことで、一切の先入見を消して、心を無にしなければ出来ることではないと納得した、と。

> **＊目的とプロセス**……目的とは、時の流れの一点に、仮に重点を置いたものに他ならない。本来は、ただ時が流れているだけである。とかく人間は、目的を早く完成させたい、一刻も早く目的地へ到達したいとあせって、プロセスをおろそかにしがちなので、結局人生全部がおろそかになってしまう。仏教では、「今」を大切にせよと導く。すれば人生のすべてが有意義になる。

そうしたら、その編集委員の一人（順天堂大教授）から左記のような感想文が来ました。

先生のおっしゃる「不気味の谷」も「二元性一原論」も、精神科医にとっては非常に大切な概念と思います。精神病理学にとって重要な心理学も、すべて「～のために」という理論展開で、今日まできております。だからこそ、二一世紀に入って行き詰まりをみせているのが現状です。解釈以前の人間の「生《なま》の姿」に敬意を払い、そこから心理学をもう一度見直す時期が来ているようにも思うのです。お書きになられたことは、まさに私たちが進むべき道を示してくださっているように思いました……、と。

世はまさに爛熟期。どの分野も行き詰まりを見せてきました。多分、精神医学界もそうだろうと推察し、開き直って書きましたら、バッチリ当たりました。

(三) 僕が制作した映画について

＞先生の映画は、どちらかで拝見できるのでしょうか。

あの記念映画フィルムは、VHSビデオテープにコピーして持っています。僕は、解説しながら見て頂きたいので、いずれ、チャンスを見て拙宅へお招きし、僕の説明と共に観賞頂ければ、幸いです。生きている内にぜひ実現したいです。

(四) 安心感について

＞ロボットに対する安心感を考えたい、と思ってはいても、そもそも安心感という概念自体は、
＞わたしが勝手にあると思っているだけで、そんなものは実は存在しない、あるいは問題ですら
＞ない可能性もあります。

認識論のやぶの中へ迷い込まれないように注意しながら、深く極めて下さい。大事な心理現象ですから。ただ、最後の到達点として「二元性一原論」的に、不安もある方が高次元の安心ということだけは、心得ておいて下さい。

＞安心を考えたい、という希求行為そのものが、ロボットへの仮想的不安（安心）を生んでいる
＞のかもしれません。

安心、安心と叫ぶのは、本当は危ないからなのですね。危なくなかったら、そう言う必要はないわけですから。安心も不安もないのが本当の安らかです。

（五）眼力の養成

＞今持っている研究データも、発見されるべき大事なことが隠されていると思うと、ますます吟
＞味の必要性を感じますが、そう簡単には見つかりません。

「陽」の思考的な姿勢で疲れた頭を、坐禅で休めると、「陰」の観察力が湧き出して来ます。坐禅に限らず、日常すべての三昧（自己を忘れる精神集中）がコツです。

仏教が見よ！　観よ！　とやかましく言うのは深いわけがあってのことですね。見抜くのも、気付くのも、瞬間です。これにはコツが要り、これが（言葉が悪いのですが）一流と二流、大物と小物を分けます。学校教育では全く忘れられている所です。では！

坐禅は、坐禅にいかに集中できるのか、という、坐っている間だけの修行ではないのね。坐禅をしている時と、坐禅以外の時の、両方が自分の観察力を養うのだわ。これも二元性一原論なのでしょう。

二〇一四年九月二五日
件名：**観る、事実と真実**
森　政弘　先生　　　　　　　　　　上出　寛子　より

観察によって対象が乱れてしまうのは、本当にそのとおりですね。
先生のおっしゃるとおり、無色透明に受け取るように、励んでいるところです。人生の転換期として、宗教的な信念を持つようになったと語る方もいらっしゃいます。昨年までは「怪しいなあ」と思っていたのですが、これもわたしの勝手な色眼鏡でした。その方が他者に対する感謝の芽生えを、一生懸命語っているのを聞いていると、今年は、自分の色眼鏡をひとつ外さないといけないな、と感じます。

順天堂大学の先生のお言葉、大変身にしみます。心理学も含めて今の多くの学問は、「何かのため」に役に立つ、ということが要請されているようです。

そのような論調で申請書を書かなかければ、科研費（科学研究費補助金）をいただけないこともあり、機能的な、役に立つ研究でないといけない、という考えが主流であると思います。このような風潮は、研究者自身の世界の見方をある意味限定してしまい、機能だけを見る「陽」の頭を使うように学界を押し進めてきた部分もあるのでは、と思います。

若手の研究者（特にわたしですが）は、「陰」の観察力に欠けていると思います。大変大きなプロジェクトを取ってこられる先生方の話を聞いていると、「陰」の考え方からアイデアを出されているな、と思うことがあります。まるで「陽」の機能的な方向性で申請書が書かれているようにみせかけているけれど、本当は「陰」の観察力によって導きだされたアイデアを、申請書が通るように「○○のためにこの技術を開発する」と書かれているだけかもしれないと思います。

わたしは「○○のため」の方向にならって、些末《さまつ》に分析を積み重ねるだけの方向に、慣れすぎているのでしょうね。方向転換をしたいです。

先生の映画を先生に解説していただきながら拝見できたら、大変素晴らしい、貴重な経験になると思います。

そろそろ台風が来そうです。今日はあまり天気がよくありませんね。

二〇一四年九月二五日

件名：「仮面をかぶる」という自在姿勢のお勧め

上出　寛子　様　　　　森　政弘　より

拝　復

>大変大きなプロジェクトを取ってこられる先生方の話を聞いていると、「陰」の考え方からア
>イデアを出されているな、と思うことがあります。まるで「陽」の機能的な方向性での申請書
>が書かれているようにみせかけているけれど、本当は「陰」の観察力によって導きだされたア
>イデアを、申請書が通るように「○○のためにこの技術を開発する」と書かれているだけかも
>しれないと思います。

良い所へ着眼されました。眼力が出来てこられましたね！　このような、知りながら侵すというか、わざと良くない仮面をかぶる姿勢は、仏教では衆生救済のための重要な自在性とされています。菩薩の資格の一つです。

拙著『仏教新論』の一二二〜一二四頁に書いておきましたが、『法華経』の五百弟子受記品第八の言葉、とくに、

「内に菩薩の行を秘し　外に是れ声聞なりと現ず」

は、僕が初めて『法華経』に接した時、涙した言葉です。

誰しも、自分を良く見せようとするのですが、無我を説く仏教ではそんなことは吹き飛ばし

て、相手のためにならば、どのような姿勢でも取るのです。

＞先生の映画を先生に解説していただきながら拝見できたら、大変素晴らしい、貴重な経験にな

＞ると思います。

いかがでしょう、東京に長期ご滞在のご様子ですが、九月二〇日（火）以後で拙宅へおいで

頂く時間が取れますか？　時間は午後二時以降がよろしいが。

電線の輪切り（現物だけで箱はありません）もまだありますからお目に掛けられます。では！

注：上出は森宅を訪問し、東工大百周年記念のビデオテープを観賞した。

二〇一四年一〇月一日

件名：**お礼**

森　政弘　先生

上出　寛子　より

昨日は、先生のご自宅にお邪魔させていただき、本当にありがとうございました。

あのビデオに出てこられた先生方のメッセージも、非常に仏教的で、含蓄に富んでいますね。とても、三三年前のメッセージとは思えません。

目的を失わないように精進することや、人間が技術に呑み込まれないよう、主体性を持ち続けること、また、遊ぶ時のように、自然と積極的になる状況・姿勢づくりなど、どれもが研究者として、また現代に生きる人間として大切なことだと思います。

これらのことを意識するだけではなく、研究としても体現していけるように、と気持を新たにいたしました。

また、映画の最初の方に、ユーザーに問題意識を持たせられるエンジニアでいなければならない、とおっしゃっていた先生もいらっしゃったと思います。ロボットの場合でも、ユーザーとエンジニア間の情報伝達が一方的で、技術を与える側と、享受するだけの関係ではだめだと思います。

ユーザーも技術作法に自覚的になる、という訓練に励まなければ、安心ロボティクスは成り立たないからです。

それにしても先生の映画、本当に超大作でした。細やかな気配りが全体に溢れていて、深く感銘を受けました。時間は長いはずなのですが、アッという間に感じましたので、ストーリーも綿密にお考えになったのだろうと感動しております。先生に直接解説していただけたので、十分に内容を味わうことができました。

本当に、たくさんの貴重なものを見せていただき、どうもありがとうございました。思い出すと、まだまだ何か見つかりそうな体験をさせていただきました。先生にいただいた池邊陽《いけべきよし》先生のご本も、大切に読ませていただきます。すごろくの部分を先に見つけて拝読いたしましたが、最初から順番に読ませていただこうと思います。

これから大阪に戻ります。どうもありがとうございました。

二〇一四年一〇月一日
件名：**お礼、への御返事**

上出　寛子　様

森　政弘　より

拝　復
昨日は、わざわざ拙宅までお越し頂き、楽しい午後を過ごしました。
おかげで、僕も久々にあの映画を見ることが出来ました。あれだけの長編ですから、通しで見るには、それだけの覚悟と、まとまった時間が必要なので、一〇年振り以上でした。よく観て頂けて、満足です。

義務感・使命感という固いものと、遊び心という柔らかいものの合一が大切で、その例もお目に掛けることができたと思います。

ところで差し上げた池邊陽先生の『デザインの鍵――人間・建築・方法――』（丸善）ですが、どうぞ行間まで味わって読んで下さい。あれは観点と思想の宝庫です。ユーザーとメーカーが如何にあるべきかについても、ちゃんと書いてあります。とにかくあの本は、ものを作る人間、それを使う人間のためのバイブルです。このメールを書きながらパラパラと拾い読みしても、その一言一言の重さに心を打たれます。非常に応用仏教的な内容です。

仏教は仏教自身を超えて、まさに天地の道理なのですね。

坐禅会のスケジュールが決まりましたら、お知らせ申し上げます。

注：ここより坐禅会のスケジュールや参加者人数、名簿などの打合せで、数通のメールやり取りがあったが、それは略す。

## 願い

上出君は秀才だ。だが秀才ということが欠点になる場合もある。それが上出君のこれからの進

歩を邪魔しない様に、今のうちにアドヴァイスしておこう。（森）

二〇一四年一〇月一〇日

件名：**『学道用心集』からのアドヴァイス**

上出　寛子　様

森　政弘　より

＞人に便利さを提供するとか、助け舟を出すことだけを考えるのではなく、人間の積極的な努力
＞を引き出す様な研究をしたいなと思いました。

そうです。本当の親切、真の慈悲は、相手の自力を育てるものです。

また、道元禅師の『学道用心集』* にある言葉ですが、「……学解《がくげ》を先とせず……」とあります。まずは「バカに成り切ること」が坐禅入門です。ですから、秀才たる貴女へのアドヴァイスですが、もう坐禅の予習などしないで（これが、学解を先とせずです）、すべてを忘れ、只、当日おいで下さい。一切を仏や指導者に投げ出すことです。

---

＊**『学道用心集』より抜粋**……聡明を先とせず、学解《がくげ》を先とせず、心意識《しんいしき》を先とせず、念想観《ねんそうかん》を先とせず、向来《こうらい》すべてこれを用いずして身心《しんじん》を調え、もって仏道に入るなり。法を明らめ道を得るは、参

師の力たるべし。ただ宗師に参問するの時、師の説を聞いて己見《こけん》に同ずること勿れ、もし己見に同ずれば師の法を得ざるなり。

（この注にあるように、）仏道修行では、頭の良し悪しとか、理論は後回しです。あくまでも「自己滅却」で進んで下さい。

また、僕も経験しましたが、講演後「貴方が話されたことは、自分の意見（己見）と同じだ」と言って喜んでいる人があります。しかしそう言った気持では、仏法は学べません。折角講演を聞いても何も得られないのです。

それから、大事な心得ですが、師と言えども人間ですから欠点があります。その欠点が見えだしたら、それはひと先ず脇に置いて、心を無色透明になさることです。すれば器に水を注ぐように、サーッと師が持っておられるものが自分の方へ流れ込んで来ます。

これが学ぶコツです。要するに「無我」です。

僕は欠点だらけですが、よろしくお願い申し上げます。

では！

注：上出は二〇一四年一〇月一六日、坐禅を初体験した。

二〇一四年一〇月一七日

**件名：坐禅会のお礼**

森　政弘　先生　　　　　　　　　　　　　　　上出　寛子　より

昨日は大変貴重な経験をさせていただき、ありがとうございました。

自分の息を整えることが、これほど難しいとは思いませんでした。呼吸は、体と意識の、ちょうど境目にあるんだなと改めて実感いたしました。また、和尚様に素晴らしいコメントをいただけたこともありがたかったです。

ロボットの仏性を、最大限に発揮できる人間側の作法が、ロボットに対する安心を生むということについて、また新しい視点を教えていただくことができました。

これまでは、ロバスト性*の高いロボットづくりが進んでいましたが、人間がきちんと丁寧に扱わなかった場合には、ある程度適切に壊れてしまうような、脆弱《ぜいじゃく》なロボットを作った方が、もしかしたら、いいのかもしれないと思いました。

＊注：ロバスト性とは、要するに、乱暴に扱っても壊れない丈夫な仕組みや性質のこと。

人間側がロボットに配慮をするようになり、ある程度のロバスト性と脆弱性が一つに合わされば、それこそ最もロバストな丈夫なロボットになると、坐禅の後考えました。これは「二元性一原論」を教えていただいたおかげです。

また坐禅の機会がございましたら、ぜひ、参加をさせていただきたいです。

今後ともどうかよろしくお願い申し上げます。

森　政弘　より

二〇一四年一〇月一七日

件名：**坐禅会のお礼、へのご返事**

上出　寛子　様

昨日は、わざわざ上京されただけのことはありましたね。

後藤榮山老大師は呼吸の練習に、線香を鼻の前に立て、その立ちのぼる煙を乱さないように、スーーーーーッと息を鼻から出すことをされたと聞きました。

ああいう絶対静寂の世界を経験されることは、喧噪の今日、非常に大事です。

とにかく、坐禅をしていると、静けさが徹底してくるので、線香の灰が落ちる音までが聞こえるようになります。つばを飲み込む音など本堂中に響き渡り、今誰がつばを飲み込んだか分かるくらいです。奥歯を嚙みしめて、舌を上あごに付け、舌の先を上あごの門歯の裏側に触れさせよと、教わり、その通りやっても、なかなかつばが出るのは止まりません。

お分かりの通り、坐るだけですが、坐禅はすごーく奥の深い世界です。

＞これまでは、ロバスト性の高いロボットづくりが進んでいましたが、人間がきちんと丁寧に扱

＞わなかった場合には、ある程度適切に壊れてしまうような、脆弱なロボットを作った方が、も

＞しかしたら、いいのかもしれないと思いました。

＞人間側がロボットに配慮をするようになり、ある程度のロバスト性と脆弱性が一つに合わされ

＞ば、それこそ最もロバストな丈夫なロボットになると、坐禅の後考えました。これは「二元性

＞一原論」を教えていただいたおかげです。

とても良い着眼点の応用で、急所にピタッとひらめきましたね。それ、坐禅の効果です。

僕の専門だった電気工学を例に取れば、次の様なことが言えます。

電気回路にはヒューズというものが入っていますね。この頃ではヒューズはブレーカーに代わってしまいましたが、気にも止めずに使いたい放題に電気を取り出すのではなく、「これだけならばヒューズは飛ばない」という意識を持って電気を使うのが作法の一つです。

そして、万が一の場合にはヒューズを飛ばして残りの電気回路全体を守る。昆虫でも、トカゲでも、手や足やしっぽに弱い部分が備わっていて、敵に食いつかれたら、そこから先は犠牲

に、振り切って逃げるというのがあるようです。
全部を強くしたらだめです。それはまさに「二見《にけん》に堕した＊」やり方で、今日の技術はそれにはまり込んでいます。

「弱い部分を設けることが、より高い立場からは強いものに成るのです」

これが僕が描いた安心ロボティクスの双六の底辺真ん中の、「油断大敵」の意味です。弱いことも大事です。強いものによって人間が壊されて来ています。
いよいよ秋本番です。では、また!!

＊**「二見に堕す」とは**……この世界の真理は、正反対の二つ（「陰・陽」と言ってもよい）が協力し、融合して巧く動いているということなのに、その一方を嫌った態度のこと。ちょうどブレーキなしで、アクセルだけで車を走らせるのに例えられる。この態度は仏教では堕落と見る。「二見に堕すな」は、非常に重要な教えである。

# 第五章　応用仏教としての科学

二〇一五年三月一八日〜
同年四月一三日

二〇一五年三月一八日

**件名：お元気ですか、東北大へ参ります**

森　政弘　先生

上出　寛子　より

ご無沙汰しております。お元気でいらっしゃいますか。最近はずいぶん春らしくなってきて、桜が待ち遠しくなってきました。最後にお会いしてから年も明けて、お元気かしらと思い、ご挨拶のメールをさせていただきます。

わたしは阪大の特任助教の任期が三月で終了し、四月から東北大学の電気通信研究所に助教として赴任することとなりました。これまでとは違い、東北大では情報系の研究所で研究をすることになります。でも分野にこだわらず、広く人と技術の関係について研究をしていくつもりです。

安心ロボティクス研究専門委員会は今年の三月で終了いたします。しかし、先生にたくさんの貴重な教えを伝えていただいたので、より仏教的な観点に焦点を当て、人とロボット技術の関係を考える委員会を、新たに設置することにいたしました。

ただいま設置について、ロボット学会に申請中です。委員会のタイトルには「仏教」という言葉は直接含めず、

「ロボット哲学研究専門委員会」

としています。

仏教と聞いて、単なる宗教だと思う人もいると思ったからです。先生の『ロボット考学と人間』のご本は広くロボット工学者に知られておりますし、仏教の教えに基づきながら、人とロボットの関係を議論する委員会の必要性については、ロボット学会の先生方もご理解くださり、設置をご許可くださるのでは、と願っております。

これまでの安心ロボティクス研究専門委員会の活動は、本として出版する予定です。そこでこの本のタイトルを、先生の「ロボット考学」にあやかって、「ロボット幸学」とさせていただけないか、と考えております。どうかご許可いただけますよう、お願い申し上げます。

工学、心理学、哲学（科学哲学だけでなく仏教も）といった様々なアプローチで、人とロボットの適応的な、幸せな関係性について執筆する予定です。

昨年度先生とお会いできたことは、わたしの人生にとって本当に幸運なことです。また直接お会いさせていただけましたら幸いです。

今後ともどうかよろしくお願い申し上げます。ご自愛ください。

二〇一五年三月二五日

件名：**お元気ですか、東北大へ参ります、への御返事**

上出　寛子　様　　　　　　　　　　　　　　　森　政弘　より

メール本当に有難うございました。

このようなメールを頂くことが、今の僕にとっては一番嬉しいです。いろいろご活躍の由、結構です。貴女が進もうとされている方向は間違いありません。信念を持って、出会うであろう諸困難を乗り切られるよう、祈っております。

東北大学の電気通信研究所は、僕が高等学校（旧制）の生徒だった戦争中からその道のメッカでした。生意気にも高等学校生ながら、その研究所の永井健三先生と神谷六郎先生共著の『伝送回路網学』という、大学生や大学卒の研究者が読む本を入手して読んだものでした。弱電の専門家になって生きるんだ！という目標を持っていたからでした。

とは言え、戦時中でしたから紙も不足で、今日とは状況が全く違い、「新刊候補」というパンフレットが本屋の入口にぶら下げてあり、その中に欲しい本を見付けると、予約しておいて二ヶ月程待ち、出版されると取りに行くという本の買い方でした。その時、本屋からは「専門家や大学生が入手困難なのに、お前のような高校生が買うとは、品薄さに拍車をかけるから、遠慮しよ」などと叱られ、そこを頼み込んで買ったものでした。

省察

先生は今も活力的でいらっしゃるけれど、昔からものすごい意志と意欲をお持ちでいらっしゃったのね。楽しみながら生きる、ということがお上手なのだと思う。

ご承知と思いますが、東北大学には小《こ》菅《すげ》一弘《かずひろ》先生というロボット屋がおられます。僕の東工大時代の後輩です。
＞仏教的な観点に焦点を当て、人とロボット技術の関係を考える委員会を、新たに設置すること
＞にいたしました。ただいま設置について、ロボット学会に申請中です。委員会のタイトルには
＞「仏教」という言葉は直接含めず、「ロボット哲学研究専門委員会」としています。仏教と聞いて、
＞単なる宗教だと思う人もいると思ったからです。

それは慧《え》眼《げん》です＊！　仏もお喜びでしょう。名前は自由自在でよろしい。

**＊仏の五眼《ごげん》**……（諸説あるが、あらまし下記のように把握しておけば良い）。
一、肉眼《にくげん》――肉体の眼で、望遠鏡や顕微鏡等を使わない眼。

二、天眼《てんげん》――肉眼では見えないものが見える眼、天眼鏡は、その例。
三、慧眼――哲学的な眼。
四、法眼《ほうげん》――芸術的な眼。
五、仏眼《ぶつげん》――上記四つに加えて、大慈悲の眼。

---

＞これまでの安心ロボティクス研究専門委員会の活動は、本として出版する予定です。
＞そこで本のタイトルを、先生の「ロボット考学」にあやかって、「ロボット幸学」とさせてい
＞ただけないか、と考えております。どうかご許可いただけますよう、お願い申し上げます。

はい、どうぞご自由になさって下さい。
ではご返事まで、お元気で!!

省察

先生のご本になぞらえて本を出版できるとは、とてもありがたいことだわ。先生に教えていただいた仏教哲学の話も盛り込んで、是非、世の中に出したいと思う。

二〇一五年三月二六日

件名：**お返事と、わたしの研究**

森　政弘　先生　　　　　　　　　　　上出　寛子　より

ご丁寧なお返事をいただき、本当にありがとうございます。

東北大学の電気通信研究所は、それほど古い歴史があるのですね。今は二四の研究室があるらしいです。わたしはその中で、人と人のコミュニケーションを活性化するための、情報技術を研究しているところに配属になります。

先生は高等学校の頃から、難しい本を積極的に読んでいらっしゃったんですね。本屋さんで本を購入する際に、「遠慮しよ」と言われるとは驚きです。今では想像もつきません。

これからは、分野を問わずに、様々なことにチャレンジしていくつもりです。東北大学の小菅先生には様々な形でお世話になっております。

小菅先生は今、自動車技術会のエレクトロニクス部門の委員長をされており、わたしも二年ほど前に講演に呼んでいただきました。それがきっかけで、わたしもその後、委員として参加することになり、様々な自動車会社の方々に、委員会でお会いしています。

最近は自動運転の技術について、多くの企業の方が取り組んでいらっしゃいます。ロボットも自動運転も、社会的な価値や作法をきちんと定義していかなければ、人間自身が駄目になっていきそうな気がします。

そのことに関連してですが、つい先日、ロボット哲学研究専門委員会の設置が承認されました。この委員会で、ロボットや新規な技術に対する、作法や人間の態度について改めて考え、議論をしていきたいと思っております。

先生に、是非、ご講演をしていただきたくお願い申し上げます。四月になって、東北大の様子がわかり、身の動かし方が把握でき次第、改めてお願いをさせていただきたく存じます。

どうかよろしくお願い申し上げます。


安心ロボティクスの本のタイトル、ご了承いただき、本当にありがとうございます。こちらの執筆もとても楽しみです。早く形にできるように頑張りたいと思います。

季節の変わり目ですので、体調を崩されませんようにご自愛ください。

二〇一五年四月八日
件名：**科研費採択されました**

森　政弘　先生

上出　寛子　より

こんにちは。お元気ですか。本日の仙台はとても寒く、最低気温はマイナス五度です。

こちらに来て、今年度の科研費（科学研究費補助金）の採択の知らせがありました。先生のご本や、ご講演で直接ご教示いただきました二元性一原論を、様々な分野の先生に知っていただいて、さらに仏教の核心、二元性一原論を実学として応用していくために昨年度、挑戦的萌芽の申請をしていたのです。そのタイトルは、

「超ロバスト*なロボットの実現に向けた、二元性一原論に基づく応用仏教の実証研究」

というもので、無事に採択されておりました。（*ロバストとは、要するに、乱暴に扱っても壊れない丈夫な仕組みや性質のこと。）

申請書は一頁目がもっとも重要ということで、先生がいつも見せてくださっていた、障子にもみじの写真を貼りました。この写真とともに伝えたメインのメッセージは、技術的にロバストなロボットだけではなく、機械の脆弱性を補う人間側の作法を整えることで、もっともロバストなロボットがはじめて実現できる、ということです。障子はその適例ですから。これはすべて先

生の二元性一原論に基づくアイデアなのですが、紙面の都合で一つしかご本を引用できませんでした。申請書の中には「森政弘『退歩を学べ――ロボット博士の仏教的省察――』(二〇一一年)」を引用させていただいております。採択につながったのは、これらのご本をはじめ、昨年度、先生にいろいろとご教授いただいたおかげです。

研究内容は、定量化、データ化の羅列なので、非常に二元的ではあるのですが、ロボット工学の先生や心理学の先生にも、二元性一原論を意識していただく一因になればと考えております。申請書を添付させていただきます。お時間ございましたら、最初の方だけ斜め読みしていただければ幸いです。

今年度は、日本ロボット学会のロボット哲学研究専門委員会も始まり、この科研課題の採択は、委員会にとっても非常に有益だと考えております。

今後とも、これらの活動に関して、先生からいろいろなことを教えていただければ大変ありがたく存じます。

どうかよろしくお願い申し上げます。

桜の季節ですが、まだまだ寒いようですのでご自愛ください。

障子にもみじ

二〇一五年四月八日

件名：**科研費採択されました、への御返事**

上出　寛子　様

森　政弘　より

先ずは、四月八日という降誕会《ごうたんえ》*（俗に花祭り、お釈迦様の誕生日）に、科研費採択の朗報を頂き、仏さまからのメールだと思いました。感謝感激です。

このこと後藤榮山老大師にも報告の手紙を今書いた所です。

*仏教徒としては、最小限心得ておきたい。
降誕会――四月八日：釈尊の誕生日。
成道会《じょうどうえ》――一二月八日：釈尊が悟られた日。
涅槃会《ねはんえ》――二月一五日：釈尊が入滅された日。

それから、貴女は今や、安心ロボティクスとしてのお付き合いだけではなく、もう小生の同志ですから、親しみを込めて、上出君と呼ぶこともありますが、悪しからず。

省察

先生は、わたしにとって、一生の師だと思う。同志と呼んでいただけるとは、本当に嬉しいし、ありがたいことだわ。

添付頂いた申請書コピー全部読みました。今は僕の現役時代とは違って、申請が一面進歩し、他面ややこしく複雑になりましたね。貴女はよくお書きになりましたね。

願い

上出君は、真の安全には「作法」が不可欠だということは、完全に分かっておられるので、その作法、とくに現代での作法について僕の考えを伝えておこう。（森）

本当の仏教は、底なしに奥が深いので、貴女の次の目標は、「物との離別、告別」だと考えます。時々念頭に浮かぶようにお心の隅に置いておいて下さい。

茶については、茶の点《た》て方の作法を千利休が茶道としてまとめ上げましたが、利休も茶との告別作法についてはは何も残してはいません。とは言え、僕も目下模索中の課題です。

すでにお分かりの通り、「動」が二元性一原論の「原」の本質ですから、陽の意味でも、陰の意味でも、一切存在は無常で、「告別」は必ず訪れ、避けて通るわけには行きません。

省察

物との離別……。物を大切に扱う作法ばかり考えていたけれど、これも、陰と陽の片方だけしか見ていなかったのね。あらゆるものが変化し続けるということは、始まりと終わりが節目となって、回り続けているということなのだわ。

先週僕は、長年自宅の工作室で使ってきたオッシロスコープ（電気の波形を見る機械）が古くなって使えなくなったので、それとの告別に時間を割いてきました。もの作りを専門としてきた僕にとっては、「物を壊して捨てるには、作った時と同じ手間を掛けたい」という気持がありまして、ねじは言うまでもなく、中の半田付けまで、すべてバラバラに外し、電気の三要素であるL・C・R、つまり、

L：コイル関係
C：コンデンサー
R：抵抗器

に部品をまとめ、それから、そのオッシロスコープはアナログものでしたから、昔のテレビのようなブラウン管の小さいもの（これは命部品です）が付いていましたので、それを納棺する気持

で、イボイボビニールで丁寧にくるみ、短いお経を上げ、合掌して、心中で、長く世話になった礼を述べてから、燃えないゴミとして廃棄しました。

それだけの手間を掛けて分解した功徳《くどく》として、それを設計した人の気持や知恵がよく分かりました。またそのオッシロスコープはナショナル（現、パナソニック）製でしたが、その中のブラウン管はＮＥＣ製であることも判明しました。こういうことはアナログものの良さで、ディジタルでは何も分かりません。

もっとも、貴女はプログラムのメッカで、ディジタルのプログラムを身に付けようとされていますから、プログラムの中身がお分かりになれば、それを書いた人の人柄がよく分かると思います。

このようにした告別の結果、僕の心中は晴れ晴れとし、本当に安らかになりました。

人間については、告別は宗教が受け持っていますが、

森愛用のオッシロスコープ

とくに仏教の葬式の意味は、礼拝に来た人の殆どは分かっておらず、僧侶もその意味について曖昧です。

進み過ぎた文明のせいで、物を捨てる事が大問題になっていますが、「原」の巧みな所は「循環」にありますから、血流のようにこの循環を全きものにすることが、今後の人間の務めです。これは作法としても極上の作法になるでしょう。

省察

循環、という見方は、世の中のすべてを表現している気がする。いろいろな物が現れたり、消えたりしていく、そういう動きが、世界の存在の根源なのね。現れたり消えたりしていくものは、どこかで消失してしまうのではなくて、姿を変えながら、循環しているのでしょう。

話は変わりますが、仙台へ赴任されて一人暮らしの由。食事作りや後の洗い回しなど、これまで以上に大変におなりになったのではありませんか。

僕の方も、四才年下の家内の方が僕より弱って来ましたので、家中の掃除や、毎日使った皿や食器、油だらけになったフライパン、汚れた流し、バスタブなど、そういった物を洗うのは僕の日課になっており、毎日それに二時間は費やしています。

これがとても良い運動になり、世間で言われているような、健康法としてのウォーキングなど、やっている時間は全くありません。

しかし食器洗いひとつにしても、水道水の流れ方などを流体力学的に観察しながら洗っていますと、楽しく、たとえば「噴水をデザインするならこういう水流を活用しよう」など頭に浮かび、知らぬ間に洗い終わります。

つい、長くなってしまいました。

最後に、『臨済録』の、「見《けん》、師に斉《ひと》しければ、師の半徳《はんとく》を減ず。見、師に過ぎて方《まさ》に伝授するに堪《た》えたり」の教え通り、どうか小生を超えて進んで下さい!! これ貴女への小生の遺言です。

では、失礼します。おやすみなさい。

上出　寛子　より

森　政弘　先生
件名：**離別と作法**
二〇一五年四月一〇日

今日は大阪に戻って参りました。

科研の課題は、引き続き大阪大学の新井先生との共同研究として進めていくため、打ち合わせに参りました。新井先生もこの課題が採択されて、喜んでくださっています。

先生がわたしのことを同志と呼んでくださるとは、大変恐縮です。本当にありがとうございます。

あの長い申請書をお読みいただき、ありがとうございました。申請書を書いた時は、物を大事に扱う、ということまでしか考えていませんでした。

物との離別の件を拝読して、ハッと致しました。物を丁寧に扱って、最後には感謝の気持を込めて物と対話しながらお別れをする、という流れの全体が大切ですね。物でも人でも、別れは名残惜しいものがあります。自分で組み立てた物だったりすると、なおさらだと思います。

わたしは自分でロボットを作ったりはしておりませんが、身の回りのものについて考えてみると、引越しの際に、どんどん捨てていたような気がします。これからお世話になる家具や道具には、日々「動」の中にいることを忘れずに、接していこうと思います。

ロボットへの作法に関してでも、「動」と「循環」への意識は非常に重要ですね。きちんとお別れをすると清々しい気分になるというのは、心理学的にも非常に興味深いことです。お教えいただき本当にありがとうございました。

今年は幸運にも、他にも採択された科研があります。あの様に長い申請書を書き、さらにお金をいただくと、自分の書いた内容に、執着してしまいそうになります。もちろん申請した内容を変えて実施することはしませんが、これまでの自分の考えから、いったん離れて考えてみることも大切だと思います。

先生がオッシロスコープを扱われるように、わたしも研究の部分部分を丁寧にみていくと、新たな発見があるかもしれません。自分の研究成果とも、発展的に離別出来たらと思います。

わたしも研究のことなど考えながら、洗い物や掃除を楽しんでおります。

まだ少し寒いようです。ご自愛ください。

森　政弘　より

上出　寛子　様

**件名：お暇があれば教えて下さい**
二〇一五年四月一三日

拝　復

> ロボットへの作法に関してでも、「動」と「循環」への意識は非常に重要ですね。きちんと別
> れると清々しい気分になるというのは、心理学的にも非常に興味深いことです。

そうです。それを活かし作法の確立へと進まれるのが、貴女の道です。

「二元性一原論」を駆使して科研費を申請され、採択内定にまで漕ぎ着けられた貴女の事は、後藤榮山老大師に手紙でお伝えし、目下その返事待ちです。何と答えられるか、科研費申請などという世俗の事務的な事は通じないのか、それとも共に喜んで下さるのか、更には、もっと深い指導を賜るのか、いろいろ期待している所です。

省察

後藤榮山老大師様にお伝えくださったのね。科学的な「区別」の世界に、二元性一原論を持ち出すこと自体が矛盾しているのだけれど、老大師様はどう思われるか、不安だわ。でもわたしは、仏教と科学は折り合わないと断念して、始めから何も実践しない、というのが一番だめだと思う。

ところで、今日は、僕が心理学を専攻されている貴女から、お教え頂きたいことがあるので、メールしたのです。

「直観力」「洞察力」「観察力」「先見性」の四つの微妙な違いと、関係についてです。これらは、心理学ではどんな扱いになっていますか？

省察

これは難しい。心理学で知能の発達は研究がたくさんあるけれど、深い大きなひらめきとか、直観というレベルになると、なかなか検証や説明が難しいと思う。私では先生に十分説明できるようなことはとてもできないけれど、先生とお話ししながら考えると、とても面白いヒントが得られそう。

物事の本質を把握し、発明発見をするには、どれも欠かせないと考えるのですが、今ひとつ釈然としないものが僕の心に残っているからです。

直感力と洞察力は、理性の世界を超えたものでしょうが、観察力は、理性と理性外の両方が要るようにも思われます。

中間子発見者の故湯川秀樹先生の名言に、

「科学は直観で把握して、（後に）理性で処理する」

というのがあります。この意味は僕にもよーく分かるのですが。

僕の「不気味の谷」発見は、先見性と洞察力によったと井上博允先生は言っておられますが……、「先見性」は時間軸上の事。それぞれ微妙にニュアンスが異なるので、一度整理しておきたいのです。答は決して急ぎません。今度飲む時でも結構です。ご多忙でしょうが、よろしくお願い申し上げます。

無心になって「只」の世界でご活躍を！

上出　寛子　より

二〇一五年四月一三日

**件名：ひらめきや洞察力**

森　政弘　先生

ご連絡をありがとうございます。

「動」を骨子とする教えを、申請書の上で言葉にすると、たちまち言語という、時間が切り取られた静的なものになってしまうのは、本当に板ばさみのような気持です。さらにそれを科研費という、金銭に置き換えてしまっては、後藤榮山老大師様もやれやれ、と思っていらっしゃるかもしれません。

ただテキストという静的なものを解釈する時には、その時その時に、それを読んでいる人の、意味の「生成」という動きがあるはずですから、テキストや言葉や物語は、本当は固定的な「記号」に過ぎない、というわけではないと思います。

言葉には、読む人がその意味を追いかけ続けるように、働きかける力があるのかもしれません。むしろその追いかけ「続ける」ということをしなくなると、それこそ言葉は単なる形骸化した記号でしかなくなります。

日本語には「言霊《ことだま》」という考えがありますよね。言葉は記号なのですが、それに見えない霊みたいなものがついていて、コミュニケーションは記号の交換というよりも、言霊の追いかけっこだから面白く、難しいんだと思います。


＞「直観力」「洞察力」「観察力」「先見性」の四つの微妙な違いと、関係についてです。

人間のもっとも面白いところは、科学ではまだまだ解明できていないのかもしれません。これは大変難しい課題をいただきました。

十分にお答えできず、申し訳ございません。どうかよろしくお願い申し上げます。

# 第六章　日本ロボット学会へ仏教を紹介

二〇一五年四月一九日～
同年六月一九日

二〇一五年四月一九日

件名：**ご講演のお願い**

森　政弘　先生

上出　寛子　より

こんにちは。

昨日、今日と、仙台はとてもよいお天気です。まだ桜も残っています。

先生にお願いがございます。

今年度の日本ロボット学会の講演会にて、ロボット哲学研究専門委員会主催で「社会的価値創造のロボティクス」というオーガナイズドセッション（ＯＳ）を企画いたしました。

これは学会内でのＯＳという位置付けだけでなく、一般の人にも公開する、オープンフォーラムとしても開催する予定でございます。

そこで、先生に、招待講演として、ご講演をいただけませんでしょうか。

このＯＳの目的は、研究専門委員会の趣旨と同様で、仏教を含め、多様な視点から人間とロボットのあり方を議論するところにあります。ロボットの先生方や一般の方々に、先生から直接、仏教の教えについてご講演いただきたいのです。

時期は、二〇一五年九月三日（木）〜五日（土）

場所は、東京電機大学

でございます。ご検討いただければ幸いです。どうかよろしくお願い申し上げます。

二〇一五年四月二〇日

件名：**ご講演のお願い、への御返事**

上出　寛子　様　　　　　　　　　　　森　政弘　より

拝　復

日本ロボット学会での講演ご依頼の件、安心ロボティクスの時のように、二つ返事でお引き受けしたいのですが、刻々と老化の波が押し寄せ、四ヶ月以上も先の九月までは予測できない状態です。

それで、我がまま勝手を言わせて下さい。

（一）にわかに僕が講演に出られなくなった場合を想定して、ピンチヒッターを決めておいて下さい。

（二）講演内容や演題は、目下考慮中です。

貴女の姿勢のように、あえて仏教と言わずに仏教を語りたいですし、仏教の内容はお分かりの通り無限にありますから、切り口と展開を二時間くらいでどう処理するかが難しいです。今のところ僕だけが持っている、本田宗一郎様のお声の録音を皆さんに聴いて頂くのを導入としようかと考えています。本田様は臨済禅に通じられた方で、仏教と一言も言わずに、あれだけの大ホンダを盛り上げ経営して来られましたから。

（三）講演日時は、僕の都合で九月三日（木）の午後にして下さい。

以上の条件でよろしければ、取りあえず講演お引き受けさせて頂きます。

先ずは、とにかくご返事まで。よろしく。

二〇一五年四月二一日

件名：**ご講演ご快諾ありがとうございます**

森　政弘　先生

上出　寛子　より

ご講演お引き受けくださり、どうもありがとうございます。

ピンチヒッターやご講演内容、三日の午後に開催等、全て承知をいたしました。いつでも先生のご都合やご状況に合わせて、全力で対応させていただきますので、どうかよろしくお願い申し上げます。

願い

公害の大問題「水俣病問題」も、仏教の核心「一つ」でようやく解決したという報告が来た。これをぜひ上出君を含めて講演を聞いて下さる方々全員に伝え、「一つ」が、いかに大切なものであるかを裏付けたい。（森）

二〇一五年四月二一日

件名：**水俣問題も、仏教の「一つ」で解決**

上出　寛子　様

森　政弘　より

先ほど、日本ロボット学会の講演のご返事を差し上げましたが、僕も老いて来ましたので、お伝えするなら今のうち、早い方が良いと思いこのメールを差し上げます。

NHKの総合TV「クローズアップ現代」を見ていましたら、評論家、柳田邦男氏が出演していました。氏は使命感を持って懸命に水俣病問題に関わっておられ、氏には氏なりの民衆寄りの立場があり、それなりに立派な意見を述べておられますが、とても仏教には及びません。

それは対立しているからです。民衆の側に立ち、企業チッソを敵に回しているからです。ところが、松下政経塾で僕が教えたH・S君という塾生が水俣病取材に行って、初めて下記のような貴重な事実が分かったのでした。

「……また、水俣では、水俣病と正面から向き合い、壊れた人と自然、人と人との関係をつなぐため、対話し協働する「もやい直し」という取り組みがなされているのですが、その中にも仏教の教えに達していると思える例がありました。

水俣病を経験したことによって「環境＝生きる源」が大事という共通の価値観、対立ではなにも生まれないという考えが根底に築かれており、水俣病をめぐる異なる価値観や長い地域間の対立の果てに、「水俣は一つ」（水俣病患者と一般市民、行政、チッソ）に到達していたことでした。

また、水俣病患者である緒方正人氏の「チッソは私であった」、同じく永本賢二氏の「被害者は加害者」といった言葉には、そこへ辿り着くまでのご苦労とともに、最後はやはりこなんだと感じました。

改めて、自分に気付きさえあれば、仏教の世界、森先生のお教えがこんなに身近にあったものなんだと改めて感じました。」

すごいでしょう‼

・対立ではなにも生まれないという考えが根底に築かれており、
・「水俣は一つ」（水俣病患者と一般市民、行政、チッソ）に到達していた、
・「チッソは私であった」――水俣病患者の発言、
・「被害者は加害者」といった水俣病患者の言葉には、そこへ辿り着くまでのご苦労とともに、最後はやはりここなんだと感じました。これ、泣かされます。

去年坐禅の時、海禅寺のご住職が仰ったように、「一つ」に気付くには、出家し、何年間も専門道場で厳しい修行を重ねるわけですが、在家の一般人が「一つ」に気付くには、大勢の命を失った水俣の事件位の大きな犠牲を払う必要があったということですね。

「一つ」は正に、姿勢と襟を正して拝受すべき、貴い貴い教えなのですね。（本書の校正中、二〇一八年四月二七日（金）に、韓国と北朝鮮の南北首脳会談が行われた、との報に接した。あれほど、憎み合っていた両国の首脳が、笑顔で互いに手を取り合って南北境界線を越えた。この事実は、本書が説く「一つ」が如何に大事であるかを、また「二つ」が「一つ」にな

ろうとするのは、天地自然の道理であることを示している（本書四二五頁参照）。）

講演会では、この実話も、冒頭で本田宗一郎様のお話を流した後の本論中で述べ、仏教の底知れぬ深さを示そうと思い出しました。

また、例によって長くなり、夜も更けてしまいました。おやすみなさい。

二〇一五年四月二一日

件名：**被害者と加害者の「一つ」**

森　政弘　先生　　　　　　　　上出　寛子　より

ご講演の件、ご検討いただいて本当にありがとうございます。

本田宗一郎様のお話から始まり、水俣問題での事例を出されて、人の認識の問題がいかに重要かを先生がお話ししてくださるとは、大変貴重な講演会になると思います。

「チッソは私であった」「被害者は加害者」という言葉を、被害者の方自身が発せられたということは、本当に難しく、また、尊いことだと思います。自ら大変厳しく苦しい経験をされたからこそ、「一つ」という結論にたどり着かれたのでしょうね。

ただ、自発的に、そのような気づきに至るのは、わたしには本当に難しいと感じます。先生がおっしゃるように、同じ問題を、同じ視点に立って一緒に見つめることができればいいのですが。「チッソは私であった」というお言葉は、本当に感慨深いです。自分がそのような状況に置かれた時に、同じ視点を持てるだろうか、と考え込んでしまいます。

有意義なお話をありがとうございました。

二〇一五年五月八日
件名：**大切なアドヴァイス**
上出　寛子　様
森　政弘　より

拝　復
ご返事有難うございました。大切なアドヴァイスを申し上げたくてメールしました。
それは、
「物やロボットの方を先に、人間を後に」

ということです。もうお分かりでしょうが（拙著『ロボット考学と人間』二六六〜二七〇頁、同『仏教新論』二一二〜二一四頁に述べてあります）、向こうから教えられ、こちらが学ぶ時が好ましいですから、書いたり語ったりされる場合、「ロボットと人間」とか「物と人」とかと、「物やロボットの方を先に、人間を後に」されることをお薦めします。それは、四月一九日に頂いたメールの中に、

>このOSの目的は、研究専門委員会の趣旨と同様で、仏教を含め、多様な視点から人間とロ
>ボットのあり方を議論するところにあります。

と、人間を先に、お書きになっているのに気付いたからです。

ただし、仏教ですから、これにとらわれることはありません。承知の上で自由自在にお使い下さい。物も人間も平等です。

では!!

二〇一五年五月一〇日

件名：**大切なアドヴァイスへのお礼**

森　政弘　先生　　　上出　寛子　より

大切なアドヴァイスを頂き、真にありがとうございました。

物を人より先にするということは、わたしだけでなく、セッションを聞いてくださっている先生方にとっても、ひとつの気づきのチャンスになると思います。

当日の議論では、是非、物を先に提示するようにしたいと思います。

いったん、物と人間などの様々な区別を乗り越えて認識できた場合には、どちらが先でも同じなのだと思います。ただし、多くの場合は、物は人よりも下だ、という常識があるでしょうから、物が後にきているということ自体を、考え直してみる必要があるのだと思います。

先生のロボット考学のご本の内容や、また、先のメールでも先生がご指摘されたことを、心理学の先生方やヒューマン・ロボット・インタラクション（英語でも人間の方が先になっていますね）の先生方に、広く知っていただきたい、ということがわたしの一番の希望です。

注：森は、軽い脳内出血に罹って五月一一日に入院したが、経過良好で五月二一日に退院出来た（この予後の静養のため、森はこの年の一一月一五日に宮崎へ転居する）。

## 願い

僕が引き受けている講演は非常に大切な意義のものだから、多少の無理をしてでも講演したいが、このチャンスに、その講演の一部を上出君に担当してもらおう。上出君も大阪からわざわざ上京して坐禅するなど、仏教に関心が向いて来ているから、このアイデアが実行できれば、上出君には仏教哲学を学ぶ門戸が開けるはずだ。(森)

二〇一五年五月二四日

件名：**講演一部担当の提案とお願い**

Cc：新井　先生

上出　寛子　様

森　政弘　より

お陰様で、五月二一日に退院できました。ご安心下さい。

そこで、お願いに近い提案があります。

(一) 先ずは、今年九月三日(木)にお引き受けしている、東京電機大学での日本ロボット学会の講演に関してです。

これは、日本のロボット学界――ひいては科学の全分野に、仏教哲学を導入するきっかけを作るという意味で、非常に重要な催しですから、少々の無理は押してでも講演しますが、左記(二)の準備運動として、僕の講演の一部(「三性《さんしょう》の理《り》*」、拙著『退歩を学べ』第四章参照)を貴女にやって頂いてはどうか、ということです。まだ九月まで時間が十分にありますから、ぜひ頑張って勉強してやってみませんか。

貴女の講演の後で、もしも必要が出たら、僕が補足しますから、ご安心下さい。

また、その準備としてご質問などありましたら、メールと電話で、更にはご上京の折にお目に掛かって、お答えします。

以上、新井先生とご相談下さい。

省察

先生のご講演の一部を担当させていただけるとは、わたしにとって、とても良い勉強の機会になるはずだわ。先生のように、その場その場で、自由自在に話をすることはまだまだできないと思うけれど、最初の一歩として、是非、担当させていただきましょう。

(二) 僕が生きている内に、ご自身で仏教哲学を語ることが出来るようになって下さい。僕がロボット工学の他に、営々と学んだ仏教哲学を伝承して頂きたいのです。それには、若さ・感性・直観力などの点から、貴女が最適任だと思うからです。

ただし、自信過剰になったり、うぬぼれたりしてはいけません。あくまでも謙虚に、二〇一四年一〇月一〇日のメールでお話しした、道元禅師の『学道用心集』にあるように、

「聡明を先とせず、学解《がくげ》を先とせず、心意識《しんいしき》を先とせず、念想観《ねんそうかん》を先とせず、向来《こうらい》すべてこれを用いずして身心《しんじん》を調え、もって仏道に入るなり」

の金言を守って進んで下さい。また、僕も人間ですから、いろいろ欠点を持っていますが、その欠点には眼をつむって下さい。欠点が見え出すと師から学べません。

また、仏教や文学だけに浸った尼僧《にそう》にならないで下さい。貴女は科学（二元論）の世界に「二元性一原論」を融合させる使命を持った方ですから。このことは、貴女と僕との出会いの「縁」からの直観です。

以上は、病院の重症患者病棟の真っ只中で思ったことで、僕の学界への遺言とでも言うべきものです。これがかなえば、僕は安心して他界できます。

大変なことを申し上げてしまいましたが、何とぞ、意のある所をお汲み取り下さいませ。

省察

今までもそう思っていたけれど、先生から教えていただけることは、一つずつ大切に学ぶようにしたいと思う。一年ほど前は、数ある学問のうちの一つとして、仏教哲学の「知識」さえ学べればいいと思っていたけれど、仏教哲学は知識だけではだめなのね。絶えず繰り返す実践の中に、初めて体験としての気づきが得られるのだと思う。そして、仏教哲学を、自分の中で体得するだけではなく、先生のように、他の人にも伝えられるようになれたら、そこでやっと仏教哲学が実現できることになるのだとも思う。難しいだろうけど、頑張ろう。先生みたいに色々な特技は持っていないし、ひらめきの能力も足りないけれど、わたしみたいな平凡な人間と、先生のような偉大な方の組み合わせも、二元性一原論なのかもしれないわ。

---

＊**「三性の理」概説**……仏教が洞察した、善・悪についての、深い解釈である。

普通は、物事（人も含めて）には善と悪の両面があり、悪の部分を除去すれば、善が残ると考えられている様だ。しかし、仏教はその考えを否定する。そして「無記《むき》」という概念を持ち出して、その「無記」の人間に対する現れ方の内、人間が好むものを善と、また嫌うものを悪と名付けているに過ぎないと説くのである。この、善・無記・悪の三つを「三性《さんしょう》」と言う。

この場合無記の「記」とは、記する、印を付ける、という意味で、これは善だから○、これは悪だから×と、印を付けることを言うのである。ゆえに「無記」とは、そういうことはしないということになり、善・悪という様な価値の概念がない世界のことである。無記の世界は、善・悪と同列、同次元に位置するのではなく、善・悪よりも上の次元のものなのである。

適例は、メスとドスであろう。両者は同じ刃物だが、ふつうメスは人を救うための物（善）であり、ドスは殺害するための物（悪）とされている。だがメスで殺害も可能であり、一寸した手術ならばドスでも出来る。「三性の理」ではこの様な場合、刃物＝無記、メス＝善、ドス＝悪と把握し、一つの「先やエッジが鋭利な鉄のへら（つまり刃物）」という無記の存在が、それを扱う人の心次第で、善＝人助けにも、また正反対の悪＝人殺しにもなると説く。そして、良く切れる刃物ほど、手術は巧く行くが、人殺しも楽に出来ると言うわけである。つまり、善性の大きいもの程、悪性が強いのである。「三性の理」の肝心な点は「転じる」という所にある。善も悪も結局は無記としては同じものだから、それを扱う人の心次第で善になったり悪になったりするのである。善・悪はものの属性ではなく、人の心の現れと言って良い。従って心が変わると、善であったものが、悪に変わってしまう。このことを「転じる」と言う。さらに突っ込んで言えば、無記を善として作用させるか、悪として働かせるかは「制御」にあるのである。制御が効けば善が出現するし、制御を失すれば悪になってしまう。

　左に他の例を挙げておく。（本書二一五～二一八頁に更に詳しい表あり。）

| | **悪** | **無記** | **善** | **無記を善に活かす制御** |
|---|---|---|---|---|
| 1 | ドス | 先がとがった鉄のへら | メス | 執刀者の心と腕の制御 |
| 2 | 汚す | 跡を付ける | 書く | 注意と練習 |
| 3 | 走る凶器 | 自動車 | 救急車 | 注意と運転技術 |
| 4 | 壊す | 変化させる | 作る | 希望通りに変える |
| 5 | 腐敗 | 微生物作用 | 発酵 | 微生物の選択 |
| 6 | 破壊 | 爆発 | エンジン | 安全に爆発させる |

（より詳しくは森政弘著『退歩を学べ』第四章を参照。）

二〇一五年五月二四日

件名：**ご退院おめでとうございます**

森　政弘　先生

上出　寛子　より

先生から、退院されたというメールをいただき、ほっといたしました。

ロボット学会の講演の一部を担当させていただく件について、ご提案をいただき、ありがとうございます。先生からのメールを読み、大変なお役目をいただいたと、とても緊張してしまいました。

でも今は、これから九月の学会までの間に、できることはすべてやろうという気持でいっぱいです。ぜひ、先生のご講演の一部を担当させていただきたく存じます。

非常に重要な機会をいただきました。ありがとうございます。気を引き締めて、勉強をさせていただきます。

そこで、先生のご講演の原稿を共同で執筆させていただけませんでしょうか。ロボット学会は招待講演の場合でも、四枚までの発表原稿を投稿しなくてはいけません。先生の場合はたくさんご本もございますし、特別講演ですので発表原稿の提出はせずにすむように、プログラム委員会に連絡してみようと考えておりました。

しかしながら、ご講演の一部を担当させていただくにあたり、その担当部分の原稿を執筆させていただくことが、わたしにとっては重要な一歩になるかと思うのです。

「本稿は森先生のご講演の一部である」と冒頭で断っておき、『退歩を学べ』第四章の「三性の理」について、先生のお言葉をお借りしながら、原稿を書いてみたいのです。

先生のご講演原稿として提出するのですが、もし先生がお許しくださるのであれば、わたしが最初に書いてみて、先生にチェックしていただき、森・上出の連名で提出させていただければ幸いです。

退院されてすぐにご連絡をいただき、本当にありがとうございました。先生に教えていただけることは、なんでも吸収していこうという気持でいっぱいです。

科学の世界に仏教を紹介するという挑戦的な試みを、先生とご一緒に行うことができて、本当にわくわくしています。それではどうかご自愛ください。

二〇一五年五月二四日

件名：**講演一部お引き受け多謝**

上出　寛子　様　　　　森　政弘　より

拝　復

無理な白羽の矢を立てて仕舞ったのではないかと反省もしたのですが、提案をお受け頂き、有難い限りです。今寝る準備をしていて、寝る前の礼拝でお礼を言いました。

>もし先生がお許しくださるのであれば、わたしが最初に書いてみて、先生にチェックしていた
>だき、森・上出の連名で提出させていただければ幸いです。

どうぞよろしくお願いいたします。原稿作って下さい。拝見・添削させて頂きますから。幸先がよろしい。感謝感激です。でも、あまり緊張しないで下さい。ゆったりした気持こそ、仏教が目指す所です。

では、おやすみなさい!!

二〇一五年五月二八日
件名：**三性の理のご参考**
（添付ファイル：『涅槃経《ねはんぎょう》』功徳大天《くどくだいてん》の喩え）
上出　寛子　様　　　　森　政弘　より

僕の体調は、僅かずつですが、回復傾向にあります。今日は車を運転して、渋谷の東急デパートへ行き、パソコン用の眼鏡を調整して貰ってきました。その時、杖を持って行くのを忘れたくらいです。

「三性の理」に関して思い出したので、以下に「ロボコンマガジン」誌に書いた要約を述べ、その原本である『国訳一切経』のその頁のファイルを添付してお送りします。

内容は「功徳大天」の譬喩《ひゆ》（例え話）です。

僕の意図は、これを原稿にお使い下さいと言うのではなく、あくまでも仏教知識としてお伝えしたいだけです。もちろん、原稿にお使いになってもかまいませんが。

〈功徳大天の話〉

学僧たちの命がけの苦労によって伝承されてきた膨大な一切経の中に、『涅槃経』というお経があります。その中（聖行品《しょうぎょうぼん》第七の二）に以下のような話が載っています。

功徳大天という名の絶世の美人が、美しい着物を着て、ある男の家の玄関先にやって来ました。その男は大喜びで功徳大天を玄関の中へ招き入れました。それで功徳大天は「私が訪問した家には幸せが訪れます。お金もたくさん貯まるようになります。あなたは健康にも恵まれるでしょう」と言いました。男はいっそう喜んで、彼女を座敷へ上げようとしました。するとその時、黒闇《こくあん》という名の、醜女で皮膚もあばただらけ、着物も破れて汚い女性が玄関先に立っていました。そしてその男に向かって「私が来た家は不幸になります。お金もなくなり、さらにあなたは病気にかかるでしょう」と言うのです。

それで男は、その黒闇を追い払おうとしたところ、黒闇が言うには「あなたは知恵がありませんね。功徳大天は私の姉なのです。私たちは常に一緒に行動しているのです。ですから私を追い出すのならば、功徳大天も追い出しなさい」と。それで男は功徳大天に確かめたところ、「黒闇は確かに私の妹です。二人は常に一緒です。ですから私を愛するのならば、黒闇も愛して下さい。黒闇を愛さないのならば、私も愛さないで下さい」と答えたというのです。

添付ファイルの原本は難しいので、右のように要約しました。

以上、ご参考までに。原稿、期待しています。では！

省察

醜いものがあるからこそ、美しさを感じることができる。健康であるということも、病気になってみないと実感できない。正反対のものがお互いを補い合っているのが真実なのに、この男の人のように片方だけを取ろうとすると、対立につながってしまって、結果として不満や苦悩だけが残る。美醜でも何でも、対立し、矛盾するものを両方受け入れないと、本当の意味が見えてこない。だからこそ、黒闇は「私を追い出すのならば、功徳大天も追い出しなさい」と言って、功徳大天も、「私を愛するのならば、黒闇も愛して下さい」って言ったのね。

二〇一五年五月二九日
**件名：三性の適例ドローン**
上出　寛子　様
森　政弘　より

また気が付きましたので、お伝えします。

ご承知のように、無線操縦によって空中を飛んで、下界を撮影するヘリコプターのような「ドローン」は、まさに、「善性の強いものは悪性も強い」という証拠を端的に示した最新例で、講演などに使うにはとてもよい例ですね。

先のメールでお送りした「功徳大天」の話は、古臭い感じを聴衆に与えますから、ドローンと比較すると、断然ドローンに旗が揚がります。

僧侶や仏教学者の説法は、すぐに最新鋭の適例を話すという努力に欠けていますから、そのことも仏教を広める力を弱らせて来たと思っています。
われわれは、僧侶や仏教学者とは違う任務を持っていますから、どんどん仏教に新しい服を着せて学界や社会に示そうではありませんか。では！

省察

お釈迦様の時代から続く仏教理論に、最新のロボットのドローンを当てはめるというお考えは、仏教を広める実践方法として、先生の独自のものだと思う。逆に言うと、仏教哲学は、昔話ではなくて、いつの時代にも当てはまる根本的な理論ということでもある。わたしもそういう視点で、仏教哲学の話ができるようになりたいわ。

二〇一五年五月二九日

**件名：三性の理の現代での事例**

森　政弘　先生

上出　寛子　より

ご連絡をありがとうございます。
本日は人工知能学会のため、函館に来ました。外出されるのに杖をお忘れになるくらい、先生が回復されているというのは大変うれしいです。

手術の時や風邪を引いた時も、ポジティブな面を積極的に見つけていくとよい、とご本に書かれていましたね。杖を忘れて困った、ではなくて、杖を忘れるくらい良い方向に向かっている、と見方を転換されていらっしゃるのも、陰と陽の良い事例だな、と思っていたところです。ただ、あまりご無理はされないでくださいね。


功徳大天とドローンの事例、どうもありがとうございました。

ドローンの話は確かに、「三性の理」の現代的説明例としては最適だと思います！　本当は善いところと、悪いところが、両方あるというのが、ありのままのドローンなのだと思います。

規制だけで解決し続けることに限界がある、ということに目を向けないといけません。

函館から戻りましたら（二日までこちらにいます）、原稿の執筆を開始いたします。

引き続き、どうかよろしくお願い申し上げます。

注：上出はその後、ロボット学会の原稿を森へ送った。

二〇一五年六月一三日

**件名：二つの質問**

上出　寛子　様

森　政弘　より

ただ今、ご力作の原稿到着。ご苦労様でした。

早速、ざっと拝見しましたが、どこにも間違いはありません。

ただ、盛り込まれたものが多過ぎて、仏教哲学に初めての人には分かり難《にく》いと思いますし、四頁という短い制限の原稿としては、論旨が重複していると見られる所もありますので、その辺をスッキリさせましょう。任せて下さい。

一六日か一七日まで時間を下さい。これから添削させて頂きます。

そこで質問ですが、

（一）表題は「三性の理とは何か」で行きますか？　僕の考えで変えてもよろしいか？

（二）四頁一杯まで、僕が書いてしまって差し支えありませんか？

この二つの質問には、先へ進むため今すぐご返事下さい。

とりあえず、原稿拝受のお知らせと、ご質問まで。よろしく。

二〇一五年六月一三日
件名：**二つの質問へのお返事**
森　政弘　先生
上出　寛子　より

早速のご連絡をどうもありがとうございます。

たしかにしつこく、同じことを書きすぎたような気がしています。添削の方、宜しくお願い申し上げます。
（一）表題は先生にお考えいただこうと思っていました。あれは仮です。
（二）また、四頁いっぱいまで、先生に書いていただけますと幸いです。

二〇一五年六月一六日
件名：**中間報告、原稿来週はじめまで待って下さい**
上出　寛子　様
森　政弘　より

貴原稿添削させて頂いていますが、僕も場合によってはこれが最後のチャンスになるかも知れないという気もあるので、沢山書きたいことが湧いてきて、体力の問題もあり、苦闘しています。それで、（〆切は二六日とのことなので、）遅くとも二一日午前までにはお送りしますから、今しばらくお待ち下さるようお願いします。

表題は、「二元性一原論とは何か」とし、副題として、「今後のロボティクスに必要な開眼」としました。

折角貴女が力を入れて書かれた「三性の理」で、非常に多くが詰まっておりましたが、「三性の理」は、二元性一原論を理会*するための最も易しい適例、という位置づけにさせて頂き、圧縮して原稿の一部分にしました。この点、悪しからずご了承下さい。

中間報告まで。

---

**＊理解と理会**……仏教では二つに分かれて対立する事を嫌う。「理解」の「解」は、元々は刀で牛角を解剖するという意味の文字であって、今でも、バラバラに分けるという意味――「分解」――がある。

それで「二元性一原論」という仏教教理を納得する場合は、理解という語は不適当であるから、「理会」という言葉を使う。この言葉は明治や大正時代の哲学書でも使われている。（たとえば『善の研究』西田幾多郎著の第六章末尾。）

注：その後、原稿は出来上がり、森から上出へメールの添付ファイルとして送られた。

二〇一五年六月一八日
件名：**原稿拝受**
森　政弘　先生
上出　寛子　より

原稿を拝受致しました。

すばらしい内容に改めていただき、ありがとうございました。

限られた紙面に重要なポイントがバランスよく詰まっていて、わたしの草稿よりも、ずっと意義深い論文にしていただきました。

先生に添削をしていただいて、わたしの書いた文章が、非常にまわりくどいものだったとわかりました。先生の文章はリズムがよく、実際に声に出して読んでいるかのように読むことができます。とても勉強になりました。

大変な添削をしていただき、本当にありがとうございました。

最近、ロボット哲学研究専門委員会のウェブサイトを作成し、先生にロボット学会のセッションで御講演いただくということも、アナウンスさせていただいております。

ところで、委員会の件に関してお願いがございます。

先生に、この委員会の名誉委員になっていただけませんでしょうか。

現段階では、このサイトに「三性の理」について簡単な説明を載せたり、先生のご本を紹介しているだけです。しかし、このような簡単な紹介だけではなく、先生に名誉委員になっていただいて、ご講演くださった動画を配信したり、今回の論文を要約して紹介したりと、情報を充実させていきたいと考えております。

先生に何かをしていただくということではなく、これまで先生がわれわれにくださった貴重な情報を、広く発信していくことを目的としております。

もちろん先生のご本の著作権に関わるような情報提示は、いたしません。

ご検討いただければ幸いです。

どうかよろしくお願い申し上げます。

二〇一五年六月一八日

件名：**お役に立つのならば、名誉委員承知しました**

上出　寛子　様　　　　　　　　森　政弘　より

拝　復

僕の添削お受け入れ頂けて安心しました。

＞先生に、この委員会の名誉委員になっていただけませんでしょうか。

お役に立つのならば、ならせて頂きます。名誉なことです。

＞もちろん先生のご本の著作権に関わるような情報提示は、いたしません。

僕自身は、仏教の考え方を広めたいので、著作権を主張するようなことはしません。ただ、出版社側の意見だけです。それに佼成出版社も、仏教を広める（法輪を転じる）ためにある会社ですから、金儲けのための出版社とは違います。しかも、当方も学会で、利益追求団体ではありませんから、引用される場合に、著作権に関して敏感になられることは不要と考えます。もしも万一問題が出たとしても、僕が対処して片付けます。

では、よろしくお願い申し上げます。ご返事まで。

省察

同じ言葉で説明するのであっても、先生とわたしが言うのでは、伝わり方が全然違う。先生に委員会に入っていただければ、発信する情報の届き方も、ずっと効果的になると思う。先生に教えていただいたことを、できるだけ多くの人に伝えられる機会を作っていきたい。

二〇一五年六月一九日
件名：**お礼**
森　政弘　先生
上出　寛子　より

ご連絡をありがとうございます。
委員会の名誉委員になっていただき、本当にありがとうございました。
ロボット学会のご講演もそうですが、先生の下さった情報を発信していくことで、わたしを含め委員会の先生方、ロボット学会の先生方が、技術の意味はあらかじめ決まっているのではなく、使うわれわれが見いだしているということに、自発的に気付いていただける契機になれば良いと願っています。

引き続き、よろしくお願い申し上げます。

# 第七章 「ロボットと仏教哲学」——森と上出の共同講演へ

二〇一五年六月二一日～
同年六月二八日

二〇一五年六月二一日

件名：**今日の基が出来た私の青少年時代**

上出　寛子　様

森　政弘　より

日本ロボット学会の原稿〆切に向かってご多忙のことと推察しますので、お時間があれば、お読み下さい。急ぐことは全くないものですから。

わが掘っ立て小屋――ロボコンの根源が培われた、戦前から戦後まで一〇年間の物語――

http://gijyutu.com/main/archives/2043

に、僕の青少年時代のことがアップしてあります。

僕にとっては坐禅三昧はあまり効いていませんが、「もの作り三昧」は断然僕の今日の哲学や仏教の基を作ってくれました。これはその物語です。貴女のご判断にお任せしますが、もしお気に召したら、ロボット哲学研究専門委員会の先生方にもお読み頂くように、そのサイトから上記へリンクを貼って下さいませんか。

よろしくお願い申し上げます。

二〇一五年六月二三日

件名：**リンクを貼らせていただきます**

森　政弘　先生　　　　　　　　　　　　　　　上出　寛子　より

ご連絡をありがとうございます。

先ほど、論文の投稿を済ませました。

技術ドットコムの記事をありがとうございます。以前、自分で検索したか何かで拝読させていただいた記憶があります。先生の小さい頃のお写真を拝見した記憶もございます。もう一度拝読させていただき、委員会のウェブサイトにリンクを貼らせていただきます。

引き続きどうかよろしくお願い申し上げます。

願い

学界に参加される様な方は、誰もが当然、自分なりの主義・主張をお持ちだろうが、人の話を聞く場合、それが邪魔をすることがある。今回の講演は大事な内容だから、それを防ぐために、本田宗一郎様のお話もぜひお聞かせしたい。（森）

二〇一五年六月二二日

件名：**講演時間について**

（添付ファイル：本田宗一郎様のお話し.wma）

上出　寛子　様

森　政弘　より

九月三日の貴女と僕の講演時間ですが、先ず、僕のイントロから入り、本田様のお話を全員に聴いてもらって、話を聴く心得――とくにこの会のように違った分野の人々が集まる会の心得を前置きとして、すぐに貴女にバトンタッチし、貴女の「三性の理」に関する講演部分を三〇分（もし僕が補足する必要があれば、それも含めて）、その後僕が質疑を含めて残りの時間を使わせて頂くという想定で、全部で二時間取って頂けませんでしょうか。

もちろん、質疑の時には貴女も加わって頂きます。貴女の持ち時間三〇分が長過ぎるかどうかは、僕には判断できかねますから、貴女の良いように調節して下さい。僕は如何様にでも対応するつもりです。

本セッションは一三時から一六時とのことですので、僕たちの講演は、一四時から一六時までの二時間を希望します。でも最小限一時間半は欲しいですね。

以上が、講演時間に関する僕の希望です。

以下は本田様のお話に関してです。

当日聴いて貰おうと思っている部分だけを二分半ほどに抜粋したファイルを添付しますので、お聴きになってみて下さい。さすがに、あれだけの大事業をされた方の発言で、このセッションのイントロとしては最適だと考えます。

人間は無意識のうちに、情報を取り込む時、自分の専門のフィルターを通す生き物で、分野というものは人間が捏造した仮の境目に過ぎないことに気付きません。本屋の棚とか、大学の学部分けのせいでこうなっているのかも知れませんが……

この点を自覚することが、何をするにも非常に大切です。分野などに縛られない自由な態度こそ仏教的です。空を心得た生き方です。では！

省察

これまでの安心ロボティクスのセッションも、色々な分野の先生方が学際的に議論する場ではあったけれど、先生のご講演は、もっと根本的な問題意識の持ち方や、心構えに関するものになるだろうから、セッションの一番最後にお話ししてもらうのがよいと思う。本田宗一郎様のお声の資料を送ってくださった！「無というのは、何も無いという意味ではなくて、何でも入る無というあり方でいること、これは仏教の基本であり、本来は人間の基本である。これがないと発明できない。」とおっしゃっている。本田宗一郎様が偉大な発明家でいらっしゃったのは、自然と仏教的な態度をお持ちだったからなのね。

二〇一五年六月二二日

件名：**本田様のお声、ありがとうございます**

森　政弘　先生

上出　寛子　より

本田宗一郎様の貴重な音声データを、ありがとうございます。

「僕は○○が専門だから、とかいうの、どうにも気に食わないんだよね」と軽快におっしゃる本田様のお声を聞いて、ついつい一人で笑ってしまいました。また、専門にこだわらず何でも入る「無」の状態を持つということが、発明や発見に必要になるという、重要なメッセージをいただき、本当にありがたく存じます。

一度聞いただけでも、自分が無自覚にフィルターを通して世界を見ていることに気づくことができる内容なので、セッションに来てくださる先生方にとっても、とてもよい導入になると思います。

講演時間について承知いたしました。実際には一六時三〇分までとっております。できれば先生のご講演で終わる形の方がよいかと思いますので、先生のお時間を三〇分ずらして、一四時三〇分〜一六時三〇分とさせていただいてもよろしいでしょうか。

二時間の流れについても、先生のおっしゃるとおりで承知いたしました。質疑応答を含めて、三〇分で「三性の理」を説明できるように準備をさせていただきます。

お時間の方、ご確認をどうかよろしくお願い申し上げます。

二〇一五年六月二二日

件名：**講演時間確認**

上出　寛子　様

森　政弘　より

＞本田宗一郎様の貴重な音声データを、ありがとうございます。

世界中で小生だけが持っている本田様のお話です。現在のホンダの社員は、社長以下誰も聴いたことはないと思います。ただこの四月一三日に本田技術研究所で講演した時聴いてもらった聴講者を除きますが。

＜実際には一六時三〇分までとっております。できれば先生のご講演で終わる形の方がよいかと

＜思いますので……。

ぜひそうして下さい。これは講演される他の演者の方々のためでもあります。その理由は、誰も太刀打ちが出来なくて、その後の話は影が薄らいでしまうような重い内容のものだからです。

こう言うと高慢ちきに聞こえますが、講演内容は僕の口から出ますが、僕のものではありません。普通に言えばお釈迦様のものです。正確に申せば、お釈迦様のものでもありません。宇宙の真理ですから。お経には「著者がない」点こそが重要です。重力を書いたものに著者がニュートンとは書いてないのと同じ事です。

＜先生のお時間を三〇分ずらして、一四時三〇分〜一六時三〇分とさせていただいてもよろしい

＜でしょうか。

はい、結構です。

＜質疑応答を含めて、三〇分で「三性の理」を説明できるように準備をさせていただきます。

もっと時間が必要ならば、四〇分くらいでもよろしいですよ。折角のチャンスですから。ご

返事まで。

省察

ロボット学会の学術講演会で、先生にお話をしてもらう、ということに大きな意味があると思う。他の人がロボット学会で仏教に関する講演をしたとしても、きっとあまり真意が伝わらない。ロボットと仏教哲学がいかに関連しているのかを、最も理論的に、効果的にお話しできるのは、ロボコンやロボット教育を実践的に行ってこられた先生だけだと思う。今回のセッションは、わたしだけではなくて、他の先生方にとっても、本当に貴重な機会になるはずだわ。

注：上出は、ある研究会で出会った先生の講演内容が、安心ロボティクスに関連していたため、パワーポイントにまとめて安心ロボティクスのメーリングリスト（森も入っている）に送る。

願い

上出君のパワーポイントを見たら、多くの人が陥りやすい所に上出君も陥っている。これはアドヴァイスすべきだ。（森）

二〇一五年六月二三日

件名：**講演での発表方法**

上出　寛子　様

森　政弘　より

送っていただいたご講演の資料を拝見しました。それに関し、九月に共同講演する貴女だけに丸秘で申し上げます。決して他言しないで下さい。

（一）貴女のお作りになるパワーポイントは、もっと大きい字で、エッセンスだけを見せるように。

今回送っていただいた資料のは、ちょっと小さいです。あの大きさでは、聴衆が全部読み終わらないうちに次へと進む可能性があります。花の絵や、黒の背景色など綺麗に凝ったものですが、花の絵が大き過ぎます。文字を大きくし絵を小さくすべきです。極論すれば、絵は不要です。

（二）普通の次元としては、非常に結構で、重要なことをおっしゃっています。しかし、どこか物足りなく、相対的なご意見のように感じてしまいます。

あれに仏教の筋金が入ると、もっと整理され、シャキッとした絶対的なレベルのものになりますよ。謙虚ということが依って出てくる源、なぜ地球が壊れるといけないのか、と言うことについての根拠が、しっかりするからです。

貴女には仏教的にも育って頂きたい一心で、してはいけない他者の批判をさせて貰いました。（『正法眼蔵《しょうぼうげんぞう》』（本書四五頁参照）にある道元禅師の金言「自己をはこびて万法《まんぼう》を修証《しゅしょう》するを迷いとす」に従って、あえて知りながら迷いました。）

よろしく。

省察

パワーポイントって、たくさん可愛いテンプレートがあるから、ついつい使ってしまう。でも、大事なことはメッセージを伝えることであって、不要な絵を見せることではない。確かに字が小さすぎたり、文字が多すぎるのは、聴衆に対して不親切だわ。ロボット学会の発表の際は気をつけましょう。あと、聞こえがいいことを言うだけではなくて、主張の根拠をしっかり持っていないと、十分な説得力のある話にならない。仏教と聞くと、単に人に優しい道徳であるかのような印象を持つ人が多いけれど、本当はそうではない。仏教哲学を突き詰めて考えていくと、言いたいことに対する根拠をはっきり示すことができるようになるのだと思う。

二〇一五年六月二三日

件名：**ご指摘、ありがとうございます**

森　政弘　先生　　　　　　　　　　　　　　上出　寛子　より

ご連絡をありがとうございます。また、大切なご指摘をいただき、ありがとうございます。

パワーポイントは先生のおっしゃる通り、文字を大きく、要点のみを見せるようにいたします。

余計な装飾はせずに、内容に関する情報だけが、聴衆に直接伝わるよう心がけるようにいたします。

また、道元禅師の『正法眼蔵』では、

「自己をはこびて万法を修証するを迷いとす」の続きは、

「万法すすみて自己を修証するはさとりなり」ですね。

自分の視点に立ったまま、あれこれと考えて、これはよくない、あれはよい、と区別していくのは迷いであるというのが「自己をはこびて万法を修証するを迷いとす」の部分で、あちらの方から自分に意味がやってくるのに気づくという体験が悟り、というのが後半の部分ですね。

発表資料の反省点を挙げてくださったので、あえて迷ってくださったとおっしゃいましたが、わたしにとっては反省点に気づくことのできた重要なご指摘です。

どうもありがとうございました。

願い

先に送ったメールで、絵を全面的に否定した様に上出君が受け取ってくれると間違ってくる。絵には絵なりの使命があるから、それを伝えておこう。（森）

二〇一五年六月二五日

**件名：飾りは飾りの法位に住する**

上出　寛子　様　　　　　　　　森　政弘　より

気が付いたので長々と論じますが、一服された時にでも、お読み下さい。また、以前すでにお話ししてあることと、ダブるかも知れませんが、もしダブっていたら、「それだけ重要な事なのだ」と、善意に解釈をお願いします。

以下は、先日お話しした、パワーポイントの絵についてです。

先日は、絵は極論すれば不要、と申しましたが、一般論として、プレゼンテーション画面に絵は無い方が良い、と言うのではありません。すべての存在がそうなのですが、万物は、それぞれが「法位《ほうい》に住《じゅう》する」ことが大切であり、それが全機《ぜんき》＊できる条件です。

**＊全機**……そのものに付与された機能（ハタラキ）を、余すところなく発揮すること。

法位の法とは、仏教では、この場合は「存在」を意味します。存在には真理（法）が入っているからです。ゆえに「法位に住する」とは、「それぞれの存在が、在るべき立場にキチンと収まって、その天賦《てんぷ》の使命を全うしている」という意味で、違い・区別・差別（差別は仏教では悪い意味に使いません）という現象界のあり方を示しており、そうでありながら、「すべては完全平等だ」という本質界のあり方と「二元性一原論」になっているのです。

先日の場合、この法位への住し方がピンと来ないのです。俗な表現をすれば「活きていない」ということです。プレゼンテーション画面の絵も、以上を根拠に考えて頂

To see a World in a Grain of sand　And a Heaven in a Wild Flower,
Hold Infinity in the palm of your hand　And Eternity in an hour.With
William Blake

全機している野の一輪

けば、良いものになります。すなわち、
(一) 内容の説明のための絵ならば、不要どころか大いに必要です。それによって、内容がどれだけ分かりやすくなるか分からない程です。
(二) たんなる飾りであっても、女性のブローチやネックレスあるいは指輪と同じことで、たとえ小さな飾りであっても、それがその女性を活かしており、野花の一輪に全宇宙が入っているように、その飾りが宇宙を代表している。ピッと締まっており、それでいながら本体である女性を邪魔せず殺さず、引き立てているのならば最高です。
つまり、殺風景さを除いてくれるように、あるいは、暑い中にそよと吹く涼風のように、また気分転換の一休みとして、(映画の場合はこれをインサートカットと呼びます。本書三九九頁の注を参照)、長い講演や大きなプレゼンテーションの場合、章の変わり目などに入れると効果的です。オペラの間奏曲に相当します。能にも狂言がありますから。

注意すべきは、しばしば飾り過ぎて、飾りに負けてしまっている人を見かけますが、そうならないことが大事。安全なのは「控え目」ということでしょうか。
(三) それでいて、完璧主義にはまらず、未完成部分が残っていることが重要です。
「未完成の完成」で、二元性一原論になります。一例として、イングリット・ヘブラーという、年齢は僕よりちょっと上のオーストリアの女性大ピアニストがいます。素晴らしい演奏をする人で、シューベルトの「鱒」の五重奏曲では、とくにそのリズム感は格別で、僕はその演奏は大好きです。そして、ある音楽雑誌の中に彼女のインタビュー記事があって、それによると、彼女はモーツアルトの演奏に生涯をかけたようなところが窺われました。それで僕は、彼女が演奏しているモーツアルトのピアノ・ソナタ全集のCDを買って聴きましたが、非の打ち所のない完璧な演奏ではありますが、どこか面白さが無くなっているのでした。それは完璧主義の谷に落ち込んだからだと思うのです。

つまり、わずかの乱れが欲しい。「乱れ」は西欧では悪いものとしてだけ受け止められているようですが、日本文化では「乱れ」は美しさのひとつとしても活かされていますね。こういう所が仏教が日本文化に影響している証拠なのです。

別の音楽家で、惜しくも近年亡くなりましたが、ピアノ伴奏では世界の第一人者であった英国人のジェラルド・ムーアはその点、非まじめで、完璧な技術を持ちながら、わざと間違えてソリストの欠点を隠してしまい、ソロと伴奏とを合わせると欠点が聴衆に分からなくなるという離れ業をやる人でした。(これは、ジェラルド・ムーア著、大島正泰《まさやす》訳『伴奏者の発言』音楽之友社、に出ています。)

これでこそ未完成の完成ですね。この『伴奏者の発言』は名著ですから、ピアノ伴奏をなさらなくても、生き方の指導書としてお読みになることを、ぜひお薦めします。

要は「遊び心」の活用ですね。

またもや長くなりました。これで失礼します。パワーポイント（スライド）に、ちょいとお遊び的に絵を挿入するのも、悪くありません。では！

省察

また、大切なことを教えてくださった。発表内容にある要素のそれぞれが「法位に住する」ように、スライドの中に適切に文字を入れて、必要ならば絵を入れていこう。そして、すべてのスライドの順序も、全体の発表に対して、スライド同士が「法位に住する」ようなバランスになっていることが大切なのね。そういえば、はじめから終わりまで、退屈をせずに聞ける講演は、そういう準備ができているのだと思う。何の配慮もなしに結果とか考察をペタペタ貼り付けているだけでは、聞いてくださっている人に十分内容が伝わらないわ。

二〇一五年六月二七日

件名：「**法位に住する**」**の重要性**

森　政弘　先生

上出　寛子　より

ご連絡をどうもありがとうございます。

適材適所のより深い意味について教えていただき、ありがとうございました。主体の脇役である飾りを、単に脇役というだけでなく、主役を引き立たせるようにも使っていくには、全体のバランスを見極めないといけない、という難しさを感じました。また、乱れや揺らぎについては、本当に絶妙としかいいようがないですね。

完璧に収まること自体がとても難しいことですが、型に収まると動きがなく、意味や風合《ふうあい》が味わえない、静の中に動がある、という全体が重要なのですね。

先生の教えてくださったご本、『伴奏者の発言』も拝読させていただこうと思います。あるべき場所にきちんと収まるように、わたしもなりたいと思います。

上出　寛子　より

二〇一五年六月二七日

件名：**コピー機とＣＤ**

森　政弘　先生

本質的な問題ではなく、瑣末《さまつ》なことなのですが質問がございます。

ロボット学会のセッションの概要をご覧になった先生から、関連する話をしてほしいとご連絡をいただき、先日、とある研究会で、話をさせていただきました。他の研究の話も混ぜてしまい、議論の要点が増えてしまった点を大反省しているのですが、「三性の理」を説明した際*、「コピー機が開発された時には、CDはまだなかったはずだ、この話はおかしい」という指摘を受けました。

CDの話は、コピー機の一番最初の開発段階の話ではなくて、その後の改良時の話かと、わたしは思っているのですが、実のところはどうなのでしょうか。このような周辺的なところで聴衆が引っかかってしまうことは、ロボット学会での講演や、今後の発表では回避できたらよいなと思っております。

ご教示いただければ幸いです。どうかよろしくお願い申し上げます。

＊注：上出はこの時、「三性の理」の応用として、電子コピー機の開発者が、CDに静電気によってほこりが付く現象（悪）を善転して、紙に静電気を付け、それにトナーを振りかけるというコピー機の開発につなげた例え話をした。

願い

うっかり上出君を窮地に立たせてしまった。そのことは上出君に謝るとして、そういう抗議の中に宝が内蔵されていること、それを御仏《みほとけ》からの賜《たまもの》として受け止め、決して、その方を憎まないという仏教的態度を教えて上げるのには、絶好のチャンスだ。（森）

二〇一五年六月二七日

件名：**コピー機とCD、へのご返事**

上出　寛子　様

森　政弘　より

先ず、うっかりしたミスで貴女を窮地に陥れてごめんなさい。謝ります。

以下は、貴女と僕との間だけでの話です。でも、ハッハッハ!! です。

>「コピー機が開発された時には、CDはまだなかったはずだ、この話はおかしい」という指摘

>を受けました。

実は、この例え話（譬喩）を僕が考え出した時は、CDでなくレコードでやっていたのでした。ところが時代の変遷につれて、レコードなどは触れたことも、見たこともない若者が増えてきたので、CDに変えたのです。埃はレコードの方がCDによりも、付着すると困りものだったのですが。

仏道の最終目標は、「何ものにもとらわれない」ようになることです。

そこで、昔のこと。コピーの専門会社、日本の富士ゼロックス社で僕が講演した時、譬喩に使ったのはレコードでしたが、講演が終ったら、聴衆の一人が立ち上って、「コピー機はそんなことを経て発明されたのではありません」と、半ば抗議的な質問を受けました。そこで僕は答えました、

「歴史的事実にこだわる必要はどこにもありません！」と。

そうしたら爆笑でした。

直接の話で分かる人には、譬喩など要りませんね。

歴史的事実にこだわると、すべて作り話の小説など、読めたものではないと思います。前にお話しした功徳大天とその妹の黒闇の譬喩など、まったくの作り話ですよね。お経も読めなくなってしまいます。そういう人は、宝が目の前にあるのに、つかむことが出来ない人です。しかし、現実にはそういう頭の固い人が多いですね。

これが、仏教が修行者に「柔軟心《にゅうなんしん》」を求めるゆえんです。

あるいは、道元禅師がその著『学道用心集』で、

「師の説を聞いて己見《こけん》に同ずることなかれ。若し己見に同ずれば、師の法を得ざるなり。」

と述べておられるのは、これを避けるためです。（己見とは、自分の見解のことです。）

今度の講演で、本田宗一郎様のお声から入ろうと思っているのは、そのためです。心を

「空《くう》」にして聴くのが作法です。

CDの方がコピー機よりも後だ、ということは、本田様が言われる「私はこれが専門だから」に相当しますので。


しかしここで、大切な仏教的な姿勢としては、CDの話への抗議を、貴女への御仏からの賜として受け止めることです。決して、その方を憎んではいけません。この失敗と言えば失敗の中に、宝が内蔵されているのです。それを活かすべきです。

どうでしょう、今度の講演では、

「予稿にはCDを使って書いておきましたが、元々はレコードでした。しかもこれは作り話で、富士ゼロックス社の方から指摘されたこともありました。しかし、ここが重要な点ですが、「作り話の方が事実よりも、より真実を表す」とは、SFの巨匠、小松左京さんの名言ですから、そのつもりでお聴き頂きますよう……」と、開き直りましょう。

するとこれが先のメールでお伝えした、非まじめなユーモアとして作用し、二元性一原論にもなると思いますが。

この曲芸は貴女がおやりになるのがおいやならば、僕が引き受けます。口幅ったいことを言いますが、僕は一〇〇〇回以上、学会発表以外の講演現場で鍛えていますから、ご安心下さい。

　ともかくわれわれの講演の目標は、一人でも多くの方に、少しでも仏法を伝える点に置きましょう。では、ご返事まで。

省察

　失敗の中に宝が入っている、ということに瞬時に気がつけるほど、わたしはまだまだ視野も心も広くない。批判をされると、瞬時に感情的になってしまう。でも、心の三毒である、貪《とん》・瞋《じん》・癡《ち》の中に怒り（瞋）は入っているし、できるだけ怒らないようにしないといけないわ。批判は、その後、結局自分のためになるのだから、批判する人がいても「仏様が来て下さった」と思えば、怒るどころか、本当は感謝しないといけないことなのね。こういう風に丁寧に考え直すと、イライラは徐々には無くなっていくけれど、批判された瞬間に怒らないようになるには、やはり、私はかなり苦労しそう。先生は全然お怒りにならないし、批判をすぐに笑いに転換できる先生の話術は、本当にすごいと思う。

二〇一五年六月二七日
件名：**心のモヤモヤも吹き飛びました**
森　政弘　先生　　　　　　　　　　　　　　　上出　寛子　より

ご連絡をありがとうございます。

先生の富士ゼロックス社のお話を読んで、声を出して笑ってしまいました。心のモヤモヤも吹き飛び、新鮮な気分になりました。ありがとうございました。

先日はわたしのような若手が、仏教の話をしたものですから、知識に溢れた教授の先生方は、マユツバものだと思われたのでしょう。わたしの話が終わるや否や、突っ込みどころが満載だとおっしゃられて、その一つにコピー機とCDのことをご指摘になったのです。

わたしは、話し方の未熟さを実感しましたし、同時に、心を空にして聴いていただくような工夫をすることも大変重要だということを、実体験をもって知りました。ただ、やはりわたしが心を空にして聞いてください、と言っても、あまり効果は期待出来ませんので、ロボット学会の本田様の導入の部分は、どうかよろしくお願い申し上げます。


一年前のわたしなら、後になってもずーっと思い返して、どうして話が伝わらないのか、悲しくも怒っていたと思います。しかし、あのような厳しい質問をしてくださった先生に対しても、仏様が仮面をつけて現れてくださったと思えば、不思議なことに怒りや悲しみは落ち着いてきます。どんな事柄にも何か学べるところがあるという姿勢でいることが、自分の気持をこれほど安らかにするのだな、と思いました。ありがたいことだと思います。

とはいえ、わたしはまだまだ未熟ですので、何回も質問された時の光景を思い出してはモヤモヤしていたのですが、最後は先生が笑わせてくださったので、たくさんのことを学べたよい経験となりました。どうもありがとうございました。

二〇一五年六月二八日
件名：**講演全部小生が引き受けます**
上出　寛子　様　　　　　　森　政弘　より

おっしゃるような笑いは、高級な笑いですね。
＞同時に、心を空にして聴いていただくような工夫をすることも大変重要だということを、実体
＞験をもって知りました。ただ、やはりわたしが心を空にして聞いてください、と言っても、あ
＞まり効果は期待出来ませんので、ロボット学会の本田様の導入の部分は、どうかよろしくお願
＞い申し上げます。
そういうことでしたら、変に紛糾すると、短い講演時間がもったいないので、日本ロボット学会では、講演全部僕が引き受けます。パワーポイントも僕が作りましょう。話の順序も予稿と変えて、学識で固まった人たちに合うようにします。

でも、貴女の「勇気」「やる気」は大いに評価していますから、生涯それをお忘れにならないで下さい。では。

上出　寛子　より

二〇一五年六月二八日
件名：**ご講演の進め方**
森　政弘　先生

ご連絡をありがとうございます。

先生に全てご講演いただくのは、聴衆の先生方にとっても最も理想的なことだと思います。ただ、二時間も学会でご講演いただくのは、本当に大変なことだとも思っております。たとえば、本田様のお声からの導入を先生にしていただいて、二元性一原論の一例として「三性の理」をわたしが三〇分程度話し、その続きでまた先生にご登壇いただくのは如何でしょうか。

この流れを途中で区切らずに一気にやってしまえば、先日のCDのような周辺的な質問で時間を取られることもありません。もちろん先生が全ての段取りを決めて二時間お話しくださるのは大変ありがたいことです。ただ、微力ではございますが、わたしを先生のご講演の一部にお使いいただくことも可能ですので、そのこともご検討いただければと思います。どうかよろしくお願い申し上げます。

二〇一五年六月二八日

**件名：三性の理の所だけ受け持って下さい**

上出 寛子 様　　　　　　　　　森 政弘 より

分かりました。貴女のご厚意を受けて、そのようにしましょう。
何か、九月の学会へ向かって、今からわくわくしてきました。講演そのものも、もちろんですが、そこに至るプロセスを大いに楽しみましょう。では！

# 第八章　講演の作法、「三性の理」の具体例

二〇一五年七月一七日～
同年九月二日

注：森と上出は、ロボット学会の発表のためのパワーポイントを共同で作成する。

二〇一五年七月一七日

**件名：「三性の理」の表等お送り**

（添付ファイル：「三性表」、川柳に見付けたもの）

上出　寛子　様　　　　　　森　政弘　より

ここに、九月の講演のためのパワーポイント作りのご参考までに、七三項目に及ぶ「三性表」を添付してお送りします。これは、僕が現役時代の昔、「創造工学演習」という授業を何年もやっていましたので、そこで出した宿題に対する学生達のレポートから作ったものです。

また、毎日新聞朝刊紙上（仲畑流万能川柳）に添付のような川柳（下図）を見付けました。「三性の理」の例として、お使いになっては如何かと思い、お送りしました。

凶器だと言うが
凶器は使う人

作者：（武蔵野　竹とんぼ）

毎日新聞 朝刊 仲畑流万能川柳　*2015/06/03*（水）から

川柳にも見られる「三性の理」

貴女のお気に召すように手を入れて、ご返送下さって結構です。
では、よろしく。

三性の例（七三項目のうち、いくつかの例）

| 悪 | 無記 | 善 | 無記を善に活かす制御 |
|---|---|---|---|
| 汚す | 白紙に黒い跡を付ける | 書く | 練習と注意 |
| ドス | 先のとがった鉄のヘラ | メス | 執刀者の心と腕の制御 |
| 毒 | 化学物質 | 薬 | 飲むときは要注意 |
| 走る凶器 | 自動車 | 救急車 | 注意と安全の知識 |
| さびる | 化学変化 | エッチング | 希望の場所で発生させる |
| 酩酊させる | 酒 | 百薬の長 | 飲む人の心がけ |

以下は善・悪というものではないが、立派な三性の関係である。

| | | | |
|---|---|---|---|
| 黒 | 無彩色 | 白 | |
| 迷 | 矛盾・超合理 | 悟 | 迷と悟の対立がないところが悟り。煩悩即菩提。 |
| 死 | (各自の生涯の課題) | 生 | |

二〇一五年七月二〇日

件名：**「三性の理」の表、拝受**

森　政弘　先生　　上出　寛子　より

「三性の理」の表等を拝受いたしました。ありがとうございました。

学生自身が仏教的な三昧を自然と体験できるよう、先生がカリキュラムを作成されたことに、改めて感銘を受けました。教える側が、学生の変化を実体験できることもすばらしいですね。通り一遍の講義だけではだめですね。

川柳のスライドも、ありがとうございました。日常の中に、「三性の理」そのものが表れている、本当に良い例ですね。

講演ではこの川柳を始め、「三性の理」のいろいろな例を出して、「三性の理」が様々な価値に関する現象を説明できる論理であることを述べたいと思います。

そこで、先生のくださった七三項の例のうち、＊になっている制御とは何かを考えておりました（七三項の原本において＊は答えを示さず、学生自身に考えさせる欄となっている）。わたしなりに出した答えが次のとおりです。

| **悪** | **無記** | **善** | **無記を善に活かす制御** |
|---|---|---|---|
| さぼり | お茶 | 気分転換 | お茶飲むタイミングを選ぶ |
| 火傷 | 湯 | お茶が出る | 使い方に注意する |
| 放火 | ガソリン | 燃料 | 凶器の例と同じ |
| 火災 | 燃料 | 動力 | 火の用心 |
| 地震 | 揺れる | ふるい・振動コンベア | コピー機の開発のように振動に対する深い洞察 |
| 腹立ち | 揺れる | 異性との触れ合い | 相手の立場になって考える |

| | | | |
|---|---|---|---|
| ハッカー | ソフト技術 | プログラマー | これも凶器の例と同じ |
| 公害 | 防汚剤 | 漁網 | 必要な場所にだけ使う |
| 環境悪化 | 公害 | 技術促進 | 自然に対する配慮 |
| 世界絶滅 | 核爆弾 | 戦争防止 | 使わないことの意義を考える？？？ |

核爆弾の三性を考えるのは難しかったです。他の項目も、ポイントがずれているかもしれません。ご指摘いただければ幸いです。

善と悪としての現象がわかっていても、制御の方法が具体的にわかっていないと、大変困ることに気がつきました。ロボット学会の際には、日常的な例から、世界的な問題まで、「三性の理」で説明できることを紹介したいと思います。

まだスライドは作成していませんが、核爆弾の例をスライドに入れるかどうかは迷っております。核爆弾の制御とは何かについて、教えていただければ幸いです。

また、ほとんどは人間の心が「制御」の主体になっていますが、「腐敗」（悪）と「発酵」（善）に関しては微生物が主体になっているように思います。これに関しては、制御の主体は人間ではなく、微生物ということなのでしょうか。

どうかご教授いただけますよう、よろしくお願い申し上げます。

二〇一五年七月二三日
件名：**「三性の理」の表に関するご質問への答え**
上出　寛子　様　　　　　　　　　　　　　　森　政弘　より

　拝　復
　スライドについてのご返事です。
＞川柳のスライドも、ありがとうございました。日常の中に、「三性の理」そのものが表れてい
＞る、本当に良い例ですね。
＞講演ではこの川柳を始め、「三性の理」のいろいろな例を出して、「三性の理」が様々な価値
＞に関する現象を説明できる論理であることを述べたいと思います。
　それは結構なやり方です。人に分かって貰うには、まずひとつの事柄を例にして、それに関
して詳しく述べ、ついで、身近な例をいくつも上げる、というのは一方法です。（今日のテレ
ビニュースが、ドローンから銃を撃つようになったと報じていました。）
＞先生のくださった七三項の例のうち、＊になっている制御とは何かを考えておりました。

＊印の所、大体は貴女のお考えで結構です。大事な点についてだけ以下に述べます。

＞公害――防汚剤――漁網――必要な場所にだけ使う

この防汚剤の制御ですが、「必要な場所にだけ使う」という言い方で間違いではありません。しかし、大事な点はわれわれ人間という存在は煩悩を持っており、その煩悩という欲望のあり方が、拙著『退歩を学べ』一六一頁の図12の貪欲《とんよく》型、つまり爆発曲線をしているという事実です。これがあるので、貴女がおっしゃる「必要な」が本来は不必要な領域にまで足を踏み込んでしまっているというのが現状なのです。

今日という爛熟期には、たいていのことがこうなっているわけで、これが公害の根本原因です。たとえば、今マスメディアが騒いでいる東芝のインチキ決算に見られるように、結局は株主の（それも事業を育てる目的ではなく）株の投機的売買によって金を儲けたいという貪欲に強制されて、社長連中が無理な売り上げ目標を設定したのであって、地球がどうなろうと構わないわけです。水俣病の会社「チッソ」もそうです。メディアは企業を悪者として、旧社長連中に頭を下げさせていますが、その元は株主です。さらにその元は資本主義経済です。今日われわれは、資本主義もだめ、共産主義もだめという矛盾に追い込まれているわけで、そこにこそ「二元性一原論」を登場させなければ救われない理由があるのです。われわれ技術関係者にもしっかりした哲学が必要なゆえんです。

＞環境悪化――公害――技術促進――自然に対する配慮

これに関しても同様ですが、「自然に対する配慮」とおっしゃる意味とお心は十分に理解できますが、この言い方ではまだ不十分な気がします。

どうも自然に対して、上からの目線で人間が眺めているニュアンスが拭い切れません。下からの目線で、自然を畏敬の念を持って仰ぎ見るという言い方を工夫して下さい。その姿勢こそがこれから絶対に必要なのですから。

なお、普通には悪とされている「公害」や、また後で出てくる「核爆弾」を「無記」と位置づけた学生の心の柔らかさには感心しました。

＞世界絶滅――核爆弾――戦争防止――使わないことの意義を考える？？？

おっしゃるように、これは難物であり、核に関してはタブーだらけの世相の今日、あくまでも慎重にしないと、いけません。

講演会ではこの問題は出さずにおいて、万一質疑で原子力や核のことが出たら、僕が対応しましょう。唯一の殺し文句は「生物や人間に絶対必要な太陽は、核反応でこそ、あれだけの超高温やエネルギーを出している」という事実です。

それから、「制御」と「選択」については、選択も制御である、と言えば言えるのです。われわれも人生で、いくつかの重大な分岐路に出くわし、選択してどちらかへ行くわけですが、それも自分の人生を制御していると言えないこともありませんね。

仏教はよくもまあ「無記」なる概念を発見したものだと、驚嘆しています。これで相当な難問が解けますね。

とにかく、自然というものに畏敬の念を抱くことです。ただしわれわれも、その自然の一員であることをお忘れなく。九月の講演会、重い意義を付与された感じです。

では、猛暑の中ですが、良いスライドをお作り下さい！

省察

「三性の理」というのは、すぐそこにある小さなものから、世界的な危機に関わる大きなものまで、あらゆるものの価値を説明できる理論だということがよくわかった。これほどに規模の違うものを、一つの理論で説明できる、という無記の発見について考えると、目が覚めるような気持になる。うまく伝わるように、日常的な例をたくさん紹介しましょう。説明が下手なせいで、「三性の理」の功徳をきちんと説明できなかったら、本当にもったいないわ。善は悪にもなるし、悪は善に転じることができる。これは、技術にとって非常に重要な視点になるはず。

二〇一五年七月二七日

件名：**また川柳を見付けました**

上出　寛子　様　　　　　　　　　　　　　　　　森　政弘　より

今日は気分良く、体調も悪くありません。この調子が続けば九月の講演、張り切れます。

しつこけりゃ短所で粘りなら長所（広島　鼻毛のアン）

今日の毎日新聞朝刊紙上（仲畑流万能川柳）にまたも、右記の川柳が出てましたので、貴女にしつっこいと思われそうですが、お知らせします。ただ、前回のものほどパシッと、はまってはいない感じですが、「三性の理」の表に入れうる立派なものです。

前にお送りした川柳と共に、作者等はおそらく「三性の理」は知らずに川柳を作っておられるのではないかと推察しています。

「三性の理」という原理を知っていれば、こういうものは無限に湧き出します。そこが原理とか法則とかの価値ですね。

以上蛇足ながら、お邪魔しました。猛暑中の猛暑、御自愛のほどを。

二〇一五年七月二七日

**件名：無記の発見**

森　政弘　先生

上出　寛子　より

体調はお悪くはないとのことですが、どうかご自愛ください。

「三性の理」の制御についてお教えいただき、ありがとうございました。

自然に対する配慮ではなく畏怖、というのは確かにそうだ、と思いました。科学技術が、自然をコントロールするためにあるという考え方が、西欧でも日本でも強く根付いてしまっていて、ロボット学会の原稿にお書きになっていたように、「人間がよい行いをしている」という「エゴのためのエコ」が目立っている気がします。

公害と漁網、微生物の作用と腐敗についても承知いたしました。

「必要なところにだけ使う」の「必要」が爆発して度を越していることは、学会での講演の際、指摘しておいた方がよいと思いますので、公害の例はスライドに入れておくつもりです。

ロボットも、単なる便利のための機械という見方をすれば、度を越した便利の産物としてしか意味がなくなってしまいます。そうではなくて、人間に対して気づきを与えてくれる「師」でもあるという、人間の態度こそが大事であることを、上手に伝えられればと思います。

新しい川柳をありがとうございました。これもわかりやすい例なので、載せておこうと思います。

先生がおっしゃるとおり、「三性の理」という理論は知らなくても、「三性の理」を実践しておられる方々は、世の中にたくさんいらっしゃるのでしょうね。

ただ、「物事にはよい面も悪い面もある」とはよく言いますが、このフレーズには「無記」に関する視点が十分ではないような気もします。

「無記」という上位の概念の発見が「三性の理」の骨子であって、何かにつけて「よい面も悪い面もある」と言えるのは、実はその根源に「無記」があり、無記から善や悪が生じるハタラキがあるからこそであると理解しております。短所と長所の川柳を紹介した際には、そのような説明も加えてみようかと思いました。

今日も東京へ日帰り出張をしておりました。明日、パワーポイントを更新し、先生へお送りいたします。どうかよろしくお願い申し上げます。

森　政弘　より

上出　寛子　様

件名：**良くご理解頂き多謝**

二〇一五年八月九日

「三性の理」を明晰にご理解頂いていること、大変嬉しいです。

今朝の毎日新聞（仲畑流万能川柳）に、三件も「三性の理」の例の様な川柳が載っていましたので、ご参考までにお送りします。以下の三つです。今度の講演用スライドにお使いになる必要はないですが、質疑用に会場へ持って行かれると良いかも知れません。

・楽すれば楽しくなると思ってた（塩釜　わすれな草）
・自由っていいかい俺はほんと暇（宝塚　忠　公）
・信念と言うが単なるガンコだろ（神奈川　カトンボ）

多くの人が「三性の理」を知らずに、具体例で、すぐ側にまで近付いているのですね。根本原理を心得ておれば、無限に湧き出すのに。でも、風刺を効かすのはやはり川柳ですね。

では、猛暑の中、くれぐれも御自愛の程を！

上出　寛子　より

二〇一五年八月一〇日
件名：「三性の理」の川柳
森　政弘　先生

「三性の理」の川柳をさらに三つもありがとうございました。川柳には、人々の日常的な感覚がよく表れていて楽しいです。これらの川柳も予備スライドの中に入れて持っていきます。一つの現象が二つの反する価値を持ち得ることに、たくさんの人が気づいておられるのでしょうね。「三性の理」の原理を知って、改めて自分の日常を振り返ることができると、そういった二つの価値が、より、活き活きとして見えてくると思います。

この暑さも今はいやだなあと思うのですが、わたしも昔は夏休みに山や海にいくのを楽しんでいたのですから、人の心によって様々な見え方が生み出されているのが、よくわかります。自分でこれを制御して、暑さを楽しみながら乗り越えられればと思います。

とは言え、熱中症で倒れる人が増えているようです。先生もどうかご自愛ください。

二〇一五年八月二五日

件名：**講演用機器準備についてお願い**

上出　寛子　様　　　　　　　　　　　森　政弘　より

今日は外気温二四度で、秋を思わせてくれました。コオロギの鳴き声も聞かれます。

さて、講演会、あと一週間程に迫ってきました。

パワーポイントの時間割り振りも、貴女の分、三〇分を含め、大体見当が付いてきました。余裕を持ってゆっくり詳しく語れそうです。

そこで念のためのお願いです。これは本当は日本ロボット学会か、会場の東京電機大学へ頼むことなのでしょうが、僕には、左記が必要です。

(一) パワーポイントのプロジェクター
(二) パソコンとスピーカー――パソコンは(一)のために使うものでもよろしいが、オーディオアンプとスピーカーのご用意をお願いします。本田さんのお声を再生するためです。可能ならば、(一)とは別のパソコンがあった方がよろしい。
(三) 白板――質疑の時に使うためです。ペンは「黒」「赤」「青か緑」の三種が欲しいです。必ず前もって書いてみておいて下さい。その場になって、インクが乾いて詰まっていたり、なくなったりして、慌てることも、僕の過去の講演会では、たまにありましたから。
(四) イレーザー(字消し)
(五) レーザーポインター――これも正常に動くかどうか試しておいて下さい。
(六) マイク――僕は胸にピンで留めるものよりも、ハンドマイクが好きです。口とマイクとの距離をちょっと手で加減するだけで音量調節ができるからです。これも電池を確認しておいて下さい。ただし、会場はどれくらいの広さ（収容人員）か知りませんが、普通の学校の教室くらいの広さならば、マイクは不要ですね。

（七）飲み水――自販機はあるでしょうね。

では、お目にかかれるのを楽しみに。愉快な講演会にしましょう!!

ご返事をお待ちしています。

省察

これまで先生は、数え切れない回数のご講演をされてきたけれど、こうやって毎回毎回、発表資料を念入りにお作りになって、当日の講演の流れに関しても、その都度、本当に丁寧に配慮されているのね。わたしの場合、これまでを振り返ると、学会発表の時とかは一〇分ちょっと、取りあえずしゃべればいいや、と思って適当に準備することがあった。これは恥ずかしいことだと思う。一つの講演を行うということは、どういうことなのかを、目の前で見せていただいたという感じだわ。六〇分の講演の背後には、何時間もの準備と工夫があるのね。講演とは、実際に話をしているその場のこと以外の、すべてを含めて、聴衆に対して話をする、ということなのだわ。大学でプレゼンの練習はさせてもらったけど、こういうことまで直接教えていただけるのは、本当に貴重でありがたいことだと思う。

注：上出は会場の準備について手配し、最終的なスライドを森へ送った。

二〇一五年九月二日

件名：**明日**

（添付ファイル：ホオズキの写真）

上出　寛子　様

森　政弘　より

いよいよ明日になりましたね。もうわくわくしています。

お願いがひとつあります。

先日、会場の設備をお願いした時、申し忘れましたが、演壇上に、軽量の「折畳み椅子」を一つご用意頂きたいということです。老化と病で、立ちっぱなしが無理になってしまったからです。（本当は、講演は立ってするものです。立ってすると、足の筋肉の中の腱紡錘《けんぼうすい》から電気パルスが盛んに出されて、それが神経を経て脳へフィードバックして伝わり、脳を刺激するので、脳が活性化し、話が良くなるからです。僕も元気な頃は、そうしていました。しかし今はそんなこと言って居られませんので。）

なお、貴女のスライドと僕のスライドとを、一つにまとめて持参しますので、それを使って下さい。

貴女も懸命にパワーポイントをお作りになったことでしょう。僕も同じです。それで結論として、僕が作ったスライド（二元性一原論完成総.pptx）は、インサートカットや質問用予備など入っており、全六一枚、約四四メガバイトです。

それの中に貴女から添付された「二元性一原論」（二元性一原論ＢＢ改.pptx）全三六枚を入れ込んで、メモリスティックで持参しようと思っています。（念のために、同じもの三本を用意し別々の場所に入れて持参します。）

ただ一点、異論があります。貴女の最初のスライドは「一般の方は撮影・録音御遠慮下さい」という内容ですが、僕はその必要はないと考えます。

撮影・録音したい人には自由にしてもらって、なるべく「二元性一原論」が社会に広まるようにした方が御仏《みほとけ》の御意志に沿うと思いますので。省いてはどうでしょうか？　あるいは日本ロボット学会にそんな規則でもあるのでしょうか？

この点すみませんが、僕は今日の夕方までに完成スライドを仕上げたいので、大至急ご返事下さい。

なお、最初のテーマスライドの前に、休憩時間に出しておくインサートカットとして、添付のようなホオズキの写真を用意しています。味気ない学会に趣を添えようとしてです。

　この裏には、外側の枯れた網に僕を、また中の熟した実に、僕の教え子で社会から認められ出した、貴女・マイクロシステムの生田幸士先生・ＡＳＩＭＯの竹中透君たちを射影して、暗に、この宇宙の変化・流動を基本とする世代交代を示しているのです。ではよろしくお願い致します。

ホオズキ

# 第九章　上出、森から『法華経』を紹介される

二〇一五年九月四日〜
同年九月二五日

二〇一五年九月四日

件名：**連名講演ありがとうございました**

森　政弘　先生　　　　　　　　　　上出　寛子　より

昨日は、研究と哲学に関わる本質的なお話をいただき、本当にありがとうございました。目に見えるものだけにとらわれやすい研究者にとって、あのようなお話をしていただけたことは、非常に貴重な機会になったと思います。分野を問わず、あらゆる研究者にとって、重要なことを教えていただきました。

全体での質疑応答の際、矢継ぎ早にどんどん質問される方がお一人いらっしゃいましたよね。セッション内の発表内容に関して、ご自身の意見と合うものには強く同意をされますが、違う意見の話になると、自分の方が専門でよく知っているのだから、自分の考えの方が正しい、と厳しく批判されていました。きっとあの方は、先生のご講演の最初にあった、本田様のお声で、はっとされたのではないかと思います。

「僕はこれが専門だから」というフィルターを外して、真摯に、素直に耳を傾けてみることの重要性を、多くの先生が実感されたのではないかと思っています。これまでも、本田様のお声のファイルは何度も拝聴しておりましたが、改めて深く感動いたしました。

同時に、科学的な研究をすることと、仏教哲学の原理を学ぶことを、別のこととせず、そういった違うものの中に同じものを観いだす力、「直観智」を体得するのは、ものすごく難易度が高いことだとも思いました。わたしにとって、もっとも大きく、困難な課題は、ここにあると思います。違いを区別するのは、容易かもしれませんが、違うものの中に同じものを発見するというのは、より上位の観察力だと思います。そういった観察の訓練を、日ごろから心がけるようにいたします。

昨日、先生に『法華経』のご本を教えていただきましたね。ありがとうございます。是非、私費で購入をして勉強させていただこうと思います。

先生とご一緒に論文執筆と発表の準備を進め、あの場で講演させていただけたことは、研究者としての人生だけではなく、わたしの人生全般にとって、一番の宝物です。このような機会をいただけたことに、改めて心より感謝申し上げます。

先生は長時間、立ち続けられて、お疲れになったことと存じます。どうか十分に、お休みになってください。これからもご教授いただけますよう、よろしくお願い申し上げます。

二〇一五年九月四日

件名：**連名講演ありがとうございました、への御返事**

上出　寛子　様

森　政弘　より

昨日はさすがに疲れましたが、僕にとっては吾が人生最後の講演と心得て、講演中に倒れれば本望だと思いながら語りました。疲れはグッスリ眠って完全に取れました。

でも、よい機会を下さいました。貴女に深甚の感謝です。

冒頭のホオズキのスライド、九日二日に差し上げたメールの最後で一寸説明はしておきましたが、貴女や、昨日の講演を聴きに来てくれた、小生のかつての弟子達――ＡＳＩＭＯの竹中君、生田君、サスティナブルロボティクスの桑原裕之君夫妻等――は、ホオズキの中に顔を出した赤い実です。それを包み育むようになっていた外側は僕で、枯れて肉は脱落し、筋だけ残ってスケスケになり、かつての弟子達が巣立ち、社会へ出て活躍していることが他者から分かるようになっているのを表しています。

仏教のお陰で生死を離れられまして、何時死んでも悔いはありません。

あの一枚のスライドに、このような「流動・変化」を基調とした宇宙の真理が込められているのです。

〉矢継ぎ早にどんどん質問される方がお一人いらっしゃいましたよね。セッション内の発表内容
〉に関して、ご自身の意見と合うものには強く同意をされますが、違う意見の話になると、自分
〉の方が専門でよく知っているのだから、自分の考えの方が正しい、と厳しく批判されていまし
〉た。きっとあの方は、先生のご講演の最初にあった、本田様のお声で、はっとされたのではな
〉いかと思います。

仏教には、そういう驕慢《きょうまん》な心を抑制する力があるのですね。そう言えば僕の講演に対しては、あの方は質問されませんでしたね。ご参考に『法華三部経《ほっけさんぶきょう》』を挙げます。

『法華三部経』を構成している三つのお経は、

（一）『無量義経《むりょうぎきょう》』（導入）
（二）『妙法蓮華経《みょうほうれんげきょう》』（これこそが本体）
（三）『仏説観普賢菩薩行法経《ぶっせつかんふげんぼさつぎょうぼうきょう》』（三昧《さんまい》が説かれています）

ですが、その最初の「『無量義経』十功《じっく》徳品《どくほん》第三」の中に、「……憍慢《きょうまん》多き者には持戒《じかい》の心を起さしめ……」と言う行《くだり》があります。

〉昨日、先生に『法華経』のご本を教えていただきましたね。*ありがとうございます。

＞是非、私費で購入をして勉強させていただこうと思います。

＊注：九日三日の講演会の時、森は上出に佼成出版社の図書目録を手渡しておいた。

普通の本屋を通してお求めになることはお薦めしません。あの図書目録の裏表紙に、佼成出版社の電話番号が出ています。

右記『法華三部経』は、図書目録をご覧になると、立正佼成会開祖、庭野日敬様の著作『新釈法華三部経』があり、一〇冊から成っていますが、その一〇冊全部の索引や重要語句の解説に加えて、『法華経』全部を非常に易しくまとめて説明したのが、同開祖著の『仏教のいのち法華経』で、これは親切の限りを尽し、すべての漢字にルビがふってある程です。これを加えると、全一一冊、二万円位の出費になりますが、二万や三万円など問題ではありません。安いものです。半値くらいの文庫本も出ていますが、文庫本でない方が良いでしょう。

それだけの買い物ですから、是非直接に佼成出版社へ依頼されますように。

＞先生とご一緒に論文執筆と発表の準備を進め、あの場で講演させていただけたことは、研究者＞としての人生だけではなく、わたしの人生全般にとって、一番の宝物です。

＞このような機会をいただけたことに、改めて心より感謝申し上げます。

それは良かったです。六月からいろいろ助けて頂き有難うございました。

貴女もご専門以外の仏教哲学の講演は、初めてだったでしょう。初めてにしては巧く行きましたね。貴女も赤いホオズキの実です。どうぞ科学的心理学と仏教を融合させた講演で、説得力が身に付くように勉強されることを祈念しています。
>これからもご教授いただけますよう、よろしくお願い申し上げます。
宮崎の次女の家へ転居*してもメールアドレスは変わりませんから、メールで出来るだけのご指導はさせて頂きます。

お陰様で、昨日は良い日でした!!　ご返事まで！

＊注：この頃、森の軽い脳内出血予後のための、宮崎への転居は具体化して来ていた。（二〇一五年五月一〇日、件名：大切なアドヴァイスへのお礼の後にある注参照。）

二〇一五年九月七日
件名：**今後もご指導お願い申し上げます**
森　政弘　先生　　　　上出　寛子　より

ロボット学会のあと、大阪で学会があり、本日仙台に戻ってまいりました。もう四日も経ちましたが、先生の御講演を拝聴した際の興奮は、まだまだ冷めません。ホオズキの写真の意味を教えていただいて、深く感動し、また、ありがたく存じております。あの一枚のスライドに、永遠のような時間の流れが表現されているかと思うと、言葉が出てこなくなります。先生のホオズキの赤い実のお仲間に、わたしも入れていただけて、大変光栄です。

一生ものという言葉がありますが、先生との出会いは、わたしにとって一生ものだと、改めて深く感じます。数年前は、自分がこのように仏教の勉強をするとは、まったく想像をしておりませんでした。

先生のご講演を拝聴させていただくだけでなく、仏教に関する貴重な資料やご本もご紹介いただいたり、先日のロボット学会のように、わたし自身が仏教哲学の紹介をする機会をいただいたり、大きく人生が転換したと実感しております。

これからじっくりと、『法華経』のお勉強をさせていただこうと思います。今はただ楽しみなだけですが、当然、難しくてつまずくことが多くあると思います。これからもメールでご教授いただきたく、改めてお願い申し上げます。先生にご紹介いただいておりました、『新釈法華三部経』『仏教のいのち法華経』『法華経の新しい解釈』を、文庫ではなく、親本の方をお願いいたしました。

宮崎に行かれるのはまだ先ですが、きっと空気の綺麗な、よい場所なのでしょうね。
季節の変わり目でもございますので、どうかご自愛ください。

注：森は、ロボット学会の講演に関わる事務的な書類を上出まで封筒で送る。

願い

仏道を身に付けるには、行住坐臥の細かな点まで注意が必要だ。僕の師は封筒の「〆」まで注意が行き届いておられる。これを上出君にも伝えて上げよう。（森）

二〇一五年九月七日
件名：**封筒**
上出　寛子　様
森　政弘　より

遅くなりましたが、学会の書類を封筒に入れ、本日投函しました。二～三日で貴女に着くと思います。お手続きよろしくお願いいたします。
その封筒が到着しましたら、裏の封にご注目下さい。普通は×とか〆で封をしますね。しかし僕は○で封をしています。その意味は、×とか〆は否定を表しますが、○は完全・完成、最後には「仏」を表すからです（禅宗では殊にそうです）。

仏教は基本的に万事万物は仏の現れとして崇《あが》めるので、師である後藤榮山老大師が使われていたのを真似たのです。この○を「円相《えんそう》」と言います。○が一個だけの場合は、「一円相《いちえんそう》」とも言います。

貴女にも、これからは○で封をされることをお薦めします。

僕の書いた封は老化で手も震えていて下手くそですが、筆で書きますと非常に味が出ます。三昧の修練をして心が落ち着いてくると、いい円相が書けるようになります。ぜひ筆で書いて下さい。筆がなければ筆ペンでいいです。ボールペンでは味が出ません。

＞先生にご紹介いただいておりました、『新釈法華三部経』『仏教のいのち法華経』『法華経の新しい解釈』を、文庫ではなく、親本の方をお願いいたしました。

濫読でなく、精読して勉強されますよう祈っています。では!!

省察

封をするのに「〆」ではなくて「○」にする、とは素敵な作法だと思う。仏教は作法を大切にするとよく言うので、古いしきたりを踏襲するような印象があるけれど、良い作法があれば、そちらを採用するような革新的な姿勢もあるのね。古い方法か、新しい方法か、どちらかしか取らない、ということをしないのが仏教の考えなのね。これから封には筆ペンで○と書くようにしましょう。

二〇一五年九月一五日
件名：**ご本が届きました**
森　政弘　先生
上出　寛子　より

本日、ご本が届きました。

一冊（『法華経の新しい解釈』）が入っていなかったのですが、『新釈法華三部経』全一〇巻と『仏教のいのち法華経』は手元にございます。

少し見てみたのですが、『仏教のいのち法華経』は『法華三部経』にある仏教の根本義を学ぶためのもので、まだ全一〇巻を読んでいない人も、『法華経』の教えに入りやすい入門書となっている、と書いてありましたので、まずはこれから拝読しようかと思っております。（箱に入っていなかった『法華経の新しい解釈』は、佼成ショップの方がご確認くださっています。こちらも届くのが楽しみです。）

この本をじっくり読むことが楽しみです。『仏教のいのち法華経』は、重要な点については丁寧な注釈があり、勉強するのにとても助かります。立派な装丁ですね。
大事に扱いたいと思います。

二〇一五年九月一五日
件名：**ご本が届きました、への御返事**
上出　寛子　様　　　　　　　　　　　　森　政弘　より

拝　復
本が届いた由、良かったですね。
『仏教のいのち法華経』は、非常に易しく仏教とはどういうものかを学問の経験が少ない人にまで分かるようにとの思いで書かれており、『新釈法華三部経』の方は、立正佼成会の開祖様が、ご自分の信念に基づき、現代的に極めて丁寧に『法華三部経』を解説されたものです。
貴女がそれだけ熱心に勉強されるのならば、あと少々の出費で下記を是非お薦めします。
（一）『岩波仏教辞典』中村元他編（一九九一年時点で五八〇〇円）

お薦めする理由は、庭野開祖様の本は、分かりやすくということに重点が行き過ぎて、仏教学的な正確さが曖昧になっているからです。しかし、この辞典はれっきとした東大のインド哲学科の教授達による編纂ですから、正確な仏教知識が得られるからです。貴女には折角だから正確な学問的知識を持って頂きたいです。

（二）岩波文庫『法華経』上・中・下　三冊

上巻――青三〇四―一（一九八七年時点で六〇〇円）

中巻――青三〇四―二（同時点で五五〇円）

下巻――青三〇四―三（同時点で六〇〇円）

お薦めする理由は、『法華経』は大きなお経ですから、全体の構成を要領よくまとめた表のようなもの（科文《かもん》と仏教学では言います）があると、体系的・統一的に把握できるからです。この岩波文庫本の下巻の四二八―四二九頁に『法華経』の科文が載っています。科文については、上記（一）の仏教辞典に説明してあります。

ともかく、しっかり勉強して下さい!!　では!!

省察

仏教の本を買って勉強することになるとは、少し前は全然想像していなかったわ。ただ、本で勉強して、知識として頭に入れるだけではダメだと思う。そう言えば昨年、先生が、海禅寺に連れて行ってくださったわ。仙台で坐禅会を開いていらっしゃるお寺を探してみましょう。

二〇一五年九月一八日

**件名：坐禅会のお礼について**

森　政弘　先生

上出　寛子　より

岩波から出ている二つのご本についても教えていただき、ありがとうございます。順々に読み進めていこうと思います。

仙台の家の近くに、臨済宗のお寺で、坐禅会を一般に向けてされているところを見つけました。その坐禅会は日曜日の朝なので、参加させていただこうと思います。

お寺に電話をしたところ、何も持たずに楽な服装できてください、とおっしゃってくださいました。

そこで教えていただきたいのですが、ホームページには坐禅会は「無料」と書いてありますが、何もお礼を持たずに行ってよいものなのでしょうか。以前、海禅寺で坐禅をさせていただいた際には、先生がまとめてお礼をしてくださった、とおっしゃっていたと思います。今回は初めて自分でお伺いするため、作法がよくわかっておりません。どのようにすればよいのか、教えていただければ幸いです。

どうかよろしくお願い申し上げます。

二〇一五年九月一八日
件名：**坐禅会お礼はむしろ失礼です**
上出　寛子　様　　　　　　　　　　　　　　森　政弘　より

拝　復

>仙台の家の近くに、臨済宗のお寺で、坐禅会を一般に向けてされているところを見つけました。
それは良かったですね。
>ホームページには坐禅会は「無料」と書いてありますが、何もお礼を持たずに行ってよいもの
>なのでしょうか。
はい、お礼など出すと失礼に当ります。

僕が初めて、後藤榮山老大師に教えを請いに海禅寺へ行った時、まだ何も知らないので、帰りがけに「お礼を包んだのし袋」を出しましたら、老師に「そんなものは持って帰れ!!」と叱

られてしまった経験があります。

仏教の修行を六つにまとめた「六波羅蜜《ろくはらみつ》*」という概念があり、その第一番に「布施《ふせ》」が上がっています。

お寺の坐禅会は、お寺の方からの「布施」ですから、無料なら、何も持って行かずに「ただ有り難くお受けする」のがよろしい。

---

**＊六波羅蜜**……波羅蜜とは、印度の古語である梵語の「パーラミター」を漢字に当てはめたもので、彼岸に至る、悟るという意味をもつ。その波羅蜜に六つの項目（徳目）があるので六波羅蜜という。すなわち、

一、布施――金銭・物質・肉体・精神のあらゆる面で他に奉仕すること。今はお坊さんに払う謝礼の意味で使われるが、それは転用。

二、持戒《じかい》――仏の戒を守って持ち続け、身をつつしむこと。

三、忍辱《にんにく》――他に対して常に寛容で、他からのどんな辱（はずかしめ）や困難をも耐え忍ぶだけでなく、逆に自分がどんなに得意な状況になっても高ぶらない心を持つ

こと。広義の忍耐。

四、精進《しょうじん》――われを忘れるほどに集中して、善なること意義あることに一所懸命努力すること。

五、禅定《ぜんじょう》――坐禅で得られる心境。坐禅で心が定まって微動だにしない状態。

六、智慧《ちえ》――宇宙の真の姿（実相《じっそう》）を観極《み》め、その観極めより派生した多くの真理を自利・利他に活かして行くこと。

---

〉以前、海禅寺で坐禅をさせていただいた際には、先生がまとめてお礼をしてくださった、と

〉おっしゃっていたと思います。

　あの場合は、特別に我々のために、こちらからの依頼で開いて貰ったわけですし、そのためには、掃除・坐布を並べる、茶菓を用意する……など結構準備が大変で、とくに、坐禅が済んでから応接室へ戻った時、茶菓が置いてあるなど、近くに住んでいるあのお寺に慣れた、お手伝いさんまで雇ってやって下さっているので、「お礼でなく、「お茶料」として少々包んだ」だけです。

　それ以後老師は、（お金は受け取られませんが）手土産としての物ならば受け取って頂けました。ですから上記「お茶料」にお孫さんへでもという気持で、こちらからの布施のつもりで、

お菓子を添えました。

海禅寺の土曜坐禅会でも、同様に全くの無料で、参禅者にもお礼を出す人は一人も居ません。

お寺へのお礼は「早く禅定体験を身につけること」です。

では!!

二〇一五年九月一八日
件名：**坐禅会のお礼について承知致しました**
森　政弘　先生　　　　　　上出　寛子　より

お教えいただき、どうもありがとうございます。

坐禅会はお寺の方からの「布施」なのですね。先生のおっしゃるとおり、ありがたくお受けすることにいたします。朝の一〇時から二五分の坐禅を二回させていただけるとのことです。坐禅で自然と集中できるようになるまでの道のりは長そうですが、経験を積んでいきたいと思います。

二〇一五年九月一八日

件名：**良いお寺が見付かって結構**

上出　寛子　様

森　政弘　より

　拝　復

>朝の一〇時から二五分の坐禅を二回させていただけるとのことです。
　初心者向けとしては、ちょうどよい長さですね。僕たちは、一回一時間半ほどでした。良いお寺が見付かって、本当に良かったですね。では!!

省察

　一回に一時間半も坐禅されるのね！　ものすごい集中力だわ。坐禅を続けると、それくらい集中力が養われる、ということなのでしょう。やはり本を読むだけではなくて、体で経験しないと、身につかない力っていうのがきっとあるのだわ。

二〇一五年九月二五日

件名：**坐禅会参加させていただきました**

森　政弘　先生

上出　寛子　より

アッという間に九月が終わりそうです。『法華経』のご本、腰を落ち着けて拝読したいと思っております。

坐禅会に参加させていただきました。

お伺いした保春院さんは、元は、伊達政宗のお母様が住んでおられた場所なのだそうです。大蔵経が本棚にあったのですが、大変立派なご本でした。他にもたくさんの仏教に関するご本が並んでいました。

坐禅は、海禅寺でのようにお堂の中で行うのではなく、蓮の花がたくさんある（今の季節では枯れていましたが）中庭に向かって、縁側でさせていただきました。

足の痛さはなれましたが、呼吸をコントロールするのはまだまだ難しいです。坐禅をしていると様々なことが感じられて、自分が色々なものに、不安や恐れを感じているのが良くわかりました。勝手にどんどん緊張して、心拍数は下がるどころが、ドキドキしたりします。まだまだ経験が足りません。

二〇一五年九月二五日

件名：**呼吸が勝負です**

上出　寛子　様

森　政弘　より

メール有難う!!

九月の講演は貴女と組んで楽しかったですね。良かったと思っています。

＞足の痛さはなれましたが、呼吸をコントロールするのはまだまだ難しいです。

坐禅の世界も無限に深いものがあるようですが、後藤榮山老大師が僕に教えて下さった範囲では、呼吸が命だということです。

人間は、息を吸っている時は油断があり、息を吐いている時は緊張しているから、剣道でも、相手が息を吸っている時に切り込まなければだめだ。筆で文字や円相を書く時も息を吐きながらせよ、と。

ですから、スーーーーーと、長ーーーーーーーく息を吐く練習をされると良いです。老師達は線香を鼻の前に立てて、その煙を乱さないようにゆっくりスーーーーーーーと吐く練習をされた由です。

息の吐き方は、あらゆる動作の基本です。これが駄目だと、すべてが巧く行きません。

では、おやすみなさい!!

省察

坐禅をして、呼吸を制御するということが、これ程にも難しいのか、と実感した。均一な量を吐き続けることが、本当に難しい。苦しくなって、急に息を吸い込んでしまったり、それで体がぐらついてしまったりする。自分の体なのに、これほど制御が難しいとは思わなかったわ。呼吸は、心と身体の接続点になっているのね。身体を整えないと、呼吸が整わないし、意識的に呼吸を制御できないと、身体もぐらついてしまう。静かに集中して坐禅できるようになるまで、もっと経験を積む必要がありそう。

# 第一〇章　ロボットは仏性丸出し

二〇一五年九月三〇日〜
同年一一月二五日

二〇一五年九月三〇日

件名：**ロボットが読経する川柳に関し**

上出　寛子　様　　　　　　　　森　政弘　より

明日から一〇月ですね。今日は天高く秋晴れで快適です。

今朝の毎日新聞三頁（仲畑流万能川柳）に、われわれロボット関係者にとっては重大な内容を含んだ川柳が出ていたので、貴女にだけはお伝えしておきたいと思い、このメールを書きました。

その川柳は、

「ロボットが経読んでいるへんな夢」（札幌　北の夢作）

です。

かつて、南長野仏教大学という数日に渡る成人講座が長野市で催され、僕もその講師の一人として参加しました。まだ新幹線のない頃です。その時、前夜、一人の老僧が駅まで出迎えて下さったのですが、多くの一般僧侶と同じくその老僧も、無意識のうちに「ロボットは人間の敵だ」という先入見を持っておられたようで、僕の「ロボットには煩悩がありませんからねー」と言った言葉にひどく引っかかって、しかも反論のしようもなく、困り果てたという顔をしておられました。翌日の大講堂での講座で講師としての僕の紹介をされる時も、そのことに触れられたほどでした。

帰京してから、このことを後藤榮山老大師に話しましたら、「情けないなー、そんなことが分かってないのか！」と嘆かれ、僕に、「ロボットは本来悟っているのだ、人間と違って仏性丸出しだから」と教えて下さったのでした。今、上記川柳を見て、このことは日本ロボット学会会員全員が心得ておくべき重大なことだと思い、とりあえず貴女にこのメールを書いているわけです。

「迷っているのは人間だけで、物は一切が仏性丸出しで仏そのものです。」

ですから、人間はすべて修道的存在なのです。

以上の要点を、日本ロボット学会会員にどうやって伝えますかね？　ロボット哲学研究専門委員会の責任範囲のような気もしますが。

秋を快適にお過ごし下さい。では!!

省察

人間は、技術のおかげで便利になったと喜んだり、逆に開発したものが制御しきれなくて環境問題で悩んだり、勝手に大騒ぎをしているけれど、技術や自然そのものは、全くもって知らん顔なのでしょうね。本当は、技術開発をする人間自身が、技術の価値を善に転じる作法について、積極的に考えなくてはいけないと思う。「縁無き衆生は度し難し」というけれど、幸いなことに、「縁ある」仲間がわたしの周りにいる気がしている。わたしができることは微力でしょうが、できることからやっていかなくては。

二〇一五年九月三〇日
件名：**ロボットは仏性丸出し**
森　政弘　先生　　　　　　　　　　上出　寛子　より

ご連絡をどうもありがとうございます。すっかり秋ですね。

ロボットの川柳と、それに関わるお話について教えていただきどうもありがとうございます。

「ロボットは本来悟っているのだ、人間と違って仏性丸出しだから」

というお言葉に、びっくりするロボット研究者はきっと多くいらっしゃると思います。

「ロボットは人間の敵だ」という「区別」をされていらっしゃる方が、僧侶様の中にもおられるくらいであれば、ロボットに仏性などないと思っていらっしゃる研究者は多いかもしれません。

それにしても「仏性丸出し」という言葉はまっすぐ真意を突いていながら、とても面白い表現ですね。

『仏教のいのち法華経』を拝読しておりますが、五年くらい前のわたしであったら、まったく腑に落ちない内容であっただろうと思います。客観的根拠のない主張や記述は、すべてインチキだと決め込んで、ガチガチの二元論で世界を判断していました。そういう考えが厳密にできることこそが、頭のよさだとも思い込んでいました。事実、これは主観的だからインチキだと思って、途中で読むのを止めた本もけっこうたくさんありました。

でも、そういう状態では何を聞いても、そのフィルターを通るものしか入ってこず、世界の見え方が広がらなかったと、今になって思います。

『仏教のいのち法華経』には、主体的に聴こうとする態度が重要であること、御教《みおし》えに対する尊敬の念が理会に必要で、それが宗教であることの必然性でもあること、そういったことが最初の方に丁寧に書かれています。

不思議なことに、今は素直に、こういうことを自分のこととして聞くことができます。ありがたいことだと思いました。

多くの研究者は、やはり厳密な二元論者だと思います。突然「ロボットには煩悩がありません、仏性丸出しなんです」と言われたら、何を言っているんだ、と怪訝な顔をされる先生方が多いでしょうね。この言説に研究者の視点で批判をするのはとても簡単ですし、逆に真意を伝えるのはとても難しいと思います。とつぜん全員に一気に納得していただくのは難しいでしょうから、シンポジウムやワークショップを委員会で主催して、少しずつ、ご理会いただけそうな先生方と議論をしていくのはどうかと考えております。

生田先生が、東大の陵禅会《りょうぜんかい》の活動を教えてくださいました。毎月一三日に静岡の龍澤寺から老師様がいらっしゃり坐禅会をされているとのことです。一〇月は出張のためうかがえないのですが、一一月に参加して坐禅をさせていただき、お話を拝聴してこようと思います。

これからきっとどんどん寒くなっていくと思います。お風邪などひかれませんように、どうかご自愛ください。

二〇一五年九月三〇日

件名：**仏性丸出しについて**

上出　寛子　様

森　政弘　より

拝　復

貴女は巧く二元論の罠から逃れ出られました。僕は嬉しいです。

あの有名な鈴木大拙先生も、その著『一禅者の思索』（講談社学術文庫、七九二）の一〇〜一二頁で述べておられます。二元論の罠から出ない限り、人類に幸せは来ない、と。

また、「仏性丸出し」に関し、平川彰《ひらかわあきら》先生著の『大乗仏教入門』（第三文明社、レグルス文庫、二二六）の一四頁に、

「自己に仏性があるということをそれぞれの人に気づかせ、自覚させる、それが大乗仏教の目的です。大乗の目的はこの一点にある。それが一乗、一つの乗り物なのです。……『法華経』は特に一乗を説きました……」

と、書かれています。平川彰先生については、ネットでウィキペディアを見て下さい。

また、後藤榮山老大師は平川先生について、「よーく仏教の本質が分かった人じゃね。……」と言っておられました。さらに僕にとっては、名古屋の旧制第八高等学校の先輩でもあり、仏道を歩む技術者としてでしょうか、長年可愛がって頂きました。一九八三年一月のことですが、自

在研究所（森が主宰した、仏教思想を根底に据えたシンクタンク）へお招きして、参集した科学技術者たちに「如来蔵縁起《にょらいぞうえんぎ》の歴史的背景」と題して何時間もお話し頂いたこともありました。（「如来蔵縁起」とか「縁起観」については、非常に大事な概念なので、先にお教えした『岩波仏教辞典』を参照しておいて下さい。）

その講座が済んで僕が車でお送りしている時、「きっと、何か生まれますね」とおっしゃいましたが、僕はロボットコンテストがその生まれたものだと思っています。

先生は文字通り仏教学に精通され、電話で質問すると、「それは『大正新脩《たいしょうしんしゅう》 大蔵経《だいぞうきょう》』の何巻目の中程にありますよ」「詳しく調べて上げましょうか」と答えて頂けたものです。上記のレグルス文庫も、僕へは著者謹呈として下さったものです。晩年には日本学士院会員になられ、その時執筆された「般若《はんにゃ》と識《しき》の相違」（「日本学士院紀要」第五十巻第一號、平成七年十一月三十日発行）という二五頁の小論文もサイン入りのを頂きましたが、僕が言っている直観（般若、二元性一原論、合わせて知る）と理解（識、二元論、分けて知る）を他分野の学者達に平易に説かれたもので、非常に参考になり、拙著『仏教新論』にも引用させて頂いております。（「般若」や「識」も仏教の重要語ですから辞典で正確に調べて下さい。）

先生は惜しくも二〇〇二年三月に他界されましたが、生前の論文集の一つ、平川彰著作集第一巻『法と縁起』（春秋社、約六〇〇頁）は、後藤榮山老大師も買って読まれたほどの内容のものです。

話が平川先生になってしまいましたが、ともかく大乗仏教の目的は、各人の「仏性」を丸出しにする（即ち「仏」にする）所にあり、それは『法華経』の重要思想でもあるのです。

陵禅会で、後藤榮山老大師に会われたら、森からもよろしくと申し上げて下さい。では、おやすみなさい!!

省察

自分が悟るためだけではなくて、他の人の仏性も十分に機能するよう助けてあげようという深い慈愛の心が、菩薩の心なのね。大乗や小乗という区別ではなく、仏様の教えは一つであって一乗。仏様が、この世に来られた目的（一大事因縁《いちだいじいんねん》）は、すべての人に対して、仏の智慧へ目を「開」かせて、智慧の実際を「示」し、体験によって「悟」らせて、智慧を成就する道に導き「入」れること（開《かい》・示《じ》・悟《ご》・入《にゅう》）だと『法華経』に書いてある。先生は、わたしだけではなく、たくさんの人の目を開かせてこられたでしょうし、ロボコンはまさに智慧の実践で、ロボコンでの体験で智慧の重要さに気づいた人は本当に多いでしょう。ただ、仏道に入るということに関しては、一時的な意識や経験ではなくて、現象が自分の心に起因していることを忘れずに、謙虚で居続けられるかが肝心なのだと思う。わたしは自己に対する執着から離れられるのかしら。

二〇一五年一〇月一日

件名：**仏性丸出しについて、へのお返事**

森　政弘　先生

上出　寛子　より

ご連絡をどうもありがとうございます。

巧く二元論の罠から逃れ出られました、とお言葉をいただき恐縮です。しかしながら本当にそうなのかどうか、まだ怪しいと思います。必死の努力をせずとも、自然にそういう状態でいられれば、きっと本当に二元論の意識から逃れたことになると思いますが、わたしはまだそういうわけにもいかない場合があります。ただ、本を読んだり坐禅させていただいたり、これから取り組むことがたくさんある、ということは楽しみです。

平川先生の論文を、東北大学の電子ジャーナルで見つけることができました。こちらも拝読させていただきます。「如来蔵縁起」や「縁起観」についても仏教辞典で勉強をさせていただきます。『大乗仏教入門』や『法と縁起』は、もう中古でしか見つかりませんね。

陵禅会の老師様が先生の先生でいらっしゃることを、生田先生から伺っておりましたが、後藤榮山老大師様だったのですね。お会いできるとは本当にありがたいです。一一月までに勉強を進めたいと思います。

二〇一五年一〇月六日

件名：**創造工学演習レポートお送り**

上出　寛子　様　　　　　　　　　森　政弘　より

宮崎への転居準備の毎日で、過去の貴重品が次々と現れ、その処分に心を砕いています。

そのひとつとして、僕が現役時代に創始した「創造工学演習」という授業があり、学生達の創造性を育むような宿題を出して、そのレポートを集め、面白半分に朱の筆で加筆し翌週に返したもののコピー（簡単に製本したもの）が一二年分出て来ました。

当時を懐かしんで、パラパラとめくったら、とっても面白く、資源ごみとして出してしまうのは余りにももったいないので、貴女や生田先生や信州大学教育学部の村松浩幸教授（中学ロボコンの先導者）らに、それぞれ適した内容のものを分けて差し上げることにしました。

それで、貴女には、内容として「三性の理」「デザイン双六」などを含むものを選び、郵送すべく今投函した所です。

もしもお邪魔でしたら処分して頂いて結構ですが、一度は目を通して下さい。面白く、きっと楽しんで頂けるだけでなく、自分で言うのも口幅ったいですが、当時は面白さ楽しさだけでやっていたのが、今日的な視座からすると、学生達とすごく対話していたことになるのですね。そして、知識の教育ではなく、智慧を養う教育だったたと思います。

また、これは村松先生に差し上げようと考えているものですが、当時林雄二郎先生が先導されていた「未来学」の影響も受けたのでしょう、未来予測と創造性とを兼ねた、「一〇年先の新聞を作れ」という夏休みの宿題のレポート（どれも新聞紙大の大きなものです）が現れ、開いてみたら、〈毎朝読新聞〉「自民三五〇を目標――中曽根首相が講演――」とか、「中性粒子ビーム打ち上げ――ソ連、対地攻撃用と指摘、クルシチョフ書記長が演説」、更に天気図・川柳「うれしさも中ぐらいなり中間テスト（山上幾良）」「天声余録手帳」欄まで付けてあり……と、書き切れない面白さです。

学生達を遊ばせながら教育することをやっていたのですね。これがロボコンの精神です。

教科書にある内容を説明しているような授業ばかりやっているから、変な学生が出てくるのです。彼らの天性としての清らかな心を満足させてやることが大切だと、つくづく思いました。ま、とにかく一回はお目通し下さい。では、また!!

二〇一五年一〇月六日
件名：**創造工学演習レポートへのお礼**
森　政弘　先生
上出　寛子　より

ご連絡をありがとうございます。

貴重な先生の資料をいただけること、深く感謝申し上げます。現在、わたしも「創造工学研修」という、一文字違いの名前の授業をやっているところです。一年生が四名参加しており、一回目の講義は一人欠席でしたが、来ていた三名全員が「特にやりたいわけではないけど、他に面白そうなものもないので仕方なくこれを選んだ」という理由で来ておりました。みんな大人しくて、わたしが一方的に話す時間が多く、先週一回目が終わったところなのですが、来週からどのように接しようか、と考えていたところです。

先生のように学生に考えさせる（それも強制的ではなく考えるのが面白いような）課題をだして、双方向のやりとりを活発に行えるように進めていきたいです。いただいた資料を参考にさせていただいて、学生が自分で楽しさを探しながら、参加できる研修にしたいと思います。

未来新聞はとても面白いですね。学生さんたち、先見の明がありましたね。知識の教育ではなく、智慧を養う教育ということをきちんと心がけて、学生に接していきたいと思います。

彼らの天性としての清らかな心を満足させられるのかは、わたし自身に対する訓練でもあります。資料が届くのを大変楽しみにしております。

お引越しの準備はとても大変ですね。お怪我などされませんようにお気をつけください。

注：この後、森は宮崎市に転居し、しばらくの間メールのやりとりは停止する。

二〇一五年一一月二四日
**件名：陵禅会に参加させていただきました**
森　政弘　先生
上出　寛子　より

宮崎市のご様子はいかがですか。長距離のご移動、お疲れ様でした。

わたしはまだ宮崎にお邪魔したことはありませんが、きっと暖かいのでしょうね。大きなアクシデントもなく、ご無事に到着されていることを祈っております。

先日、東京大学の陵禅会に参加させていただきました。三昧堂はキャンパスの隅にある、とても静かな建物で、二〇名程で坐禅をさせていただきました。

後藤榮山老大師様は、坐禅のあとに『般若心経』の一部を解説してくださいました。お経はサンスクリット語に逆翻訳すれば誰でもわかることが書いてあるもので、唱えれば願いが叶うような神秘的なおまじないや魔法の言葉ではない、ということや、とはいっても、念仏を唱えることを修行とする宗派を間違いといっているわけではなく、禅宗では読経だけではなく坐禅を行うということを大事にしている、ということなどをお話しくださいました。

わたしが書くとさらっとしてしまいますが、老大師様のお話しのされかたは、ああ、そうなのだな、と心にずっしり染み込むような感じでした。また、陵禅会に参加させていただこうと思っています。

今日はスタンレー電気という企業からの講演依頼をいただいたので、神奈川県の秦野という場所に向かっています。ロボットに対する心理評価についての研究成果と、異分野融合研究をする際の考え方について話をさせていただく機会をいただきました。後半の考え方の部分では、三性の理の例を出して、二元性一原論の紹介をさせていただきたいと思っています。

新しい生活空間に順応するには、時間がかかると思います。どうかお疲れが出ませんようにご自愛ください。

二〇一五年一一月二五日

件名：**一般の人を対象にした講演**

上出　寛子　様

森　政弘　より

只今、引越荷物の片付けが終り、やっとデスクトップパソコンをネットにつなぎました。何日も空白状態を続けてしまい、申し訳ありません。

来てみれば宮崎は良い所です。空気は澄み野菜や魚は新鮮で美味しく、民意は純朴です。

>今日はスタンレー電気という企業から講演依頼をいただいたので……

いや、結構結構！　そういう学会以外からの講演依頼が来るようになれば、学界内だけでなく、世間一般からも認めて貰えたわけですから、末広がりです。頼もしいです。

今回のスタンレー電気での講演は巧く行きましたか？　何か問題は起きませんでしたか？　戸惑われたり、どうすべきかと迷われたりされませんでしたか？

てらうつもりはありませんが、僕の人生での約一〇〇〇回に渡る講演経験から得たものは、なるべく多くの後継者に渡しておきたいです。講演に関してならば、何でもご質問下さい。とくに株式会社からの依頼講演は沢山経験していますから。

では、今日はこれくらいで。

# 第一一章　技術の軍事転用に対する仏教の考え

二〇一五年一一月二五日〜
同年一二月二九日

二〇一五年一一月二五日

件名：**スタンレー電気さんでの講演**

森　政弘　先生

上出　寛子　より

ご連絡をありがとうございます。

今回のスタンレー電気さんの講演は、びっくりするほど社員さん方が身を乗り出して話を聞いてくださり、コメント、ご質問も好意的にたくさんいただけました。

今回は先生にいただいた、本田宗一郎様の音声ファイルを、皆様に最初に聞いていただいたのです。本田様の「なんでも入る無であること」の重要さについてはもちろんですが、その前の部分で、先生が自在研究所（自在研）についてご説明されているところも、皆さん熱心にうなずきながら聞いていらっしゃいました。もの作りをされている方々なので、楽しみながら作る、新たな創造の場として取り組む、などの自在研の精神に、非常に納得されていたご様子でした。

スタンレー電気さんからいただいたコメントに、

「三性の理における上位概念への昇華は、アウフヘーベンと同じであると言っていたが、西洋哲学と仏教はどこが違うのか？　というのは、今の西洋の製品開発にも、コンセプトとして仏教的な視点があってもよいはずなのに、そうはなっていない気がする」

というものがありました。

わたしはその答えとして、ロボット学会の資料で先生が作成してくださったスライドにならない、「アウフヘーベンでは永遠に上位への昇華が続いていく可能性があるが、二元性一原論では、一〝原〟への根本的な止揚を考える点に違いがある」と説明させていただきました。このような答え方で良かったのでしょうか？

また、もともとホンダさんにお勤めになっていた方もいらっしゃり、「ホンダは自然と仏教的な会社だったんだよ、宗一郎さんの時はね」と、懐かしがっていらっしゃいました。

話は変わりますが、本日新たに、毎日新聞社から取材の依頼を受けました。内容は、

①日本人（一般人、研究者自身）のロボット観について
・今日に至るまでの形成・変遷過程
・軍事研究に軸足を置くアメリカとの違いは？
②ロボットも含めた科学技術の「軍学共同」が叫ばれる中、研究者自身はその懸念にどう向き合っているのか。それは利用する側の問題なのか
③実際に現場レベルで、自身の研究が予期せず軍事転用されてしまった、またはその懸念があるという問題に直面する研究者はいるのか
④ロボット哲学を含めた科学者倫理に関する研究が始まったきっかけを聞きたいということでした。

取材の際はロボット学会で説明させていただいた、三性の理のお話をしようと思います。

本来、軍事にも、人のサポートにも使えるロボット技術は、たくさんあると思います。善いことにも悪いことにも使えるという二面性のいずれかに縛られるのではなく、無記を発見できる眼力をもつ重要性や、技術の扱い方についての情報伝達はロボット研究者の責務である点、などを伝えられればと思います。

私は、②の質問のように、技術は軍事にも人助けにも使える無記であるにもかかわらず、わざわざ双方を対立させて「懸念」を設定し、その上で問いかけるという行為こそが、問題を深刻化させているような気がするのです。

来月、記者さんが仙台に来られるようなのですが、どのように対応すべきか、ご教示いただければ幸いです。どうかよろしくお願い申し上げます。

二〇一五年一一月二六日

件名：**結構な経験です**

（添付ファイル：「三性表」）

上出　寛子　様

森　政弘　より

拝　復

講演結果についてのご報告、有り難うございました。

＞社員さん方が身を乗り出して話を聞いてくださり、コメント、ご質問も好意的にたくさんいた
＞だけました。

聴衆が乗り出して聴いてくれる時は、完全に聴衆の心を捉え、講演大成功の証です。

＞今回は先生にいただいた、本田宗一郎様の音声ファイルを、皆様に最初に聞いていただいたの
＞です。

あの所の会話は力がありますね。

＞皆さん熱心にうなずきながら聞いていらっしゃいました。

聴衆の中に、一人でもうなずきながら聴いている人があると、すごく話しやすいですね。

＞いただいたコメントに、
＞「三性の理における上位概念への昇華は、アウフヘーベンと同じであると言っていたが、西洋
＞哲学と仏教はどこが違うのか？　というのは、今の西洋の製品開発にも、コンセプトとして仏
＞教的な視点があってもよいはずなのに、そうはなっていない気がする」……

まさに指摘通りです。これを改善するのがわれわれ仏教哲学を技術に融合させようとしてい
る者の任務です。ロボット哲学研究専門委員会もそのためにあります。

＞「アウフヘーベンでは永遠に上位への昇華が続いていく可能性があるが、二元性一原論では、一〝原〟への根本的な止揚を考える点に違いがある」……

はい、それでよろしい。

それから、話の最後に「落ち」（落語で常用しますね）が入れられれば最高です。本田宗一郎様の例を挙げますと、さすがに大したもので、「今日お話ししたことは皆うそです」で終られたものでした。これを僕などがやったら、聴衆は怒ってしまうでしょうが、そこが本田様で、「さすがは！」と参加者全員が感心したものでした。因みに僕の使う「落ち」は、「今日は役に立たない話をしてしまいました。しかし、この役立たないものを役立てるのは、皆さん方ご自身です！」です。当然講演の中で、二元性一原論の矛盾に触れ、この世に出現したものはすべて何らかの意義を持っている、ということは、説明してある訳です。

＞本日新たに、毎日新聞社から取材の依頼を受けました。……

＞ロボットも含めた科学技術の「軍学共同」が叫ばれる中、研究者自身はその懸念にどう向き合っているのか。

仏教哲学を全く勉強していない、いかにも新聞記者らしい質問ですね。「対立」の視点から始めたのでは絶対に解決へ行き着けません。大宇宙の根源から説き起こして、絶対矛盾している陰・陽をアウフヘーベンすることから始められるとよいのですが。

　上出君よ、やってごらん。ただし無理すべきではありません。手に負えないと思ったら、正直に「この点は私の力不足でお分かりづらいでしょうから、森先生に聴いて下さい」と私に振り向けて下さい。宮崎の拙宅まで来て貰えれば、私はその記者に会いましょう。

＞取材の際はロボット学会で説明させていただいた、三性の理のお話をしようと思います。ただ、三性の理の説明次第では、初めての人（今度取材に来る新聞記者もその内）には何か煙に巻かれたように思う人が少なくないと考えられます。

　ですから、（すでに貴女にはお送りしたような記憶もあるのですが）沢山の身近な実例を挙げるのが良いのではないかと思い、ここに「三性表」（本書一六七頁、二一五〜二一八頁参照）を添付します。それを記者に見せて上げなさい。

＞本来、軍事にも、人のサポートにも使えるロボット技術は、たくさんあると思います。善いことにも悪いことにも使えるという二面性のいずれかに縛られるのではなく、無記を発見できる眼力をもつ重要性や、技術の扱い方についての情報伝達はロボット研究者の責務である点、などを伝えられればと思います。

　大変結構です。九月に連名で講演して良かったですね。

＞わたしは、②の質問のように、技術は軍事にも人助けにも使える無記であるにもかかわらず、

＞わざわざ双方を対立させて「懸念」を設定し、その上で問いかけるという行為こそが、問題を

＞深刻化させているような気がするのです。

全くその通りです。対立からは解決と平和は訪れません。

以上、取りあえずのご返事です。

スタンレー電気での講演は素晴らしい経験、毎日新聞記者は仏が来られたと受け止められますように。ではおやすみなさい!!

上出　寛子　より

森　政弘　先生

件名：**毎日新聞社の取材**

二〇一五年一二月一日

先ほど、毎日新聞の記者さんと一時間ほどお話をいたしました。

非常に意欲的に聞いてくださる方で、三性の理や二元性一原論に、大変感心されたようです。善悪という対立する下の次元だけで自分も考えていた、無記という視点はなかったので、今日ここに来てよかった、とおっしゃってくださいました。特に、「一般の人は多くの場合そうだと思うし、自分もそう思っていたけど、悪を取り除けば、善だけが残るという考えをしていた。そうではないことに気がつけてよかった」と言ってくださいました。

悪用には規制を重ねればそれでいい、という世間の論調に対して、建設的に警鐘を鳴らすことができれば、という感じでいらっしゃいました。

また、研究者が技術開発だけを考えているのではなく、ロボット哲学研究専門委員会のように、技術を善転させる作法を提示する責任についても考えていることに感心されたようでした。


今回の取材では事前に質問をくださったので、十分準備ができました。

スタンレー電気さんの際も、講演の目的や聴衆がどのような方々なのかなどを教えていただき、必要な準備ができたので、よい反応が得られたのかなと思っています。

当たり前ですが、きちんと準備することは大事ですね。

仙台はすっかり寒くなりましたが、そちらもどんどん冬になってくると思います。風邪など引かれませんように、どうかご自愛ください。

森　政弘　より

二〇一五年一二月三日

件名：**毎日新聞社の取材、への御返事**

上出　寛子　様

拝　復

ご返事遅くなってしまい申し訳ありません。病院に予約があり、結構遠いので一日かかってしまいましたので。

毎日新聞取材ご報告の件に関して。

＞先ほど、毎日新聞の記者さんと一時間ほどお話をいたしました。

＞非常に意欲的に聞いてくださる方で、三性の理や二元性一原論に、大変感心されたようです。

それが、「仏性《ぶっしょう》と仏性の応答」です。記者さんの仏性が反応しましたね。記者さんも偉いが、貴女も「法輪を転じ」ることがお出来になったわけです。立派立派！

「法輪」については『仏教のいのち法華経』に説明があったと記憶しています。釈尊が一二月八日の明け方に悟りを開かれ、それを人に説明すべきかどうかと深慮され、「よし説こう」と決意されて、五人の比丘《びく》にお説きになったことを「初転法輪《しょてんぼうりん》」と言い、初めて釈尊から他の人に仏法が伝授された歴史的瞬間です。禅宗のお寺では、今日もその最中でしょうが、臘八《ろうはつ》の大摂心《おおせっしん》といって、一二月一日から八日までの一週間を、寝ずに坐禅し続ける修行が行われます。

（去年海禅寺での坐禅に貴女が参加された時、法山住職様が言われたように、当然トイレへは行くし、食事も取るが、横になることは一週間許されないそうです。）

九月の日本ロボット学会での貴女との連名講演で、貴女は仏教哲学による説得力を増されたと思います。それに毎日曜の坐禅も、知らず知らずのうちに腹がすわるのに、有効なのでしょう。

全く、仏教は偉大なり!!　です。

否、偉大では表現できません。仏教に勝つものはありません。それは仏教は、勝ち負けという相対二元を超えているからです。その実感が体でお分かりになったでしょう。

それが禅宗では徹底していて、語れば「二見に堕す」からこそ、後藤榮山老大師のように「沈黙」を旨とし、教は「教外別伝《きょうげべつでん》」「以心伝心」「不立文字《ふりゅうもんじ》」のスローガンの下、「拈華微笑《ねんげみしょう》」（『岩波仏教辞典』参照）と言って禅宗の起源とされています。

＞善悪という対立する下の次元だけで自分も考えていた、無記という視点はなかったので、今日
＞ここに来てよかった、とおっしゃってくださいました。特に、「一般の人は多くの場合そうだ
＞と思うし、自分もそう思っていたけど、悪を取り除けば、善だけが残るという考えをしていた。
＞そうではないことに気がつけてよかった」と言ってくださいました。

すごい！　一般の人の開眼よりも、社会的影響力がある記者の開眼です!!

＞また、研究者が技術開発だけを考えているのではなく、ロボット哲学研究専門委員会のように、
＞技術を善転させる作法を提示する責任についても考えていることに感心されたようでした。

きっと、これまで取材されたどの科学技術者――ノーベル賞受賞者も含め――よりも、がっちりした手応えを感じられたのではないでしょうか。

＞風邪など引かれませんように、どうかご自愛ください。

はい、有難うございます。では、貴女もお元気で!!

上出　寛子　より

二〇一五年一二月七日

件名：**追伸、毎日新聞社の取材**

森　政弘　先生

仙台も年の瀬の雰囲気です。

毎日新聞の記者さんとは良く考えると、一時間ではなく二時間もお話をしていました。記者さんがわたしの話している内容に対して、常に受容的な態度でいてくださったので、アッという間に時間が経ってしまったようです。

「仏性と仏性の応答」とおっしゃってくださいますが、わたしとしては、相手の方に恵まれたな、という感じです。記者さんはわたしの話から、出来るだけ有用な情報を得ようとしてくださっていたご様子でした。それは当然、ネタ探しのためだとは思うのですが、同時に耳を傾ける心構えでいてくださったので、わたしもスムーズにお話ができたのだと思います。

わたしがたいてい巧く話せるのは、聞いてくださる態度が受容的である場合だけで、そうではないと、とたんに狼狽してしまいます。研究者の常だとは思いますが、どうしても疑うことから始めてしまうため、丁寧に質問してくださる場合はよいのですが、勢いよく否定的に質問にされた場合に、うまく答えられず、分かり合えないまま議論が終わってしまう場合があります。

また、司会を担当している時に、他の先生方がそのような状況なった際にも、うまく対応することができません。こういう場合は仕方がないのでしょうか。

本田宗一郎様の「今日お話ししたことは皆うそです」はお見事ですね。わたしなんかが言うと「本当にうそなんだろう」と思われてしまいそうです。先生のご講演もドラマチックというか、ところどころに笑いがあって、その合間は重要なメッセージで情報が詰まっていて、時間が経つのがアッという間でした。

講演時の対立的な雰囲気を解消する方法について、お教えいただければ幸いです。どうかよろしくお願い申し上げます。

二〇一五年一二月七日

**件名：今日後藤榮山老大師からお手紙を頂きました**

上出　寛子　様

森　政弘　より

今このメールを書いている途中に、貴女からのメールが到着しました。有難う！　実は今朝、和尚様からお手紙を頂き、驚き、また感激しました。

頂いたお手紙の封筒の切手消印の日付からすると、「臘八の大摂心」の直前に、僕へのお手紙をお書きになったのです。今年二月に差し上げた手紙以来のすべてをちゃんと心にお掛けになって頂いていて、それを「臘八の大摂心」の前には処理してしまおうとお思いになったに違いありません。ですから、僕は、驚き、また感激したのです。

お手紙の大意は下記です。

「長期に亘り三通書簡お受けしていて返事も書かず失礼していた。目下一生、陵禅会（東大の坐禅会）指導以外は、この専門道場から外出禁止の身の上だから分ってくれ。ただ、陵禅会に上京した時君に会えれば、いろいろ話も出来ようが……。」

と言う訳で、和尚様は、失念などということはなく、ちゃーんと覚えて下さっています。

和尚様には今年四月（降誕会の日、八日）に貴女のことはお伝えしてあるので（科研費申請書のコピーも参考にお送りしてあります）、今度陵禅会でご挨拶される時も「森先生に教えて頂いています」とおっしゃれば、きっと総《すべ》てがさっと通じると思います。

僕は、明日の成道会の日に返事をお書きしようと思っています。では!!

二〇一五年一二月一二日

件名：**追伸、毎日新聞社の取材、への御返事**

上出　寛子　様　　　　　　　　　　　　　　　　　森　政弘　より

今日は、貴女のご質問の参考にと、お話しさせて頂きます。

> 研究者の常だとは思いますが、どうしても疑うことから始めてしまうため、丁寧に質問してく
> ださる場合はよいのですが、勢いよく否定的に質問された場合に、うまく答えられず、分かり
> 合えないまま議論が終わってしまう場合があります。
> また、司会を担当している時に、他の先生方がそのような状況になった際にも、うまく対応す
> ることができません。こういう場合は仕方がないのでしょうか。

良いご質問です。

科学技術関係の学会で起りがちな現象ですね。理性にだけ基づいた分別や定理を、最高で最後のものと信じ込んでいる人たちは、理詰めの衝突をして、ギスギスした雰囲気になってしまうものです。そういう場面になったら、

一、先ずは、司会者自身が頭に来ないことです。

仏道を歩んでいれば、忍耐の修行のお陰で大丈夫。「すべてを許す心」も養成されていますから。(『法華経』の提婆達多品では、自分を殺そうとした人にまで、釈尊は感謝されていますね。)

大文豪ゲーテも言っています。

「安らかに寝ることを欲するか。
私は内的な戦を愛する。
なぜなら、もし疑うことがなかったら、
確実なことを知る喜びがどこにあろう。」

(ゲーテにもこのように「二元性一原論」が垣間見られます。)

つまり、科学には、疑うことから始める姿勢がありますね。そのことを知っていれば、許すことは容易です。

二、しかし、衝突だけでは解が得られませんから、人生で大事な「和」のために「理性」の対の「感性」を持ち出すのも一策です。(対のものを活用するのは、仏教の応用です。)

これについてもゲーテは言っています。

「真の確信は心情から発する。……知性より遙かに確実に判定する。知性は実際いろいろなことを透察し規定するであろうが、要点を射当てることができない」と。

つまり、理性・論理だけで、雰囲気がギスギスして来たら、感性の土俵上に場所替えするとよろしい。ロボコンの世界でも、

「勝ったロボットには力があるが、負けたロボットには夢がある」

は名言として、伝わっています。

もちろん、そういった理性だけの世界に居る人は、初歩的な人です。偉大な人は、感性・理性の二つを一つに融合させて居られます。たとえば、中間子の発見者湯川秀樹先生（日本人として初のノーベル賞受賞者）は、

「感性で（つまり鋭い直観で）把握し、その後、理性で処理する」

と、物理学者の模範的態度を示されました。これは上記ゲーテの名言とも符合します。

貴女は心理学がご専門でしたから、理屈だけの世界は抜け出して居られましょうが、感性・

理性の二つがなければ、宗教は本物にはなりません。
「神の実在を証明する」ためにも神学があったようですが、「実在するから信じるのは初歩の初歩で、信じるから在る」のが宗教です。以上、ご参考までに。

省察

頭ごなしに否定されて、うまく対応できないのは、わたしがすぐに怒ってしまうからなのね。怒るのは三毒のうちの一つだし、六波羅蜜には「忍辱《にんにく》」（忍耐）という修行もある。まずはどんな場面でも、静かにふんばれる根性というか、度胸みたいなものを養う必要がありそうだわ。後は先生のおっしゃるように、理性には感性、理詰めにはユーモアで対処できたら、人とのコミュニケーションももっとうまく行くかもしれない。

二〇一五年一二月一三日
件名：**感性と理性**
森　政弘　先生
上出　寛子　より

ご丁寧なご連絡をいただき、どうもありがとうございます。また、講演に関する重要なことを教えていただき、大変ありがたく存じます。

頭ごなしに否定されても、頭に来ないようにするというのは、確かに大変大切なことだと思います。どのような場面でも冷静に対処されている方をみると、議論が上手だな、と思います。感情に流されずに丁寧に議論だけを追えるのが、本当の研究者なのでしょうね。わたしはまだまだです。

詰問や悪口に対して、鼓膜が振動しているだけ、と思える冷静さを身につけるのにも、坐禅はよいと思っています。坐禅をすると最初の方はなぜか緊張してしまうのですが、それがだんだん、落ち着けるようになってきました。

また、感性と理性のお話は改めて納得いたしました。どれだけすばらしい理論を聞いても、自分が教えを乞おうという感性を持っていなければ、何も入ってきませんね。講演タイトルだけをみて「自分の方がよく知ってるはずだから何かインチキを言っていないか」などと思いながら講演を聴いていると、学びの機会を逸してしまいます。これはもっと若いころの自分を振り返ってみて、しみじみ思うことです。

理性がぶつかってギスギスした時に、上手に感性でカバーできるとよいですね。これは単なる実用だけではなく、心理学の研究テーマとしてすごくおもしろいと思います。

一八日は阪大でシンポジウムがあります。ロボット哲学研究専門委員会も共催で、わたしは仏教哲学の話をさせていただきます。
先生は年末に東京に戻られるのですね。どうかお気をつけてご移動されますよう。

二〇一五年一二月二〇日

件名：**安心安全社会システムシンポジウムで講演しました**

森　政弘　先生　　　　　　　　　　上出　寛子　より

金曜日に阪大で安心安全社会システムシンポジウムがあり、三性の理についてお話をさせていただきました。今回は、本田宗一郎様のお声から始めるのではなく、この間の毎日新聞から受けた取材の経験をもとに、三性の理のお話をさせていただきました。

軍事（悪性）と学術（善性）があらかじめロボットに別個に備わっているという問題設定の仕方が、両者の溝をどんどん深めているのであって、本来はロボットは無記であるということを議論する必要がある、というメッセージを伝えました。

聴衆の中には、深くうなずきながら聞いてくださる先生や企業の方がいらっしゃって、とても話がしやすかったです。関電工という企業の偉い方がコメントをくださり、技術が発展していく上で、技術の価値について仏教哲学などのアプローチから考えていくことが、今後ますます必要になっていくはずだから、こういったシンポジウムをこれからも積極的にやっていってほしいと、ありがたいお言葉をいただきました。

ところで、後藤榮山老大師様のお手紙の件、お返事を逸しておりました。陵禅会でお会いした際は、とてもお近づきになれるような雰囲気ではなかったのですが、覚えていてくださったのですね。大変ありがたく存じます。

一月は学生実験の日と重なっているので伺うことができないのですが、二月の坐禅会にはきっと参加させていただこうと思っております。

年末年始に東京に戻られるとのことですが、寒い中のご移動になりますね。どうかご自愛ください。

二〇一五年一二月二三日

**件名：安心安全社会システムシンポジウムで講演しました、への御返事**

上出　寛子　様

森　政弘　より

拝　復

二〇日に、丁度、貴女へメールしようと思っていた所へ、貴女からメールを頂きました。有難う御座いました。

実は、近所の医者探しで一日費してしまったりで、ご返事遅くなってすみません。

（一）先ず上記医者探しで感じた、宗教者のこと。

実は僕は、現在九種類の薬を服用していますが、事の発端はその中の睡眠薬からです。東京では幸い同じ町内に「三宿病院」という総合病院があり、脳内出血の場合もそこへ入院しました。宮崎へ来てからは、良いこと尽しと言うわけではなく、一番の大病院は、宮崎大学医学部附属病院ですが、そこは遠くタクシーで片道三〇〇〇円以上かかるのです。しかも大病院ですから重症患者が多く、更に混み合って待たされるのです。もちろん、僕はその病院へ行きました。

そこで、そこの脳神経外科の医者は、親切心から、「ここの病院で、あなたの脳内出血予後を診るのは年に一回くらいで良く、来年一二月にMRIを撮りましょう。しかし薬は九種類の内三種類は睡眠薬で、それは役所の決まりで、三〇日分までしか出せません。だからそれだけのために三〇日毎にここへ来るのは大変でしょうから、お宅の近所の小病院で薬を貰いなさい。紹介状を書きましょう……」ということになったのです。そしてその日は、九種類全部の処方をしてもらうことが出来ました。

帰宅後僕は、ネットなどで近くの小病院を探し当てて、電話でこれこれの訳でお宅で薬だけ出して頂けますか？　と確かめてからその病院へ行った所、「うちは精神科だから睡眠薬だけしか出せません！」と、すげなく断られてしまい、内心小生は〈それでは話が全く違う！　困ったな〉と久し振りに腹が立ったのです。

腹立ては、仏教修行では禁止ですね。三毒「貪《とん》・瞋《じん》・癡《ち》」と言って、善心を害する最も根本的な三つの煩悩の一つですから。「あ、自分は今腹を立てている。静めよう」と、直ぐに思ったのでしたが、修行不足で静めるには時間が掛りました。

ともかくタクシーで帰宅、昼食を取ってから、再び近くの内科医を見付け、電話したら「どうぞいらっしゃい」とのこと。電話の受け応えもそうでしたが、行ってみると、受付や看護師さんの態度の物腰の上品なこと。院長先生の診察を待っている間に、受付デスク脇に「どうぞお持ち下さい」と聖書があったので、それを一冊頂き、拝読。ヨハネ伝冒頭の「初めに言《ことば》あり、言は神と共にあり、言は神なりき」を探しているうちに順が来て呼び出され、院長先生に会った所、そのにこやかさ、優しく柔軟な態度、宮崎大学病院からの紹介状の理解など、しかもその裏に冒《おか》しがたい気品を感じ、「ああこの院長先生はクリスチャンではないか、きっとそうに違いない」と思いました。（次回に行った時、伺ったら、小生の推察は的中して、間違いなくクリスチャンでした。しかも仏教のお寺と協力されている由でした。以後、僕は安心し切って、その院長先生にかかっています。）

これで薬問題は一挙に全面解決し、有難さに満ちた心で帰宅した次第でした。一日の内に起きたこの現象も「二元性一原論」ですね。ちゃんと正反対の二つが現れました。

話がずれますが、平川彰先生（九日三〇日　件名：仏性丸出しについて、のメールにあります）は、御著書の一つ、『大乗仏教入門』（第三文明社、レグルス文庫、二二六）の一二六頁に、

「……仏陀を信ずるところに、自己の心が仏陀に同化されて清浄になっていくのです。そしてその人の人格が向上します。故に二十年も三十年も信仰をつづけていますと、信じない人との差は歴然としてきます。自己の心が浄化されるところに、人間は真の幸福と満足を味わうものです。……」

と、お書きになっています。

さすがにこの御著書は、拝読すればするほど深みが感じられます。貴女も『法華経』の勉強が一通りお済みになった頃、Amazonででも探してお読みになるとよいでしょう。

話を戻しますが、僕の薬問題を救って頂けた内科医の院長先生には、上記平川先生がお書きになった「歴然たる差」を見たのでした。

同様のことは、僕が東大生産技術研究所の助教授時代にも味わいました。当時の生研第四部（応用化学）に武藤義一先生という方が居られ、いわゆる大学教授の威張った所は全くない謙虚

で慇懃《いんぎん》な方でした。聞けば曹洞宗のお寺の出とか。

また渡辺和子シスター（ノートルダム清心学園理事長）のお姿も同様です。

みんな、輝くのですね。貴女も輝いて下さい！

何度もお話ししたことと思いますが、人間は不完全な存在です。だから修行が要るのです。「人間は修道的存在なのです」。全人類がこうなると理想的ですね。

（二）ホンダの二足歩行ロボットＡＳＩＭＯに関する学位論文について。
東工大での僕の教え子に、竹中透という非常に創造性豊かな学生がいました。（九月二日のメール、ホオズキの写真の所にも書きました。）

ご承知の本格的な二足歩行ロボットＡＳＩＭＯの制御を担当したのが、この竹中透君です。その竹中君が博士論文に手紙を添えて送ってくれ、その中に、左記のようなことが書いてあります。

「……倒れることを積極的に活用したので、歩かせることが出来たのです。これは森先生の教えがなくては到達し得なかったものです。先生への感謝を込めて、学位論文をお贈り致します。論文という性格上、この発想に至る経緯や哲学を、あまり表すことはしていませんが、読者が想像してもらえることを期待して書きました。……」と。

お分かりのように、「三性の理」の応用ですね。竹中君の手紙から学ぶべきことは、仏教の応用で初めてロボットが歩き出すことが出来た、ということです。

また、長談義してしまいました。では、良い年をお迎え下さい。

二〇一五年一二月二八

件名：**お薦めの本一冊**

上出　寛子　様

森　政弘　より

年の瀬、押し迫りました。

今日、下記の本が著者から贈呈されて来ました。読めば、内容はピッタリ「二元性一原論」になっています。

野口和彦著『リスク三十六景』（日本規格協会発行、税抜一三〇〇円）

貴女にはこの本の価値がお分かり頂けると思います。

内容には、空間・時間のスケールが宇宙開闢《かいびゃく》にまで伸びきっている点、論調が仏教哲学的な「二元性一原論」になっている点、したがって、大衆は勿論、マスコミに至るまでの意表を突いて常識を粉砕している点、引用が実に幅広く、松尾芭蕉・夏目漱石・老子・世阿弥……などの金言・名言と、文化的教養の幅が凄く広い点など、大いに感ずる所があります。むしろ古今の名人が到達した心境は、ひとりでに「二元性一原論」になっているのですね。

この本は「ロボット哲学研究専門委員会」にも大いに関係があると考えます。（ただ、第八景は、僕の話で、貴女には耳にたこができていることです。）ロボット哲学研究専門委員会のメンバーに推薦されても良いでしょう。最近にない、惹き付けられた本です。

年の瀬で、直ぐには入手出来ないでしょうから、年が明けてから是非お読み下さい。著者、野口和彦先生は、現在横浜国立大学教授、その前は三菱総合研究所の最高の研究員で、東大工学部航空工学科ご出身です。

では、良いお年を!!

二〇一五年一二月二九日

**件名：お薦めの本一冊、へのお返事**

森　政弘　先生

上出　寛子　より

ご連絡をどうもありがとうございます。

先生に教えていただいた『リスク三十六景』は、先ほどAmazonで早速購入をいたしました。

今日の五時半の便で、仙台から大阪へ帰るので、ちょうど明日、実家に本が届くように手配いたしました。読むのが楽しみです。

文化的教養の幅広さもまだまだわたしに足りないところで、きっと講演をする際の心の引き出しを増やすにも必要だと思います。自然と「二元性一原論」に到達された先生方のことを、学ばせていただきたいと思います。

ロボット哲学研究専門委員会の先生方にもぜひ紹介をさせていただきます。

いよいよ今年も終わりですね。また来年もどうか宜しくお願い申し上げます。

仙台は雪です。先生もお風邪などお召しにならないよう、どうかご自愛ください。

# 第一二章　日常生活での仏教実践

二〇一六年一月五日～
同年二月一一日

二〇一六年一月五日

件名：**明けましておめでとうございます**

森　政弘　先生

上出　寛子　より

お年賀状をいただき、どうもありがとうございました。

お正月はわたしは大阪へ戻り、なかなか読み進められなかった『新釈法華三部経』（全一〇巻）に、ようやくまとまった時間を費やすことができました。

このご本はとても解説が丁寧ですね。復習のための頁数も記載されていますし、すでに出てきた文言も、繰り返し説明があります。仏教の真理を信じ、実践しながら生きていくことの大切さが書かれてあり、わたしもそうやって生きていこうと、お正月早々、とても晴れやかな気持ちになりました。適宜ノートをとりながらなので、なかなか時間はかかりますが、お経の内容を自分でメモする、というのもありがたい気持になります。

智慧のある先人たちはみな、二元性一原論、仏教の真理にたどりつくということを、『新釈法華三部経』を読んでいると感じます。まだ『無量義経』（第一巻所収）の説法品第二の終わりまでしか到達していませんが、たとえば、徳行品第一の九五頁に、「快楽《けらく》は、現代語の快楽《かいらく》とはたいへん違ったものです。高い精神の楽しみです。魂に感ずる喜びです。これがほんとうの快楽であって、肉体の感覚の上に感ずる快楽は、すぐに消え去り崩れ去ってゆく、一時的な、幻のようなものにすぎないのです」とあります。哲学や心理の古典的な本にも、同じような事が書かれてあるのを思い出しました。

一方で、悩みや苦しみの無い生活を送るために、積極的に仏教の教えを活かしていこうと思うのですが、やはり多くの他者と関わると、それなりに心の浮き沈みが生じてしまいます。自分の心の状態を平穏に保つことは、わたしのような仏教初心者には難しく、悩みや喜びは回避しがたいものです。そこで、必要のない人付き合いをあまりしないようにしようと思ったのですが、これは仏教的な態度とは言えないのでしょうか？

また、『無量義経』説法品第二の一八五頁に、仏教では、衆生の所に於いて、環境を変えるのではなく、その人の現在の境遇そのままで救う、ということが書いてあります。配偶者に問題があるからすぐに別れる、というのは確かに元も子もないような気がしますが、たとえば、今問題になっているテロを行うような組織に、生まれた時から入ってしまっているような場合はどうなるのでしょうか。境遇自体が悪の場合は、やはり境遇を変えたほうがいいような気もします。

まだ全部を読み終えていないので、先に答えがあるのかもしれませんが（読み進めているうちに解決される疑問ももちろんあって、そのたびに納得致しました）、疑問に思いましたので、先生からお教えいただければ幸いです。

二〇一六年一月七日
件名：**明けましておめでとうございます、への御返事**
上出　寛子　様　　　　　　　　　　森　政弘　より

お目出とう御座います。今年もよろしく!!

>『新釈法華三部経』（全一〇巻）に、ようやくまとまった時間を費やすことができました。
>このご本はとても解説が丁寧ですね。

著者、庭野日敬開祖の真心の表れですね。誰にでも当然分かっているような漢字にまでルビが振ってあるところからも分かりますね。ただ、易しくをモットーにされた結果、意訳が過ぎて、正確さが失われているのではないかと感じる点もあります。この点は、貴女もお持ちの『岩波仏教辞典』や平川彰先生の『大乗仏教入門』などで補って下さい。

>仏教の真理を信じ、実践しながら生きていくことの大切さ……

仏教は、「空」や「無」まで行き着き、その先はないところまで思想が徹底しています——

つまり言葉の限界を超えています――から、「絶対」です。申し上げるまでもなく「二元性一原論」ですから。この「絶対」は相対：絶対を超えたものです（二〇一六年五月一四日　件名：『大正新脩大藏経』について、の中にある注「大小という対立を超えた大きい」とは、を参照）。

ところで、今溜まった郵便物を整理していたら、その中に振込票を同封し、寄付を要求してきた、ある団体からのダイレクトメールがありました。その文面を読むと、「自分は社会に対して良いことをしているんだから、寄付を要求するのは当然だ」とばかりの雰囲気です。僕は、その団体が行っている行為は悪いこととは思いませんが、一種独得のいやらしさ、自負を感じ、寄付する気持になれません。

仏教では「三輪《さんりん》清浄《しょうじょう》」が尊ばれていますが、この点なのですね。三輪清浄とは、①布施する人の心、②布施される物や金やいろいろ、③布施を受ける側の心、の三つが清らかであることです。何もない、善も悪もないのが本当の清浄です。

省察

人に何か親切をして、それがその人にとっていい結果へと繋がった時に、自分の親切があったからこそなんだ、とついつい思ってしまうことがある。それは結局、親切でも何でもないいんだわ。

ただの傲慢の表れで、エゴの押し売りだったのね。自分の評価を上げるために行う親切行為は、本質的には汚れていて、結局は周りの人をうんざりさせてしまう。他者の喜びや、成果に繋がる行為を自分がした場合でも、それは自分の成果ではなくて、その人自身の喜びとして一緒に喜べる、平和な心を持てるようになりたい。

＞たとえば、徳行品第一の九五頁に、「快楽は、現代語の快楽とはたいへん違ったものです。高
＞い精神の楽しみです。魂に感ずる喜びです。これがほんとうの快楽であって、肉体の感覚の上
＞に感ずる快楽は、すぐに消え去り崩れ去ってゆく、一時的な、幻のようなものにすぎないので
＞す」……

　このことは、坐禅をすれば納得が行くようになりますね。そこを和尚様はおっしゃるのです。

「ただ縁あって、人無し」が「真実の姿」。

仏教では、われわれが現実と思っているこの世を、「夢」と観るのです。

「事実が真実に変わる」ように修行して下さい。

＞必要のない人付き合いをあまりしないようにしようと思ったのですが、これは仏教的な態度と
＞は言えないのでしょうか？

　要するに、「二見に堕す」な、です。社会と隔絶するのは社会の為、という次元が大切です。

キリスト教の修道院や仏教の専門道場で、俗世間から離れて修行するのは、行く行くは俗世間を救う為と言うことです。仏教者は法輪を転じることが使命を超えた使命ですから。ただし、使命感が残るといやらしくなりますからご注意下さい。仏教の説く「遊」の気持でするのが最高。ロボコンは僕の「非まじめ転法輪」です。

ただ、「機」に則して行わねば巧く行きません。「啐啄同時《そつたくどうじ》」と言いますが、「啐」は卵がかえる時、雛が殻の中で啼くことを、またその瞬間に親鳥が外からつつき破ることを「啄」と言い、啐啄同時は、師弟の一如一体になった教育の極意を表しています。まさにこれが「機」に則しているわけで、啄が早過ぎると、つつき壊してしまい、雛は死にます。

以上が「必要のない人付き合いをあまりしないようにしよう」は仏教的か？のご質問に対する答えです。

省察

自分が仏教の理論や教えを知って、これは素晴らしい、みんなに知ってもらおう、と思っても、タイミングや方法を間違えると、反《かえ》って逆効果になってしまう。これはよく考えると浅はかな行為で、状況をきちんと見定める目が必要なのだと思う。お釈迦様は、方便として、相手の状況や立場を見抜いて、適切なタイミングと方法でお教えをお伝えになったらしい。わたしにはそんなことはできないけれど、すぐに、人に話そうとするのではなく、まずは自分自身の智慧を養うことに集中して、自分の方の準備を整えて行こう。

更に、仏教は底抜けに奥深く難解難入《なんげなんにゅう》ですから、説法には二諦《にたい》と言って、二つの説き方があるのです。すなわち、いきなり素人に仏教の本質、「二元性一原論」を説くと、その相手に「仏教はお手上げだ」という気持を起こさせてしまい、罪深いことになりますから、奥深い教義からすれば間違いであっても、方便としては使っても良い言い方があります。前者を第一義《だいいちぎ》諦《たい》（別名、真諦《しんたい》）、後者を世《せ》俗諦《ぞくたい》（別名、俗諦《ぞくたい》）と言います。

ともかく、『無量義経』は非常に大切なお経ですから、しっかりと学んで下さい。

これを以て、新年のご挨拶とさせて頂きます。では今年もよろしく!!

二〇一六年一月一三日

**件名：リスク三十六景が届きました**

森　政弘　先生

上出　寛子　より

『リスク三十六景』が手元に届きました。

ものすごく色々な角度からリスクについて述べられていて、野口和彦先生の視点が幅広いだけでなく、本質的なところに着地しながら、多くの具体例を出して説明されている点がすばらしいなと思いました。テレビドラマの話から、湯川秀樹先生のお話、先生のロボコンや仏教哲学のお話も紹介されていますね。

　是非、ロボット哲学研究専門委員会でご講演いただきたい先生だと思いました。

＞要するに、「二見に堕す」な、です。

　ありがとうございます。実は、年末に色々な先生方にお会いした際、「仏教なんて、もうろくしたことを本気でやるなんてねえ」と揶揄される先生方もいらっしゃったので、少し考え込んでしまいました。でも今は、二見に堕していたことに気がつけました。

＞啐啄同時は、師弟の一如一体になった教育の極意を表しています。まさにこれが「機」に則しているわけで、啄が早過ぎると、つつき壊してしまい、雛は死にます。

　「啐啄同時」とは、大事な教えだと思いました。お釈迦様は、各人に適切なタイミングと、適切な方法で法をお説きになられたと、『無量義経』の様々なところに書いてあります。

　わたしは自分自身に修行がまだまだ足りませんので、先生に助けていただきながら、色々な人に仏教哲学に触れていただける機会を作っていきたいと思います。

　今年もどうかよろしくお願い申し上げます。

二〇一六年一月一三日

**件名：リスク三十六景が届きました、への御返事**

上出　寛子　様　　　　森　政弘より

拝　復

>是非、ロボット哲学研究専門委員会でご講演いただきたい先生だと思いました。

それは大変結構な案です。僕が口利き役になってもよろしいし、貴女が直接に「森から聞いた」と言って、メールされても良いでしょう。

>実は、年末に色々な先生方にお会いした際、「仏教なんて、もうろくしたことを本気でやるな
>んてねえ」と揶揄される先生方もいらっしゃったので、少し考え込んで……

それくらいの揶揄など、貴女はもう平気ですね。

仏道修行の階位に「十地《じゅうじ》」というのがあり、その中に「不動地」というのがあります。ぜひそのレベルに達して下さい。

>でも今は、二見に堕していたことに気がつけました。

そのことに気付けば結構です。始めから、揶揄されても動じないのは和尚様くらいで、小生も瞬間的には腹立ちますよ。ただし、すぐに六波羅蜜の忍耐の教えがひらめきますが。

『リスク三十六景』推薦します。ＰＲして下さい。では、ご返事まで!!

二〇一六年一月一六日

件名：**雲海を思って坐禅**

上出　寛子　様

森　政弘　より

お早うございます。

今朝思い出したのですが、和尚様から左記のような坐禅のコツを教わっていましたので、お伝えします。

「わしは、初めてフランスへ神父達の坐禅の指導に行った時、飛行機の窓から雲海が広がっている様を見て、これだ!! と思ったね。あの瞬間は本当に嬉しかった。君たちも坐禅する時は、雲海を思いながらすると、早く禅定《ぜんじょう》に入れるよ」と。

貴女も坐禅を経験されていますが、右のコツを参考に坐られると良いと思います。

ご参考までに、ではまた!!

二〇一六年一月一六日

件名：**雲海を思って坐禅、へのお返事**

森　政弘　先生　　　　　　　　　上出　寛子　より

おはようございます。

雲海は確かに神聖な光景ですね。今日は本来は坐禅の日ですが、わたしは今日明日とセンター試験の監督です。坐禅のコツ、ありがとうございました。是非、参考にさせていただきます。

二〇一六年一月二八日

件名：**講演依頼を受けました**

森　政弘　先生　　　　　　　　　上出　寛子　より

週末は大変な寒さでしたが、お元気にされていますか。

先日、東大の先生方が主催されているロボットの研究会で、ロボットと仏教哲学の話をしてほしいというありがたいメールをいただきました。

もちろん、ぜひお願いします、とお返事させていただきました。先生の『退歩を学べ』の本の「三性の理」の話を始め、池邊陽先生の完全と不完全が合わさって完全になるという、家の雨漏り（物への愛情が人を育てる）の話など、これまでに教えていただいたことに基づきながら、お話をさせていただこうと考えております。

ところで、今韓国にいます。わたしがロボットの研究を始める際に多大なるサポートをしてくださった恩人、Hさんという方が、ソウルにいらっしゃるので会いに来ました。Hさんはもともと技術だけではなく、使う人の心理について強く関心をおもちの方です。

昨日Hさんにお会いしたのですが、最近わたしが先生に教えていただきながら、二元性一原論をロボットにつなげて議論をしていることを事前に調べてくださっていたのです。大変感心してくださっていて、陰と陽が表裏一体であるという思想は、韓国の国旗にも表現されているんだよ、とおっしゃっていました。先生もHさんはご存じですよね。Hさんが先生によろしくお伝えくださいい、とおっしゃっていました。

週末に日本へ帰ります。まだまだ寒いですね。どうかご自愛ください。

二〇一六年一月二九日

件名：講演依頼を受けました、への御返事

上出　寛子　様　　　　　　　　　　　　森　政弘　より

>週末は大変な寒さでしたが、お元気にされていますか。

宮崎市は有難いことに、今日は雨で暖かく、早春の感がありました。

>先日、東大の先生方が主催されているロボットの研究会で、ロボットと仏教哲学の話をしてほ

>しいというありがたいメールをいただきました。

拙著『退歩を学べ』だけでなく、一切を動員し、一瞬一瞬を活かして下さい。「法輪を転じる」「三輪清浄の布施」の心で。

>Hさんはもともと技術だけではなく、使う人の心理について強く関心をおもちの方です。……

>Hさんが森先生によろしくお伝えください、とおっしゃっていました。

青森県八戸で、「国際ジュニアロボコン」をやった時、H氏に特別講演をお願いし、夕食を共にしました。

どの道でもある程度極めると、心が問題になってくるのですね。そこで、仏教の出番、ということになります。「唯識論」が必要です。ではおやすみなさい!!

二〇一六年一月三一日

**件名：お寺での坐禅**

森　政弘　先生

上出　寛子　より

ご連絡をありがとうございます。

わたしは今朝も保春院さんで、坐禅をさせていただきました。現在、いただいている科研費の研究に、自閉症の理解と治療を目指しているものがあります。わたしは仏教的な方向からこの内容にチャレンジしてみようと思い、今回、保春院さんにお願いし、一〇日連続で坐禅をさせていただけることになりました。坐禅の心理的・身体的健康への効果は、すでに世界中で明らかになっているようです。ロボコンでもの作り三昧を実践された先生は、一番よくご存じですよね。

今年はまだ予備的な検討で、少ない参加者（若干七名）で、自閉症ではなく、発達障害や精神疾患の診断を受けていない方が対象です。先生のロボコンのように、三昧に至るのは難しいと思いますが、坐禅をやりたいと言ってくれた若い方々に経験していただいて、坐禅の前後でどのような変化があるのかを調べ、来年度からの自閉症者に対する検討へつなげたいと思います。

仏教をこのように科学として二元論的に捉えること自体、スタートから間違っていることはわかってはいるのですが、仏教の教えを忘れずに、いろいろ取り組んでみたいと思っています。わたしも参加者に混ざって、坐禅をさせていただけることになりました。

毎朝お寺のお堂で坐禅をさせていただけるとは、本当にありがたいことだと思います。

東大の研究会の講演、しっかりと準備をしたいと思います。それに関しご質問させていただくことがあるかと思いますが、どうか宜しくお願い申し上げます。

森　政弘　より

二〇一六年二月一日
件名：**お寺での坐禅、への御返事**
上出　寛子　様

メール有難うございました。

＞保春院さんにお願いし、一〇日連続で坐禅をさせていただけることになりました。

それは結構なことです。

＞坐禅の心理的・身体的健康への効果は、すでに世界中で明らかになっているようです。

はい、世界中が認め始めていますね。

＞ロボコンでもの作り三昧を実践された先生は、一番よくご存じですよね。

仏教哲学を知らない人は、理解に苦しむことですが、ロボコンは僕に言わせると、仏教の実践であり応用仏教です。このことは、僧侶でも分からない方が多いのです。しかし、ロボコンによる、とくに中学生達の人間育成は、その実証です。次のような文章が、毎日新聞一九九八年八月三〇日（日）朝刊三頁「時代の風」欄に出ていました。

「英国の教育学者ウイリアム・アーサー・ワードは言った。
「凡庸な教師は只しゃべる。少しましな教師は理解させようと務める。優れた教師は自らやって見せる。本当に優れた教師は心に火を点ける」と。」

お聞き苦しいかも知れませんが、ロボコンをやれば、すぐ火が点きます。

省察

講義や実験実習を担当させていただいても、なかなか学生の心に火を点けられるような教え方はできない。何をどうやって教えるのか、ということも大事なのだけど、先生ご自身が学生を引きつける魅力をお持ちなのだと思う。そういうものは、天性のものもあるかもしれないけれど、自分が重ねてきた努力によって培われる部分もあると思う。失敗を恐れて、楽なことばかり選ばないように気をつけましょう。

＞坐禅をやりたいと言ってくれた若い方々に経験していただいて、坐禅の前後でどのような変化があるのかを調べ、来年度からの自閉症者に対する検討へ……

恐らく影響が出るでしょうね。ただし坐禅は漢方薬的で、西欧的医術のように即効的ではありません。時間がかかるでしょうね。ロボコンも、しっかりした人間育成になっているロボコンは、半年以上かけています。

省察

禅定に入るには、短期的なトレーニングでは難しいでしょう。坐禅を続けていると、自分が集中していくプロセスに違いを感じられるようになってきたわ。研究は研究できちんとやって、謙虚さと落ち着きを養うためにも、坐禅を続けたいと思う。

＞仏教をこのように科学として二元論的に捉えること自体、スタートから間違っていることはわかってはいるのですが……

そのことがお分かりならば、よろしいです。何回も言うように、騒がしい時に「静かにせよ！」と怒鳴ることは、その分余計に騒がしくなるのですが、それを言わなければ静かになりませんから、やむを得ないですね。

＞東大の研究会の講演、しっかりと準備をしたいと思います。それに関しご質問させていただく

＞ことがあるかと思いますが、どうか宜しくお願い申し上げます。

「法輪を（学界へ）転じる」大切な縁です。陰ながら応援させて頂きます。

ご質問何時でもどうぞ。

光陰矢のごとし。今日から二月です。この一二日に小生、満八九歳になります。老いの到来も速いですから、一瞬一瞬を丁寧に活かしながら生きて行って下さい。では!!

注：森はパソコンが不具合を起こし、パソコンを買い換えた。

二〇一六年二月八日
件名：**お待たせしました**
上出　寛子　様　　　　　　　　　　　　　森　政弘　より

二月一日以来、大変長くお待たせしました。今日やっと新パソコンで、安定してメールの送受が可能になりました。これで安心です。

ＯＳの入れ替えから始まり、何をしてもだめで、最後の手段として、パソコンの廃棄と導入をしたわけですが、しかし、よくもよくもブラックボックスの中身をここまで複雑にしたものだと、ある意味では驚き、また別の意味では感心もしました。

しかし心底には、シリコンバレー文明への反発が湧き出し、「自分を見る自分」の心も同時に起き、この正義感が戦争を招くと、自分自身に言い聞かせた次第でした。

省察

腹が立ったときこそ、自分を客観的に見ることのできる視点が必要だわ。先生のように、日常生活の中から仏教的な実践を少しずつ積んでいくことが大事なのね。自分でも気をつけてみましょう。

後藤榮山老大師のお言葉、「進歩とは複雑化なり」は金言で、だからこそ僕は、『退歩を学べ』を書いたわけです。

では、どうぞよろしく。アーやれやれ、これから一服です!!　ご報告まで。

二〇一六年二月八日

件名：**東大の坐禅会へ行って参ります**

森　政弘　先生

上出　寛子　より

ご連絡をどうもありがとうございます。

パソコンを新しくするのは、時間と手間がかかりますよね。シリコンバレー文明への反発を感じながらも、自分自身を客観的に見て自制するのは、わたしには難しいことです。どうしても自分以外の他へ、怒りの矛先を向けてしまいます。

明日で一〇日間の坐禅は終わります。そして今週末は、東大の坐禅会へお邪魔して、後藤榮山老大師様に、またお会いいたします。チャンスがありましたら一言、「森先生に教えていただいております」とだけ、ご挨拶させていただこうと思います。

先日、保春院の副住職様が、今年は白隠禅師様の二五〇年遠諱《おんき》（回忌）にあたるため、仙台市内で大きな法要が執り行われること、そしてその際、保春院様もお手伝いされること、さらには、後藤榮山老大師様が仙台に来られて法要をされるということを教えてくださいました。法要の後には、対談も予定にあるようです。『白隠禅師坐禅和讃』は、ほとんど毎日聞いています。よい和讃ですね。

新しいパソコンの使い勝手はいかがですか。今後ともどうか宜しくお願い申し上げます。

二〇一六年二月九日

件名：**和尚様と坐禅和讃**

上出　寛子　様

森　政弘　より

新しいパソコンで、安心してメールを打っています。また、あと三日で小生満八九歳。ぼけが来て、以降申し上げることは、すでにお伝えしたこととダブるかも知れません。

しかし仏教は、同じことを百万遍繰り返す世界ですから、同じことであっても、貴女の進歩なりに読みが深まっているはずですので、よろしくお願いします。

省察

同じことを何度聞かせていただいても、その都度、新たな発見がある。もうそれは知っている、とか、わかっている、と思い込んでいても、実は十分に気づいていない点があったりする。何遍繰り返し同じことを聞いたとしても、そのたびに、吟味する姿勢が大事だと思う。

>そして今週末は、東大の坐禅会へお邪魔して、後藤榮山老大師様に、またお会いいたします。
>チャンスがありましたら一言、「森先生に教えていただいております」とだけ、ご挨拶させて
>いただこうと思います。

その時一言「森からもよろしく」と付け加えて下さい。後藤榮山老大師は僕の人生での最大

の恩師ですから。

>『白隠禅師坐禅和讃』は、ほとんど毎日聞いています。よい和讃ですね。

「今日になっても修正しようがない」と和尚様は言っておられました。

坐禅和讃の中で特に重要な言葉は以下です（重要度順に）。

（一）衆生本来佛なり（冒頭）――本覚《ほんがく》

（二）この身即ち佛なり（最後）――始覚《しかく》

（三）自性《じしょう》即ち無性《むしょう》にて――「自己を忘るるなり」（道元禅師、『正法眼蔵《しょうぼうげんぞう》』の現成公案《げんじょうこうあん》の巻より）

本覚と始覚は、『岩波仏教辞典』でお調べ下さい。仏教哲学上大切な考え方です。

ところで僕は、舌痛症という、傷もないのに舌が痛む病に罹り、苦闘し、仏教で言う「四苦八苦」の語を噛みしめました。でも口腔外科のお陰で、もう治りました。

早、節分も過ぎました。時は待っていてくれません。では、また!!

二〇一六年二月一一日

件名：**四苦八苦**

森　政弘　先生

上出　寛子　より

舌痛症という症状は、初めて聞きました。舌が痛むとは、本当に大変だったのでは、と想像いたします。回復されてよかったです。

四苦八苦*とは何かを調べました。

＊**四苦八苦とは**……いわゆる生・老・病・死が四苦で、それに加えて、「怨憎会苦《おんぞうえく》」：憎い者と会う苦、「愛別離苦《あいべつりく》」：愛する者と別れる苦、「求不得苦《ぐふとくく》」：欲しいものが得られない苦、「五蘊盛苦《ごうんじょうく》」：肉体と精神が思うままにならない苦、の四つで、合計八苦。

怨憎会苦にあるように、憎らしい人に会わなければならない羽目に陥るのは、社会で生きていく上で避けられないことですが、憎らしいと思ってしまう自分をできるだけ客観的にみて、自制していきたいと思います。

省察

嫌な人だから関係を持たないようにしよう、とするのは、仏教的な態度ではない。あらゆる人や物や事柄は、縁でつながり合っているのだから、自分と関係のない人などこの世にいない。自分だけではなく、他の人も救われるように、という慈悲の気持を大事にしましょう。

# 第一三章 ロボット事始めから原子力の善・悪まで

二〇一六年二月一五日〜
同年三月二八日

二〇一六年二月一五日
件名：**老大師さまにご挨拶させていただきました**
森　政弘　先生
上出　寛子　より

土曜日に東大の坐禅会に参加させていただき、後藤榮山老大師様にご挨拶をさせていただくことができました。先生のことを申し上げましたら、「今森先生は九州にいるんだ、ぜひ会いたいけれども忙しくて実現できていない」とおっしゃっていました。来月仙台にいらっしゃることもおっしゃっていました。

一七日に確定申告で東京へご移動なのですね。お気をつけて行ってらっしゃいませ。

二〇一六年二月一五日
件名：**老大師さまにご挨拶させていただきました、への御返事**
上出　寛子　様
森　政弘　より

後藤榮山老大師様とお話しが出来て良かったですね。

とにかく何十年という長い間、直接ご指導を受けたのですから、和尚様も私も互いに会いたいのは、当然のことです。小生の今回の帰京では、すれ違いですし……。
ともかくお話し出来て、良かったですね！　では!!

願い

僕はこれまでの人生で、さまざまな事にのめり込んで来たが、今考えてみると、そのどれもが邪魔をせずに、すべて今日の僕がこうなっていることを助けてくれたのだ。この事実は、仏教の中心思想「縁起」の現実版でもあり、『華厳経』で説かれている「重重無尽」の宇宙観を説明するのにも絶好の実例だ。『華厳経』は難しいので俊才の上出君でも直ぐには分からないかも知れないが、茶飲み話的に話しておこう。（森）

二〇一六年三月六日

件名：**お茶の時間、ロボット事始め**

（添付ファイル：オーケストラ演奏中の森、公演休息時間に）

上出　寛子　様

森　政弘　より

先日メールを差し上げたのは二月一五日でした。

貴女はきっと、年度末で学事ご多忙と想像します。そのご多忙な貴女には悪いかも知れませんが、僕の昔話――ロボット事始め――を話させて頂きたいのです。仏教に無関係ではありませんから、お時間があればお目通し下さい。

二〇一四年の九月二一日に差し上げたメールに「我が人生すべてセミプロ」というのがありました。それに関し、先日東京からディジカメで接写して持ち帰った、終戦直後の懐かしの記録写真の中から、添付したような二枚がありましたので、古く汚い写真ですが、ご覧頂ければ幸いです。

そのメールで触れておいた様に、僕は、名古屋大学の二年生から卒業後助手時代まで（まだ進駐軍の占領下にあった時代）オーケストラにフルート奏者として、のめり込んでいました。写真は名古屋公会堂での、その公演中の一コマです。僕は三番フルート（ピッコロ掛け持ち）を受け持って

オーケストラ演奏中の森

おり、写真では、僕は出番でないので吹いていません。

その曲ではイングリッシュホルンという（オーボエのアルトの）木管楽器が必要だったのですが、当時の大名古屋市でさえも、その楽器がなく、ただ一つだけあったのが、進駐軍の軍属（civilian）で、ジョージさんという人が持っていたので、頼んだら気楽に参加してくれて、大助かりしました。そのジョージさんと、その時の指揮者、故朝比奈《あさひな》隆《たかし》さんと小生の三人で記念撮影したのが、もう一つの写真です。一番左が僕です。若かったですね。

このような演奏会をリハーサル込みで昼と夜の二回公演すると、約二〇〇〇円のギャラが貰えたのでした。この額は当時としては大金で、一回のギャラで洋書を一冊買うことが出来ました。その中に、*CYBERNETICS*（N. Wiener 著）という本があったのです（本書一〇〇頁参照）。サイバネティックスの本来の意味は、ギリシャ語で「操舵・操縦・制御」で、この書の内容は、「生物と機械における制

公演休息時間に

御・通信・情報処理を、生物・機械とを区別せず統一的に扱う」というものです。これが今日のＩＴ時代、生物と機械の融合への門戸を開き、今盛んにサイバー…、サイバー…と言われている訳です。

この書と僕との邂逅《かいこう》は、僕の人生を決定的にしました。当時僕は、無線技術に魅せられて、その方向へ進もうと思っていましたが、この本に刺激されて、自動制御へと人生の舵を切り、東大生産技術研究所の助手になるべく、名古屋を後にして上京しました。新時代の黎明でした。

これから後のことは、貴女もご承知だと思います。自動制御→ロボット→仏教→日本ロボット学会設立→ロボットコンテスト→安心ロボティクス研究専門委員会→貴女との出会いへと、つながる訳です。この、たった一冊の本が、後世をこのように創って来たのですね！　一粒の種から森林が育ちました。

そこで、次は貴女たちが創作し開拓される番です。特に仏教の出番は間もなくです。

ここで強調して置きたいことがあります。それは「我が人生すべてセミプロ」で書いたように、僕はいろんなことをやって来ました。それに対し、一つのことに専念した方が良かったのではないか、という意見も出ましょう。しかし仏教的に観ると、そうではないと言うことです。ここが大事なところで、「縁起」という仏教の根本思想によれば、

「すべては、すべてにつながっている」

ので、オーケストラとロボットコンテスト（ロボコン）は関係しているのです。オーケストラをしたからこそ、今日のロボコンがあるのです。今日の僕は仏教もある程度は身に付けることも出来ましたし、口幅ったい言い方ですが、一寸したアイデアで始めたロボコンでしたが、それが今や世界的に広がった行事にまで発展しました。

早い話が、この両方共が、精神集中にはとてもよろしい。つまりこの両者は三昧を要求するからです。オーケストラで言えば、ひとたび指揮者のタクトが振り下ろされるや、寸分の隙もなく音符を勘定しなければなりません。前記の写真では、僕はフルートを膝の上に置いて休んでいる様に見えるかも知れませんが、そうではなく、一拍も間違えない様にと、真剣になって拍数を勘定しているのです。オーケストラの楽譜は楽器毎に違っており、フルートのそれは吹かない部分が結構あり、そこは〇〇小節と数字が書いてあるだけなのです。だからその部分が長いと大変です。例えば四拍子の曲の中で、一〇〇小節と書いてあると、心の中で四〇〇数え、次の四〇一には、寸分の遅れもなく、吹き出さなくてはなりません。これは相当な精神集中です。むしろ、休みなく演奏しづめのヴァイオリンの方が、この点では楽です。

一方、ロボコンでも、ロボットの製作途中と競技中には、ひとりでに精神集中してしまいますね。僕は学生達に精神集中を教えようと、ロボコンを始めたのでした。

要するに、オーケストラもロボコンも、個三昧《こざんまい》（坐禅による三昧を王三昧《おうざんまい》、その他の三昧を個三昧という）の修練になるのです。これが第一点。

省察

見た目にばらばらなことをしているように見えても、それは本質的な問題ではなくて、やっている本人の心が整っているかどうかが大事なのね。どのような事に対しても、真摯に、只ひたすらに、ひたむきになれることができれば、すべてがきちんと繋がって、十全な生き方ができるようになるのでしょう。先生は若い頃からずーっと、そうやって生きてこられたのね。

この他にもオーケストラと仏教の密接な関係があります。それは「感性」です。音楽に感性が必要なことは、言うまでもありませんが、仏教をものにするには、豊かな感性が条件となります。貴女はすでにお分かりの通り、「仏性に感じる」「自己とは宇宙のことだ」などは、感性があってこそ納得できることです。

そして、「縁起」によって全てのことは一点に集中し、『華厳経』が説く「重重無尽」の構造が一切の存在に具《そな》わっていることになります。自動制御も、仏教も、日本ロボット学会も、ロボット哲学研究専門委員会も、貴女もが、ロボットコンテストの中に含まれており、また、貴女

の中に、ロボット哲学研究専門委員会はもちろん、自動制御も、ロボコンも、僕も含まれている
という宇宙構造に気付くことができるのです。
お茶の時間が長過ぎた感じです。では、また!!

願い

上出君には、今後の事を考えると、是非講演も巧くなって欲しい。話術の名人、徳川夢《む》声《せい》さん
の本を薦めよう。（森）

二〇一六年三月七日

**件名：話術の参考図書推薦**

上出　寛子　様　　　　　　　　森　政弘　より

昨日は、茶飲み話で失礼しました。今日は大事なことです。
東京より持って来た図書の中の一冊に、

『話術』徳川夢声著、白揚社

があり、昨晩読み直しましたら、貴女にお薦めしたくなりました。

徳川夢声さんは、大正から昭和の戦後まで、話の名人として大活躍された方です。その話術のエキスが上記の本に盛り込まれておりますので、これから仏教と科学の講演などが増えてこられる貴女のご参考になるのではないかと、思ったのです。

徳川夢声さんは、第一回のＮＨＫ放送文化賞受賞者で、そういう方の行き着いたところは、やはり「二元性一原論」です。「間」の取り方がキーポイント。音楽ならば「休止符」です。話を活かすも殺すも、音のない部分のあり方です。水の飲み方まで説明してあります。

仙台はまだ寒いですか？　宮崎はもう春のぽかぽか陽気です。ではまた!!

注：この間にいくつかメールのやり取りがあったが、都合で略す。

二〇一六年三月一五日
件名：**写経と律詩**
（添付ファイル：百周年記念映画律詩）
上出　寛子　様　　　　　　　　　　森　政弘　より

∨白隠禅師様の二五〇年遠諱法要に参加させていただきました。

　それは良かったですね。

∨全員で『白隠禅師坐禅和讃』を唱え、荘厳な雰囲気でした。その後、Y先生と老大師さまのご対談が予定されていたのですが、老大師さまは「わたしはそんなことはしません」とおっしゃって、すぐに発《た》たれたそうです。

　さすが和尚様ですね。

∨わたしは先生から、あまりたくさんお話しにならない方と聞いておりましたし、仏教の教えと「言語」は時に相反する場合があるため、それを聞いても不思議には思いませんでした。むしろ納得したくらいです。

　結構、結構、その調子その調子！

∨あと、土曜日に保春院さんで初めて写経をさせていただきました。『般若心経』を書かせていただき（筆ペンですが）、アッという間に二時間経ってしまいました。

　老大師様は、自在研究所が写経をお願いする前には、「わしは写経はしたことがないので」とおっしゃっていました。でもお願いしたら、筆や硯を用意して下さいました。

∨二〇一四年の秋に、先生の目黒のお家にお邪魔して、東京工業大学の映画を拝見させていただきましたが、先生もあの映画の中で筆で文字を書かれていましたよね。あれは何を書いていらっ

〉しゃったのでしょうか。

　あれは、筆ペンではなく、本物の筆と墨で書きました。書いたものは、「東工大百年祭記録映画製作偶感」と題する律詩《りっし》で、老大師様が小生のために、草稿を作り、達筆で奉書という和紙に書いて下さったものです。

　読み下しにすると以下のようになります。（なお兮は形を整えるための置き字で、意味はなく読みません。）

仰げば彌《いよいよ》高く、　鑽《き》ればいよいよ堅し、
旧話今に到るも、　猶燦然《なおさんぜん》たり
卓説縦横、　無尽蔵
大岡山上の、　兆《きざ》し方《まさ》に鮮やかなり

縁に随《したが》い任に当り、　盤旋《ばんせん》を費す
百練の佳人《かじん》、　共に眠らず
殊に覚《おぼ》ゆ憐れむべし、　取捨の事
百年の激写、　一連の篇たり

僕が一年以上かけて、徹夜に徹夜を重ね、映画撮影と編集をした様子が、この五六文字の中に濃縮されています。前半は映画の内容を、後半は製作の苦労が語られているわけです。老大師様独特の達筆で書かれていますから、僕はそれを手本にして書いたのです。いや、雑談的になって恐縮です。お読み下されば幸いです。

では、お元気に!!!

注：このメール以後、数通のメールがやり取りされたが、そのどれもが、大容量の添付ファイルの開き方と言うような、パソコンの操作方法に関する事なので省略する。

二〇一六年三月二三日

件名：「話術」、講演

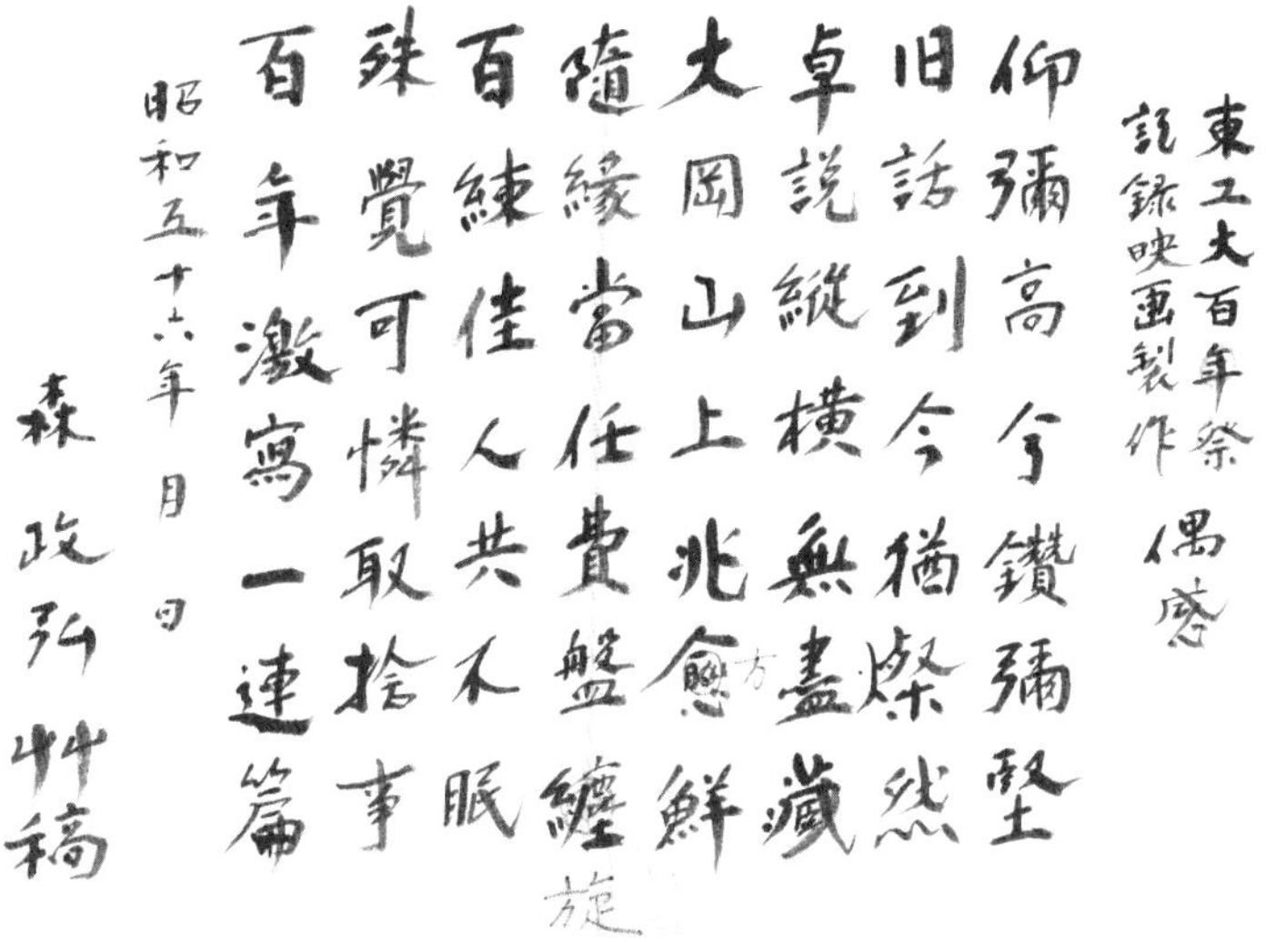
東工大百年祭記録映画製作偶感
仰彌高兮鑽彌堅
旧話到今猶燦然
卓説縦横無盡藏
大岡山上兆愈鮮
隨縁當任貴盤纏
百練佳人共不眠
殊覺可憐取捨事
百年激寫一連篇
昭和五十六年　月　日
森政弘　艸稿

「東工大百年祭記録映画製作偶感」の草稿

森　政弘　先生

上出　寛子　より

ご連絡をありがとうございました。返信が遅れてしまい、申し訳ございません。

徳川夢声著『話術』をそろそろ読み終えそうです。いたるところに「心がけ」が大事だと書いてあります。いつでも心にアンテナを張って、美しい話し方はどのようなものか、研究する態度でいるよう心がける。心の引き出しに入れておく話題がないかどうか、いつでも周囲に敏感でいるように心がける。そういう態度が大事だと、繰り返し書いてあります。

素晴らしい話術を体得するのに魔法のような簡単な方法はなく、そういった心がけを実践することが大事だということなのだと思います。日常的な実践を重視するところは非常に仏教的ですね。お釈迦様のお話もたびたび出てくるので、親しみがわきます。

それから、以前にメールさせていただきましたが、東大のN先生にお声をかけていただいたので、今週、東大の研究会で、ロボットと仏教哲学の関連について二〇分ほどお話をさせていただきます。なんと、二〇分発表、四〇分議論という、議論中心の会だそうです。きっと、大御所の先生方から、様々なご質問が出ると思います。二〇分は短いですが、「三性の理」の骨子をしっかり説明させていただこうと思います。

また、報告をさせていただきます。

二〇一六年三月二四日

件名：**本田宗一郎様のお声**

森　政弘　先生　　　　　　　　　　上出　寛子　より

次の研究会での講演に際してお願いがございます。

スタンレー電気さんでの講演の時のように、本田宗一郎様のお声を流させていただけませんでしょうか。わたしの講演タイトルは「ロボットと人の共存における仏教哲学」というもので、話の流れとしては、

①本田様のお声
②ロボット技術の発展に仏教哲学が必要な理由
③三性の理

と考えております。

今回の会はクローズドなもので、研究に対する研究者の本心を示して議論する場のようです。

わたしはこの場で、科学技術にとって仏教哲学がいかに重要なのかを、できるだけ説得力をもって表現したいと思っています。

領域や分野の枠組みに必然性がないことを伝えるためには、聴衆の先生方にわたしが延々語るよりも、本田様と先生のあの対話をお聞かせするのが、ずっと効果的だと思います。

そして①の本田様のお声に続いて、②ロボット技術の発展に仏教哲学が必要な理由、では、ロボットの技術開発だけが先行するのではなく、ロボットを使う人の態度や作法がどうして重要なのか、ということへ話を進め、③の「三性の理」につなげたいと思っています。

技術を社会へ導入する際には、技術だけではなく、技術を扱う作法も同時に導入する必要があると思っています。これは、技術者だから作法のことは考えなくてもいい、文系の人に任せておけばいい、ということではないと思います。そこで仏教哲学が必要となることを、先生方に少しでも考えていただく機会になれば、と思っています。

本田様の件、お許しいただけましたら幸いです。どうか宜しくお願い申し上げます。

森　政弘　より

上出　寛子　様

件名：**本田様のお声どうぞお使い下さい**

二〇一六年三月二四日

拝　復

「本田様のお声」は、貴女はいくらでもどしどしお使い下さって結構です。善用ならばいくらでもどうぞ。

講演、頑張って、と言いたいですが、もっと上を目指して、「楽しんで」下さい!!　ここ数日は花冷えと言うか、宮崎も冷えています。でも、近所の山々では、山桜が満開です。それにつけ、

「桜散ル　舞ヒヲ手向《たむ》ケツ　仇風《あだかぜ》ニ」

（柳宗悦《やなぎむねよし》著『南無阿弥陀仏』岩波文庫、三二五頁）

を思い出しました。自分を殺す敵にさえも報恩する、この気持が仏教です。（『法華経』の提婆《だいば》達多《だった》品《ほん》参照。）

講演、楽しんでやって下さるよう応援しています。では、また!!

二〇一六年三月二五日

**件名：ご許可ありがとうございます**

森　政弘　先生

上出　寛子　より

ご連絡とご許可をありがとうございます。

本田様のお声を、先生方にも聞いていていただけることはとても嬉しいです。『臨済録』の金言「随所に主となれば立処皆真なり」をわたしも心がけて、講演と先生方との議論を楽しめるようにしたいと思います。この金言を体現される方々が集まれば、分野や専門を超えて「真」の部分でみんなつながる、と思っております。

是非、先生方と真摯に楽しく議論できるように頑張ろうと思っています。

取り急ぎ、お礼申し上げます。ありがとうございました。

二〇一六年三月二七日

件名：**重大な質問**

森　政弘　先生

上出　寛子　より

本日は仙台はとてもよいお天気です。いかがお過ごしですか。

先日の研究会で、本田様のお声とともに仏教のお話をさせていただきました。

技術開発とそれに対する評価だけでなく、ロボットに対する作法を整えるために、「三性の理」という価値の理論を心得る重要性を説明させていただきました。技術関係の先生方にも、ご関心をもって聞いていただけたという手応えがありました。

いただいたコメントの中には、技術が無記であることをユーザーが自ら気付くためには、技術の善の価値のみを宣伝するのではなく、様々な善悪の例をあらかじめ見せていくことが大事なのではないか、というものもありました。

ひとつ、非常に難しい質問をN先生からいただきました。その質問の内容は以下のとおりです。人間がサステイナブル*でいることを脅かす可能性のある原子力や核などをどのように扱い、対処していくのかという問題で、現状、とても悩んでいたり困っている人たちがいる。そういう人たちに対して、仏教哲学はどのように答えるのか、という質問です。

技術が無記であるというだけでは簡単で、十分だとは思えない。そういう風に言えばもちろん広報としても正しいし、たとえば学長など立場のある人にとっては聞こえのいい答えではあるが、実際にそういう問題に直面している人たちに対して、原子力や核などは無記です、というだけでは、適切ではないと思える。

またさらに、こういう質問に対して、はっきりとした答えを示すことは難しいというだけでは、哲学的に真摯《しんし》な態度とはいえない——ということでした。

＊注：サステイナブル【sustainable】とは、地球環境を保全しつつ持続が可能な産業や開発などについていう。

わたしは、人間がサステイナブルでいなければいけないという前提そのものが疑えると思いますし、原子力や核が善か悪かという次元で問題を立てようとする問い方自体を考え直すことが、無記の重要な点である、ということを改めて説明させていただきました。しかしながら、N先生がおっしゃるとおり、実際に深刻な問題に直面している人たちに対して、原子力や核は無記ですと回答するだけでは、不十分であるとも思います。

また、人間がサステイナブルでいなければいけないというのが、単なる仮説だということも、一般的にはタブーに近いことだと思ったので、積極的には論じませんでした。

昨年度のロボット学会で先生は「三性の理」について、核兵器や原子力といった規模のとても大きな価値について質問をされたら、僕が答えるから、わたし自身は答えなくてよい、とおっしゃってくださいましたね。あの時には、そういう質問は出なかったのですが、昨日、この質問をいただき、自分ではやはり、上手に十分な返答ができませんでした。N先生には「後は持ち帰って検討させていただきます」とお答えするのみでした。

わたしの昨日の回答は、自分としては精一杯正直に答えたつもりなのですが、やはり問題意識の次元が異なる場合には、合意を導き出すことは非常に難しいと、実感いたしました。同時に、

N先生のご質問も、ごもっともだと思っています。
このような質問にはどのようにお答えすればよいのかを、どうか教えていただけませんでしょうか。

願い

上出君は重大問題に行き当った。よしこれを契機に、さらに育ち難関を乗り越えて行く力を身に付けてもらおう。（森）

二〇一六年三月二七日

**件名：重大な質問、への御返事**

（添付ファイル：花開蝶来と無心）

上出　寛子　様

森　政弘　より

拝　復

宮崎はまだ花冷えです。ストーブも時々ですが点《つ》けています。

＞技術関係の先生方にも、ご関心をもって聞いていただけたという手応えがありました。

それは結構でした。

＞ひとつ、非常に難しい質問をN先生からいただきました。

そういう実戦的現場でご自分を鍛えて行って下さい。それでこそ本当に身に付きます。

以下にご質問にお答えします。

（一）「サステイナブル」の問題について。

この言葉は、この頃は、地球環境を保全しつつ持続が可能な産業や開発などを意味すると、Googleで検索すれば出てきます。しかしこの言葉は、かっこよく聞こえますが、地球環境保全が人間のためだとするならば、それは人間のエゴです。

それで、真っ先に押さえておかなければならないことは、諸行無常と宇宙の大生命のハタラキ（縁起）によって、一切は出来上がり、流動し、変化し続けている、という真理についてです。

ですから開き直って言えば、人類も地球も何千万年か後には、消えて無くなると言うことができます。そして、その無くなること自体が生きているということです。これが仏教的な生死の超え方です。『臨済録』にある最も重要な金言「真正成壊《しんしょうのじょうえ》」＊です。すべての存在は、出来ては壊れ、壊れては出来る、の繰り返しです。これが存在の真相です。

**＊真正成壊**……『臨済録』の中で、門外不出とされているくらい、

最も重要な言葉。一口に言えば、生じては滅するということが、真理である、ということ。正しく物事を観れば、すべては、先ず出来上がり、次ぎにしばらくその状態を保ち、やがて壊れ、無くなった状態が続き、また出来上がる、ということ（成住壊空《じょうじゅうえくう》）を繰り返しているという真相が納得できる。このハタラキの大本が「二元性一原論」の「原」である。

「日々新たに」と世間では気軽に言っていますが、真正成壊から出た大変なことなのです。ですから臨済宗の修行は、何年も坐禅し抜いて、ようやく達成出来たと思うと足下を払われて、一からやり直しなのだそうです。これは老大師様から伺いました。

坐禅以外の修行に作務《さむ》があります。掃除も作務のひとつですから、掃除を懸命にやります。臨済宗の寺の床は舌でなめ尽くしたようにきれいに掃除されていますね。きっと保春院様もそうだと思いますが。それで、そのなめ尽くす掃除が出来るようになると、「お前たち掃除したと思っているらしいが、ただゴミを移動させているだけではないか！」と足払いを食わされるのだそうです。「これにはわしも降参した覚えがあるよ」と老大師様は言っておられました。

こんな次元からすると、生き延びたい気持は、人間の煩悩と言えましょうね。

（二）キーポイントは「制御」にあります。

拙著『（続）「非まじめ」のすすめ』（講談社文庫、一九八五年三月発行）の解説を老大師様が書いて下さいましたが、その冒頭で、

「この本をめくると「始めに制御ありき」とある。この文句を見て感動を覚えない人はこの本を読む資格はない。聖書を読んだことのある人ならヨハネ伝の冒頭に「太初に言あり　言は神とともにあり　言は神なりき」の一節を思い起すであろう。「始めに制御ありき」とはこの聖書の文句に匹敵する程すばらしい文句である。……」

と、お書き下さいました。

この意味は「制御」は、宇宙の大生命のハタラキであって、森羅万象は制御あってこそ成り立っているのだと言うことです。これは自分の体の健康を考えてみれば直ぐ分かりますね。食べたものが消化され排泄されるまでの内臓の営みなど。制御が失調すれば病気です。

大きくは、良寛禅師の「花開蝶来と無心」という漢詩*が示す通り、花が咲いた時蝶が来るし、蝶が来た時に花が咲いているという現象を制御の観点から眺めると、大自然のハタラキの偉大さに合掌するばかりです。

現在の人工物は、花が咲いた時蝶は来ませんし、蝶が来た時花は咲いていないので、話にならないのです。人類文明の大失敗です。

**＊良寛禅師の詩「花開蝶来と無心」**

花無心招蝶　　花は無心に蝶を招き
蝶無心尋花　　蝶は無心に花を尋ねる
花開時蝶来　　花開く時蝶来り
蝶来時花開　　蝶来る時花開く
吾亦不知人　　吾れまた人を知らず
人亦不知吾　　人また吾れを知らず
不知従帝則　　知らずして帝則《ていそく》に従う
（帝則とは、天地の道理・真理のこと。森読み下し。）

(三)「三性の理」で、制御不可能なものは「善」ではない。
それで、三性の理に「制御」を融合させると、
「制御」の効くものは「善」だが、「制御」不能になると悪に転じる、

と言うことが出来ます。自動車などその好例です。

（四）核力について。

＞わたしの昨日の回答は、自分としては精一杯正直に答えたつもりなのですが、やはり問題意識

＞の次元が異なる場合には、合意を導き出すことは非常に難しいと、実感いたしました。同時に、

＞N先生のご質問も、ごもっともだと思っています。

＞このような質問にはどのようにお答えすればよいのかを、どうか教えていただけませんでしょ

＞うか。

結論は、

①「制御」不能なものには手を出すな。

②だから原発は止めるべきだ。

③大津波で壊れた東京電力の原発の処分は、一刻も早く完了すべきだ。そのためのロボット

は種々開発されている。

④万一、ロボットではやれない場所があるのならば、決死隊を募集して処理するより他に方

法はないのではないか。

⑤ここが非常に大切な点ですが、「核力は神である」から、感謝し、拝むこと。前に語った

『法華経』「提婆達多品」です。太陽は核力で光っており、地球に大切な光などを注いでるのですから、われわれは生きていられるのです。

考えようによっては、地球が太陽から適当に離れた距離にあるということは、制御されているとも観られます。金星のように太陽に近いと、灼熱地獄ですし、火星ほど離れていては、氷の世界になってしまいます。

結論は、上記ですが、これを仏教に関心の浅い学者先生に教える方法となると、難しいですね。「機」を見ることが大切で、「啐啄同時《そったくどうじ》」でなければならないでしょう。

今日はこんなところで、勘弁して下さい。N先生も仏教を学ばれるといいですが。ともかく貴女は非常に良い勉強をされたと思います。では、また!!

森　政弘　より

上出　寛子　様

二〇一六年三月二七日

件名：**追伸：「無記は神」です**

先便で、貴女にとっては極めて大切なことを書き忘れましたので、追加します。

「無記は神」です。

無記は大宇宙のハタラキによって作られた、尊い存在です。
無記は、不価値でなく非価値なのです。

善・悪といった価値は、わがままな、人間の勝手な要求なのです。自分たちに気に入れば「善」、気に入らない時「悪」と分別しているに過ぎません。
これを肝に銘じて、講演されますよう。では!!

上出　寛子　より

二〇一六年三月二八日
件名：**重大な質問からの学び**
森　政弘　先生

大変重要なことをまたお教えいただきました。本当にありがとうございます。
一対一の対談ではなく、多くの方々に一度にお話しをさせていただく場合、聞いてくださっている人それぞれに信念があり、また、仏教について考える視点も違います。今回のように厳しい質問をいただき、上手に着地できないことは、これからも出てくるのだと思います。そのたびごとに、次の場面へ活かせるように、それを糧として、成長していきたいです。

今回、厳しいご質問をいただきましたが、先生に新たに教えていただいたことを十分に考える機会を得ることにつながり、また、次のチャンスに活かせることにもつながったと思うと、大変ありがたい気持になります。

「真正成壊」というハタラキについて、改めて深く考えさせていただきました。

人間がサステイナブルでいるために、という目的にはエゴが入っているということを、多くの方々に堂々と言うことは確かに非常に危険です。

そして、そのような禁句の真意を十分に把握していない方々が全員納得するような、制御できない技術を扱うための画期的な解決策を示すことも不可能です。

今回しみじみ思ったことは、仏教の教えは、師から教えてもらうだけではなくて、自分で見つけて納得しようとしないと体得できないものなのだろう、ということです。

「三性の理」も、「二元性一原論」も、「他の誰か」や「何らかの学術分野」が作ってくれた、世界を説明する「使える」理論として、自分の外部にあるかのように「使っている」だけでは、「諸行無常」も「真正成壊」も表面的な知識としてしか、自分の中に入ってこないと思います。

知識として知っているだけではなく、自分自身が仏教の真理に寄り添おうと思わない限りにおいては、どんな言葉を並べられても、いくらでも反論、否定が出てきてしまうのだと思います。あくまでも個人の主体的な実践の内に真理が体現されていくのであって、仏教的な教えというものは、研究会の講師の先生から知識として教えてもらうようなものではない、ということです。だからといって、今回のような厳しい反論が出てきたときに、口を閉ざして何も言わないのでは菩薩行にはなりませんね。

聞いてくださった先生の中には、人間の存続が最優先されることには必然性がないことについて、まったくそのとおりだとおっしゃる先生もいらっしゃいました。

先生のおっしゃるとおり、啐啄同時の機会をうかがいながらお話しさせていただこうと思います。今回も大変良い経験をさせていただきました。

制御のできないものは「善」ではないこと、そして、無記は非価値であることを十分に心に留めておくよう、これからも心がけます。

「核力、無記は神である」ということを忘れてしまうと、善悪の次元の議論に引きずられてしまいますね。今回は、原発というあまりにも規模が大きい技術を、無記で済ませていいのかと、立場のある先生からご指摘いただいたわけですが、そこで、核力自体が無記であり、拝むべき対象であるということに立ち戻る議論ができなかったのは、わたしの弱さだと思います。

先生の『(続)「非まじめ」のすすめ』がAmazonで見つかりましたので、購入して、拝読させていただきます。

「始めに制御ありき」はロボット哲学にとって金言です。

「花開蝶来と無心」も拝読させていただきました。どうもありがとうございました。

今回も大変良い勉強をさせていただきました。先生のお言葉はとても心強いです。本当にありがとうございます。

# 第一四章　上出、国際会議で仏教哲学を紹介

二〇一六年四月五日〜
同年四月二八日

二〇一六年四月五日

件名：**もの離れ論、諸行無常**

上出　寛子　様

森　政弘　より

しばらくご無沙汰しました。今日は宮崎は二五度で暖かく、春本番です。

拙著『(続)「非まじめ」のすすめ』入手できましたか。和尚様の解説文は巻末一九七頁にあります。「制御」ということは本当に大事です。「原」のハタラキですから。

確かトヨタのPR誌に「自動車とその世界」というのがありました。そのPR誌は、中身の程度が高く、ユニークな論説がいろいろありました。その中に「もの離れ論」という随筆があり、確か、有名なSF作家、小松左京さん(僕が「不気味の谷」を言い出した時の鼎談《ていだん》者の一人)の著だったと思います。今になって気付いたのですが、その「もの離れ論」は、仏教で言う「自己否定」に通じています。

「もの離れ」とは、こういうことです。物が成長変化して行く過程を眺めると、

(1) 物が最初に発明される――この時点では、車に例を取れば、走ることに価値がある。燃費・効率などは問わない。飛行機ならば、一〇メートル飛べば大成功。

(2) 技術が進み、機能することが当たり前になると――より速く、より遠くへ、燃費少なく、

という要求が出てくる。この期には、多くはその物の色は「黒」が多い。
（3）技術が完成に近付き、その物が普及し、大衆化されると、色も黒以外が登場する。水色の扇風機や、白いピアノなどその例です。そして、この時期からその物の価値の重点が変わってくる。ブランド嗜好が現れ、壊れていても、それを持っていることが誇りになる（腐っても鯛）。

となるという訳です。この現象を「もの離れ」と言うのです。

小生この現象は、最初読んだ時には、ただ穿《うが》ったユニークな観方《みかた》だぐらいにしか思いませんでしたが、その後考えてみると、「諸行無常」の現れでもあり、自己否定でもあり、したがって「無我」にも通じます。

和尚様がしばしばおっしゃっていました。

「そうであって、そうでないものになれ」

と。これは禅の奥義の一つです。自己否定でもあります。貴女や僕は、学者であって学者でない者に成らなければいけません。つまり、大学で学問研究をしながら、それを超えて、出家になる。これは今やっている仏教の修行と勉強ですね。つまり、「在家の出家」になることです。また、「出家の在家」も僧侶方には望む所です。『法華経』「観世音菩薩普門品第二十五」《かんぜおんぼさつふもんぼん》（『観音経』として広く流布）にあるように、観音様の如く、救済相手、説法相手に応じて変身しなければ、菩薩行は出来ませんから。この姿勢を仏教では「同事《どうじ》」と言い、四摂事《ししょうじ》*の一つです。

**＊四摂事（四摂法《ししょうぼう》とも言う）**……人々を救済するために、菩薩が備えるべき四つの徳。
一、布施《ふせ》――物、金銭、教え等を与える。仏法の布施が最高。
二、愛語《あいご》――慈愛に満ちた言葉で話す。
三、利行《りぎょう》――相手のためになる行いをする。
四、同事――相手と同じ姿や立場になって協力する。

このように、物事はずーっとつながって、関係しています。まさに「諸法無我」です。「自動車とその世界」から、ここまでつながって来ました。

さて、先日は「重大な」問題に直面されましたね。

＞今回しみじみ思ったことは、仏教の教えは、師から教えてもらうだけではなくて、自分で見つ
＞けて納得しようとしないと体得できないものなのだろう、ということです。
＞「三性の理」も、「二元性一原論」も、「他の誰か」や「何らかの学術分野」が作ってくれた、
＞世界を説明する「使える」理論として、自分の外部にあるかのように「使っている」だけで

＞は、「諸行無常」も「真正成壊《しんしょうのじょうえ》」も表面的な知識としてしか、自分の中に入ってこないと思
＞います。

よろしい！　いよいよ貴女も巣立ちの時期ですね。

そのような真剣勝負の修羅場を何回も経験してこそ、人格が向上し、話術も上達するのですから、講演の真剣勝負は仏からの賜物です。

どうぞ、一生懸命に羽ばたいて下さい!!

二〇一六年四月六日

件名：**お返事とARSO 2016**

森　政弘　先生

上出　寛子　より

ご連絡をありがとうございます。

「学者であって、学者でないものになる」ということを肝に銘じました。

これからも厳しい質問に出会うことがあるかと思いますが、逃げずに真摯に向き合っていきたいと思っています。

そこで、今年の七月に上海で、ロボットの社会的な影響についての国際会議（ワークショッ

プ）ＡＲＳＯ*というものがあります。仏教哲学を英語で説明するのは、とても困難な気がするのですが、海外で一度、「三性《さんしょう》の理」の話をしてみようと考えております。
このことについて、先生のご意見をお聞かせ下さいませ。

＊注：ARSO：Advanced Robotics and its Social Impacts という国際会議。

願い

仏教を本当に理会するには、一度、理性とか合理主義の世界を飛び出すことが絶対に必要だ。ぜひそのことは教えて上げたい。その他、教えて上げたいことが沢山ある。次から次へで大変だろうが、上出君なら分かってくれるだろう。（森）

二〇一六年四月七日

件名：**ARSO 2016 ご返事と、理性の世界からの脱却**

上出　寛子　様　　　　　　森　政弘　より

拝　復

メール拝見しました。

＞仏教哲学を英語で説明するのは、とても困難な気がするのですが、海外で一度、「三性の理」
＞の話をしてみようと考えおります。

すごい意気込みですね。その点は結構ですが、おっしゃる通り、仏教哲学を英語に訳すのは、非常に難しいです。表現が悪いですが、ハッキリ言って「冒険」ですね。仏教語には、その対応英語がないことと、中身が矛盾に満ちているからです。

ですから、仏教の英訳は十分に用心して取りかかる必要があります。早い話「無記《むき》」をどう訳しますか？　これ肝心要ですよ。合理世界に閉じこもっている欧米人に対しては、言葉を置き換えるという訳し方程度では、何も通じないと思います。

それで、貴女が英訳された原稿を投稿前に僕に見せて下さい。僕は英会話はだめですが、専門分野の論文英語くらいは分かりますから。

そう言えば「理性の世界からの脱却」が、仏教理会を本物にするということを心得て下さい。人間が悩んでいる時は、必ず、「矛盾」にぶつかっています。

仏教はそれを超えるのに「矛盾」を善用したのですね。矛盾を矛盾で超える。ここに気付けば、仏教の要点はすぐ手に入りますが、残念なことに科学技術者は、理性（その本質は合理）こそが最高の知だと信じ切っていますね。（「二元性一原論」は矛盾そのものです。）そこが、科学技術者がなかなか仏教に入れない理由でもあり、我々が説得に苦慮する理由でもあります。

そこでアドヴァイスです。学会などで詰問されても、どうせ、お前の説は論理的におかしい、などという合理的な詰問に決まっていますから、

真理の真相、仏教的に言えば、この世の実相、というものは、

「矛盾」だ

と開き直れば、たじろがないで済みます。

本田様のお話には、その基本的矛盾が入っているので、一言居士も黙らせることが出来たわけです。

『一禅者の思索』（講談社学術文庫、七九二）鈴木大拙著を推薦します。これは禅学者鈴木大拙先生（鎌倉円覚寺に縁の深かった）が、ロンドン大学で講演された講演録の抜粋和訳で、禅の奥義が沢山語られています。Amazon で入手可能です。この講演は、仏教を英訳する参考として、とてもよろしい。「理性を最高のものだと思うな」という説明で一貫されています。

普通の賢い人は、自分が理性の枠内に閉じ込められていることに気付かないのです。貴女は一度、この理性という世界から飛び出して、自在になって下さい。つまり、理性の中への出入り自由です。理性が要る時は理性世界に入り、それが邪魔をする時はパッと飛び出す。……これが仏教的な生き方です。

ロボティクスに限らず、あらゆる物事は進歩して、最後に行き着く所は「矛盾」とか「空」とか「仏教」と言う所です。その意味では貴女は早くから仏教に目覚められて、外側から眺めるのではなく、中へ飛び込んで修行・勉強されているわけで、幸せです。

すごいですね仏教は！　その仏教の真理を発見されたのがお釈迦様で、明日四月八日は「降誕会《ごうたんえ》」と言って、釈尊のお誕生日です。そのお祝いがすべてのお寺で行われるはずです。保春院様でもそうではありませんか。

外から仏教を眺めている人の考えは、本屋に例えれば、仏教は宗教という棚の一部という理解でしょうね。料理とか、家庭医学とか、パソコンとか……と、同列のひとつでしかありません。仏教の中へ飛び込んだ者の考えは、仏教が本屋全体で、その中に料理も、医療もパソコンも……すべてが入っている構造になっています。

そして僕も和尚様から言われたのですが、貴女も「仏教というものに対する抵抗感が全くない」。これは宗教者には非常に大切な姿勢です。仏道修行では「抵抗感」を嫌います。仏教の話を聞いて、「なるほど」と思う人は幾らでも居ますが、仏教の世界へパッと飛び込んでしまう人は少ないです。

道元禅師の道歌のひとつに、

「春風に綻《ほころ》びにけり桃の花

というのがありますが、これには大切な点が二つあります。

第一は、「うたがいもなし」で、「信」の基本を述べておられる点です。爪の垢ほどでも疑う気持があったら宗教は落第です。和尚様は「「南無」と称えたら、自分の命を仏に預けたと思え」と、しばしばおっしゃっていました。

第二は、自分の心の持ち方で見え方は変わるという教えです。桃の花一輪を見ても道元禅師がご覧になれば、ただ美しいだけではなく、「うたがいもなし」と観えるのですね。生れて育つ赤ん坊は母親を信じ切っている。そこですよね。

ところで「ものの観方」についてですが、今日お伝えしたいことは、見るハタラキについても、陰・陽の協力があって成り立っているということです。

見る・聞くは決して単純な受動的作用ではなく、能動が強く関係しています。唯識論（仏教的認識論）には、このことは、暗闇の中でこわいこわいと思っていると、ロープに足を引っかけただけのことなのに、蛇だ！と思う、という例えがあります。これは古来、蛇縄麻《だじょうま》の例えとして伝わって来ています。つまり内なる心のあり方で、見え方や聞こえ方が変わってくるということです。要するに、見えるというハタラキも、仏教の基本「陰・陽」的なのです。

もう一つの古来の例え話を持ち出せば、（ただし、昔のこととて、今では禁句になっている女中という言葉が入っていますが、その点はご承知おきください。）

「手をうてば鯉は餌と聞き鳥は逃げ
　女中は茶と聞く猿沢の池」

ポンポンと手をたたくと、池の鯉は餌がもらえると思って岸辺に寄ってくる。しかし同じ音なのに、鳥は危険だと感じて逃げてゆき、旅館の従業員はお茶を出してくれる、というわけです。外側の物理現象としては、同じ音波なのに、内側の心の違いによって、三者三様のまったく違った認識をしているのです。ですから、道元禅師様は、桃の花一輪の観方が凡俗とは違っていらっしゃるのですね。

それから更に、くどいようですが、

「仏教は釈迦主義ではない」

という基本を忘れないで下さい。仏教はお釈迦様が「発見」された天地の真理であって、お釈迦様が「発明」されたアイデアではないのですから。

しばしば、この点を間違えて発言し、主張する論評があります。仏教は、資本主義、共産主義、……などと並ぶような、人為的なアイデアではありません。「主義」というものは、基本的に、言葉で表される相対的なものですから、必ず反論が出て来ます。だから偉そうに「釈迦が」「釈迦の説では」「釈迦は言った」……などと、聖者を呼び捨てにして恥じない知的文化人が多いのです。愚かで憐れむべきですね。お釈迦様、とか、釈尊、とかと敬語で呼ぶべきです。

仏教には「反論」というものは成立しません。絶対的なものですから。仏教の最後は、和尚様のように「沈黙」です。語れば相対に堕落します。――しかし貴女や小生は、そのことを承知の上で講演する必要がありますね。

ですから、「仏教」の英訳は"Buddhism"ではだめです。"……ism"は不適当です。正しくは"The teaching of Buddha"としてください。この点はぜひお願いします。

もうひとつ注意事項として、仏教者の臭みが出ないようにされると、好ましい人格になります。「私は良いことをしているのだ」という気持を仏教は嫌います。「無心」でなければ清浄ではありません。仏教の求める清浄性は「無色透明」です。

「何もない」のが一番清らかで美しい。どんなに綺麗なものでも、存在することそのことが、清浄性を汚します。

重ねて、道元禅師の道歌に、

「水鳥の行くも帰るも跡絶えて
　　されども道は忘れざりけり」

があります。この「跡絶えて」が、さすがですね。飛行機は飛行機雲を残すのでだめです。「道」には「仏道」と渡り鳥の「飛ぶ道」の二つが掛かっていますね。

今日も長話になってしまいました。僕は、少しでも多くをお伝えしようとしているので。では、今日はこの辺で!!

省察

仏教に対する抵抗感がない、と先生におっしゃっていただけるようになっているのは、こうやって、様々な教えを先生が丁寧に教えてくださっているからだわ。論理で説明できる力がなければ、研究者としてはやっていけないと思っていた学生時代であれば、論理も矛盾も同時に成立することなど、これほど当然のようには思えなかったと思う。今では物事の本質とは、相反するものが助け合って成立しているという矛盾と、整合性をもって論理的に考えるという思考の、両方を行き来することの方がずっと自然で明白であるように思う。先生はこれまでずっと、わたしの頭の固さに合わせて、色々と教え方を自在に工夫してくださっていたのね。

二〇一六年四月八日

件名：**ARSOご忠告ありがとうございます**

森　政弘　先生

上出　寛子　より

まず、ARSOの件、ご忠告ありがとうございました。英文が完成しましたらメールにて原稿を送らせていただきます。先生にチェックしていただけるとのことで、Kamide & Mori として投稿させていただきたいと思います。どうかよろしくお願い申し上げます。

無記や二元性一原論をどのように訳すのか、本当に難しいのですが、無記はそのまま"Muki"しかないかなと考えています。禅も英語では"Zen"ですね。

仏教語は、確かに英語で表現しにくいと思います。そう考えると英語を母国語として話す方々がいる場で、矛盾の本質をつたない英語で説明するということは本当に冒険というか、無茶なことをやろうとしているとは思います。だからといって日本の外で話すべきではないという理由もないですし、きっとためになるご指摘、ご叱咤をいただけると思います。

わたしも「安心ロボティクス研究専門委員会」で先生にご講演いただだいた際には、仏教哲学を哲学の一分野と思っていたため、論理的な矛盾がないかどうかといった疑いの気持を持って、仏教をとらえていました。どの段階でそういう疑念がすっかりなくなったのかは、はっきりとは断定できませんが、先生に坐禅会へ連れて行っていただいたり、仏教の本をご紹介していただいて拝読したりするうちに、抵抗感はすっかり消えてしまいました。その中でも、先生からこのようにメールで様々教えていただいていることが、わたしの抵抗感が消失した一番大きな要因です。改めてお礼申し上げます。

今年は科研費の基盤研究（B）が採択されましたので、研究活動にも励んでいきます。仙台の桜は満開です。明日は保春院様へ行って、写経か坐禅をさせていただく予定です。論文の原稿、しばらくお待ちください。どうかよろしくお願い申し上げます。

願い

上出君はずいぶん仏教哲学をものにしてきた。これからは、もっと程度を上げたことを教えて上げたい。（森）

二〇一六年四月一六日

**件名：失敗競技会（エラ・コン）の物語**

上出　寛子　様

森　政弘　より

今日はエラ・コンについてです。

(A) エラ・コンの物語

拙著『(続)「非まじめ」のすすめ』(講談社文庫)は、すでにお手元にあることと思います。和尚様のこの拙著についての解説文は巻末一九七頁からにありますが、今日は、この第三章「新しい祭り」に関してです。

何せ、一九八五年発刊という三〇年も昔のこととて、僕はすっかり、自分で書いた中身を忘れてしまっていたので、ここ二～三日読み直してみました。そしたら、是非貴女に読んで置いて頂きたいと思ったのが、この第三章「新しい祭り」です。

この章は、自在研が(価値の)「三性の理」を応用して、京都にあったナショナル(現在のパナソニック)の下請けをしていた、八《や》洲電機《しまでんき》という中小企業全社を元気付けた物語です。称して「失敗コンテスト」、つまりエラーコンテスト、略して「エラ・コン」、の物語です。

きっと貴女のご参考になると思いますし、そこに出て来たアイデアはとても面白いです。客に出したお茶の茶殻で紙を抄《す》いて出来た「茶紙」とか、上から下へ向かって真っ直ぐに伸びて、下向きに大輪を咲かせた菊「逆さ菊」等……痛快です。

和尚様もその時に審査員として加わって下さいましたし、廃物も含めて失敗を供養する行事も行ったのでした。

当時コモドール社から、世界最初に売り出されたパソコン、ＰＥＴ（メモリーは、たった八キロバイト――後に六四キロバイトも出ました）の廃品を中央に、社員全員の、人には言えなかったであろう失敗談を書いて封筒に密封した書状、それに花を飾った祭壇を設け、全員で『般若心経』を唱える中で、和尚様がそれら失敗談を火にくべ、燃やして灰にし、社員の心のわだかまりを取り去りサッパリさせるという行事だったのです。

和尚様はその供養のための法語を作って下さいました。起・承・転・結の形をした七言絶句です。

大失敗矣大失敗　（起）　大失敗　大失敗
全機妙応未分明　（承）　全機妙応　未《いま》だ分明《ぶんみょう》ならず
請看実性観自在　（転）　請《こ》う看《み》よ実性《じっしょう》　自在に観《み》れば
一葉秋知天下聲　（結）　一葉秋を知る　天下の聲

一一月に行われたことも、自在研と、仏教と、この供養とが掛けてあることにも、気付いて下さい。

それから、「矣」は「置き字」と言って、読みません。形式を整えるためだけの字です。また

「看」は看板の看で、書いた通り、目の上に手をかざしてみるところから、つぶさにみる、丁寧にみるという意味の文字です。看護などの使い方が典型です。

（B）学部から大学院へ、新年度で気分一新

これまで貴女にいろいろな事をお話しして来ましたが、貴女は大分仏教哲学を身に付けられたので、もう学部卒で、この四月からは大学院入学という格好で、程度を上げてお話ししてはどうかと思い出しました。申し上げたいことは山ほどありますし、同じ事でも違った角度から説明したいのです。それで若しもキツければおっしゃって下さい。

仏教には「普門」という言葉がありますね。これは『法華経』の「観世音菩薩普門品第二十五」から出た言葉のようですが、「普《ふ》」は、あまねく、とか、広く、と言う意味ですから、普門とは、仏教はどこからでも入ることが出来るということです。また臨済宗の重要な公案（禅問答）集に『無門関《むもんかん》』というのもあるくらいです。

ですから、価値の「三性の理」は、ひとつの分かりやすい門（入口）には違いありませんし、僕が去年、貴女を連名講演へとお誘いしたのは、その入口からでした。

しかし、そろそろ貴女には「三性の理」以外の導入口を身に付けて、そこからも人を仏教へ導き入れる菩薩行をして頂きたくもなったのです。

例えば「陰・陽」の二つから説き起こすなど、分かりやすい身近な例（刃物オルファなど）は

いくらでも転がっていますから、ご自分の問題意識の方向も転回自在にして、話の引出しを増やして下さい。ではまた!!　春が来ました。

省察

失敗しても、そこから学ぼうとする主体性を失わないことや、失敗そのものを供養するなど、仏教的な姿勢というのは、人生を楽しむ基本なのだと思う。わたしも三性の理だけではなくて、色々な切り口から、仏教のことを人に伝えられるようになりたい。

二〇一六年四月一七日
**件名：失敗競技会（エラ・コン）の物語、拝読致しました**
森　政弘　先生　　　　　　上出　寛子　より

『（続）「非まじめ」のすすめ』は先週初めに届き、先週の後半は東京、大阪、名古屋と移動していて、その道中、大変興味深く読ませていただきました。表現も内容もとても面白いので、のめり込むように読ませていただきました。エラ・コンの章は、おっしゃるとおり、大いに勉強になりました。和尚様作の法語も教えていただきありがとうございます。短い表現ですが、一語一語のそれぞれに、エラ・コンの大切な側面が表されていますね。

研究においても教育に関しても、失敗を「制御」によって善転させるのは、本当に大切だと思います。学生が失敗をした時に、「役に立たない学生だ」と言う教師こそが「役に立たない」のだな、とハッといたしました。

また、善転ができるということは、世界の本来のありかたが無記であるからであって、無記の発見とは、とてもありがたいことなのだと改めて思いました。通常、人は良いことがあると、次には悪いことが起きるのではと思いがちですが、そうではなくて、いつでも謙虚に心を制御しておけば、いくらでも善転ができるわけです。これは本当にありがたいことです。

謙虚な姿勢で制御ができるように、自分の心に油が切れていないかチェックしながら生活しようと思います。そしてこれからも、仏教の教えを生活のいたるところで実践的に勉強して、活きた話ができるようになりたいと思います。

価値の「三性の理」以外の切り口もぜひ、身に付けたいです。

まだどの先生にもお伝えをしておりませんが、先週名古屋に行ったのは、名古屋大学の面接を受けに行ったからです。

七月あるいは八月から、名古屋大学へ移ることに決まりました。

トヨタや他の企業と名古屋大学が、自動運転に関する大型プロジェクトを取っていて、そのプロジェクトの特任教員になります。面接でも、もちろん仏教の話をしました。わたしの任務は、高齢者が自動運転技術で、よりよい生活を送るための社会科学的な研究をすることです。

トヨタの方や名古屋大学の先生方に、価値の「三性の理」をお話しさせていただき、

・誰にとっての善なのか？（技術そのものに価値は付与されていない）

・本当に善なのか？（高齢者が全機するための技術利用になっているか？）

などを考える重要性を説明させていただきました。

先生がいらっしゃった名古屋大学に行くのもとても楽しみですが、仏教哲学に基づいた新たな視点から、技術とはどのようなものなのかを発見していくことに、わたしはとてもわくわくしています。仏教の伝え方の幅を広げていきたいと思います。

英語の原稿、そろそろできそうです。明日には送らせていただきます。

どうか宜しくお願い申し上げます。

二〇一六年四月一八日

件名：**名古屋について**

上出　寛子　様

森　政弘　より

＞まだどの先生にもお伝えをしておりませんが、先週名古屋に行ったのは、名古屋大学の面接を
＞受けに行ったからです。
＞七月あるいは八月から、名古屋大学へ移ることに決まりました。

伺って驚き、また嬉しくなりました。名古屋大学に関しては、貴女にお伝えしたいことが山ほどありますが、先ずは必要で大事なことだけをお伝えします。

（一）お住まい：名古屋大学の官舎が割り当てられるのならば話は別ですが、マンション等を探されるのならば、「千種区」内でお探しになるようお勧めします。その理由は、

・名古屋大学に近いこと（同じ区内）、
・万一の災害の時には津波の心配が少ないこと（高台）、
・環境が良いこと（高級住宅地）、

だからです。僕の名古屋時代の家も千種区でしたので、大学へは徒歩で通っていました。

（二）覚王山《かくおうざん》日泰寺《にったいじ》が側《そば》です。

貴女や僕のような仏教徒にとっては誠に有難いことですが、

同じ千種区内にある「覚王山日泰寺」は、

お釈迦様のご真骨が奉納されている日本唯一のお寺だということです。

この物語は長くなるので次回にさせて頂きますが（東京の実家にそのパンフレットがありますから、スキャンして来ましょう）、要約すれば以下の様な事実です。

ある時、英国の探検隊のペッペが、インドとネパールの国境近くに骨壺を発見し、鑑定の結果、釈尊のお骨《こつ》に間違いなしということになり、インド政府はそれをシャム（今のタイ）等の仏教国に分骨したのでした。

その時の日本からの駐シャム大使はそれを聞き付け、「日本も仏教国だからと、分骨を依頼」し、ＯＫになったのは良かったのでしたが、その貰い受けた釈尊のお骨を日本の中のどこに納めるべきかで、もめました。京都や奈良のような寺院が沢山ある場所では取り合いになるので、名古屋市が名乗り出て、宗派に無関係な寺を建て、そこへ奉納し、住職は各宗派回り持ちということで収拾が付いたのでした。

ともかく、詳しくは次回以降にして、本物のお釈迦様のお骨が千種区にあるのです。僕は毎日その参道を通って小学校（田代小学校）へ通っていました。

僕が、元気だったら、名古屋へ行って貴女をご案内したのですが、今では不可能です。残念です。
ホンダの、世界初の本格的二足歩行ロボット「ＡＳＩＭＯ」を作った竹中君の学校も、側でした。……ああ語り尽くせないです!!
では、続きを次回以降に!!!

追伸
忘れそうなので、お伝えしておきます。
今日存在する坐禅の最高指導書として、『天台小止観《てんだいしょうしかん》』（岩波文庫、青三〇九―三、関口真大訳註）があります。この書は和尚様が昔教えて下さいました。貴女くらい坐禅されている方にはお勧めです（『岩波仏教辞典』の「止観」の説明参照）。

二〇一六年四月一九日（夜半）
件名：**名古屋について、へのお返事**
森　政弘　先生
上出　寛子　より

ご連絡をありがとうございます。

名古屋大学に異動が決まり、先生の住んでいらっしゃった土地へ行くことができるのは、本当に嬉しいことです。是非、千種区で部屋を探します。

日泰寺にお釈迦様のご真骨が奉納されているとは存じ上げず、お近くに参るだけでも大変恐れ多く思います。

坐禅をさせていただける機会もあるのでしょうか。仙台の保春院様のように坐禅会をされている臨済宗のお寺を探そうと思っています。もし先生がお勧めされるお寺がございましたら、どうかお教えください。

英語論文はまだ途中なのですが、とりあえずできたところまで送らせていただきます。

森　政弘　より

上出　寛子　様

件名：**英文論文の意義は重大**

二〇一六年四月一九日

ＡＲＳＯ二〇一六での英語論文発表は、僕は、重大な意義を持っていると思っています。世界に対して、人類を救うくさびを打ち込むという役を背負っているからです。とにかく、概念のない世界へ「新概念の切り込み」をするわけですから、仏教哲学の英訳は難行ですが、頑張って下さい!!!

僕は懸命に貴女を応援しているのです。

そこで、貴女の、また、それをお教えした僕の、「価値の三性の理」の解釈に自信を持って下さい。うぬぼれではありませんが、仏教学者で東洋大学学長の竹村牧男先生は、数年前のことですけれど、僕の「価値の三性の理」の講演をお聞きになって、「これだけ深く無記を解釈した人には初めて会った」と絶賛して下さいました。

貴女と僕と和尚様だけが、世界中で一番深く「価値の三性の理」を理解しているのです。

「二元性一原論」の英訳では、「元」と「原」の違いが分かるような書き方が好ましいです。この注文難しいですが。

「元」は、ただ二つのみなもと、「原」は大宇宙のハタラキ、という大きな違いがあります。

更に、論文の結論中とか、どこかに、「「地球を救う」とか「自然保護」という言い方は、僭越・傲慢で、その気持こそが、地球を危なくしているのだ」「人間は自然に対して「畏敬の念」

を持つべきだ」という一言が欲しいですね。人間は宇宙の力がどんなに大きなものか、人力はいかに微弱か、を知るべきです。

以上、可能な限りお願い申し上げます。では!!

注：この後、ＡＲＳＯでの発表論文の英訳について一〇通ほどのメールが、上出と森の間でやり取りされた。とくに上出はその英訳に全力を傾注し、推敲の苦労を重ねた。また森は、内容について種々上出へアドヴァイスした。特に今年の三月二七日に上出へ送ったメール内容（左記）を強調した。

「無記は神」です。

無記は大宇宙のハタラキによって作られた、尊い存在です。

無記は、不価値でなく非価値なのです。

善・悪といった価値は、わがままな、人間の勝手な要求なのです。自分たちに気に入れば「善」、気に入らない時「悪」と分別しているに過ぎません。

そしてやっと提出英文原稿の完成に漕ぎ着けたが、この間のメールやり取りについては省略する。

二〇一六年四月二五日

件名：**論文投稿いたしました**

（添付ファイル：KamideMori2016.pdf（投稿英語論文））

森　政弘　先生

上出　寛子　より

先ほど、ＡＲＳＯ二〇一六に論文を投稿させていただきました。陰と陽が表裏一体であることをナイフの事例で本文に書いていたので、ナイフの絵を新しく図3として追加いたしました。

どのような方が査読されるのかドキドキしますが、いずれにせよコメントいただけるのはありがたいことです。（この会議は査読付きなので採択・不採択があります。）

また結果が分かり次第、連絡をさせていただきます。

二〇一六年四月二六日

件名：**完成提出原稿拝受と仏教的川柳**

上出　寛子　様

森　政弘　より

英語論文難問を解決して完成され、ご提出されまして、誠にご苦労様でした。多謝です。査読をパスする事を願うばかりです。

ご苦労の気晴らしにと、「三性の理」をうまく捉えた川柳幾つかを下記に記します。すべて毎日新聞朝刊、「仲畑流万能川柳」欄に出たものです。（ただし、すでに以前貴女にお伝えしたものも含めてあります。）

・他人なら短所で自分なら長所（広島　銭形閉痔）（二〇一五／二／一（日））
・侵略を開拓と言う西部劇（武蔵野　竹とんぼ）（二〇一五／四／五（日））
・凶器だと言うが凶器は使う人（武蔵野　竹とんぼ）（二〇一五／六／三（水））
・しつこけりゃ短所で粘りなら長所（広島　鼻毛のアン）（二〇一五／七／二七（月））
・自由っていいかい俺はほんと暇（宝塚　忠公）（二〇一五／八／九（日））
・信念と言うが単なるガンコだろ（神奈川　カトンボ）（二〇一五／八／九（日））

加えて、坐禅されている貴女ならばお分かりでしょうが、

・努力している気ちっともない夢中（久喜　宮本佳則）（二〇一五／四／一三（月））

これ「三昧三昧を知らず」と言って、大事なことです。「あ、今自分は三昧（禅定）に入っているな」と言う気がした時は、それは雑念ですから。このことについては、和尚様がやかましくおっしゃいました。

それから、すでにお伝えしてある通り、四月二九日~五月一一日の間、帰京します。では!!

二〇一六年四月二七日

**件名：完成提出原稿拝受と仏教的川柳へのお返事**

森　政弘　先生　　　　　　　　　　上出　寛子　より

「三性の理」の川柳をありがとうございました。

これだけ川柳に「三性の理」に合致するものがあるのならば、似たような英語のことわざもあるかもしれません。もし採択されたら、そのような例を探すといいのではないかと思いました。どうもありがとうございました。

「三昧三昧を知らず」は、まさにロボコンで一生懸命になっている子供達や学生達ですね。研究も面白くなってくると、アッという間に時間が経ちます。坐禅ではまだなかなかそのような状態にはなりませんが、終わると頭がすっきりして、とても気持のよい気分になります。

『天台小止観』も拝読させていただいています。丁寧に解説されていて、とても勉強になります。

ところで、今年からはホンダの方にもご協力いただいて、新井先生や小菅先生と自動運転の研究を始めました。

自動車の運転が自動になると、ドライバーの注意が運転の方に集中しないので、万が一の際に危険だということがよく言われます。そこでドライバーの不注意をディストラクション（運転に邪魔なもの）として定義し、注意をできるだけ運転へ向けて集中状態を維持することを目指した研究がたくさんあるわけですが、わたしは注意を維持することだけを考えてもダメなのではないかと、考えています。

普段わたしたちは、起きてから寝るまでずーっと四六時中集中すべきことに集中して、最高レベルの注意を維持していることはあまりないと思います。そんなことをすると認知的なストレスが過度にかかりますし、心身ともに持たないからです。

本を読みながらふっと別のことを考えたり、作業の途中でついつい関係のないことに意識が向いたりしますが、これはうまく注意の手抜きをしているのではないかと思うのです。

ある程度、適度に手抜きをしているからこそ、注意すべき時には注意状態へ立ち戻ることができるし、長時間の労働もこなせるのだと思います。

ですから、運転の場合でも、完全な注意状態の維持を目指すのではなく、〝適切な不注意〟も時には必要なのではないかと考えました。

これは、本田様の、あのアクセルとブレーキのクイズからヒントを得て考えたことです。運転中の本当の【注意】とは、完全にその場の運転状況に集中している注意と、あまり集中しなくても安全に走行できそうな時には上手に気を抜く不注意との合一ではないか、ということです。何がなんでも運転に集中することが重要なのではなくて、注意すべきタイミングと、そうでなくてもよい場面をうまく切り替えられる制御が大事なのでは、と考えています。

運転中に不注意が必要だなどと突然言うと、かなり怒られそうですが、一つ上の次元の【注意】はこうなっていると思います。

研究では、この〝適切な不注意〟の役割をいろいろと実験して、調べていこうと思っています。

二元性一原論を通して世界を見ると、色々とおもしろいことが分かってきそうで、楽しくなります。でもこれは新しい創造ではなくて、そういう目で世界を見ることによる発見ですね。

先生は明後日から東京ですね。お気をつけて行ってらっしゃいませ。

二〇一六年四月二八日
件名：**仏教的川柳、心は不可解、坐禅の最高指導書**
上出　寛子　様　　　　　　　　　　　　森　政弘　より

拝　復

（一）仏教的川柳と、仏教の大切な教え

先にお送りした他にも、毎日新聞（仲畑流万能川柳）には、仏教の大事な教えに触れている川柳があります。

・言ってる事よりやってる事だよな（千葉　喜術師）（二〇一五／四／五（日））
釈尊は「ハタラキ」を重視されました。「ハタラキ」こそが「原」だからです。繰り返しますが、言葉は架空なもので、ハタラキこそが実です。教授の辞令を貰ったから教授なのではない。教授としてのハタラキがあってこそ、教授だという教えです。

・花の色いろいろあるが葉は緑（東京　ひねのり）（二〇一五／五／三（日））
仏教の大宇宙観を言い当てていますね。

・必要じゃなくてもムダじゃないんだよ（川崎　さくら）（二〇一五／五／五（火））
無分別（濁らずに、むふんべつ）、を言っています。また「無分別智」とは仏の智慧です。さらにこの川柳は、「存在の理法」にピッタリです。理性は、……のため、という合目的な考え方をして、限界に衝突しています。精神科医に聞いたら心理学もそのようです。この限界を突破しなければ、大自然の、ありのままの姿（と言っても「色《しき》」であり「仮《け》」ですが）は観られません。本当の「ありのままの姿は言語を絶したものです」。

・理屈ではなく行動という理屈（神戸　徳留節）（二〇一五／八／二八（金））
これは痛烈な皮肉とも受け止められますが、貴女や僕は次元を上げて、「言葉の限界を知りながら破る」、例えば、「静かにしろ！」と言うとその分、余計にやかましくなるのだが、言わなければ静かにならないという風に把握すべきでしょうね。

・ロボットが経読んでいるへんな夢（札幌　北の夢）（二〇一五／九／三〇（水））
小生のようなロボット屋には、重大内容です。ロボットは「煩悩はなく、本来悟った存在」（和尚様言）だから修行は要らないのです。煩悩は人間特有のものです。

ロボット研究者や人工知能研究者が解けない問題に、「矛盾」があります。「矛盾で顔をしかめているロボットを作ってみよ」は、出来ない相談ですね。

（a）その理由の第一は、ディジタルものはすべて、二値論理という合理的なもので出来ているからです。

（b）第二は、物と心との関係です。

昔、「ロボットに心を持たせることが出来る」と、うそぶいた仲間が居ましたが、ロボットに顔をしかめさせるだけならば、アクチュエーターでちょっと顔の部分を動かしてやればよいのですが、それだけでは心が悩んでいることにはなりません。

このことは、永久に不可解な問題です。

これは哲学者大森荘蔵さんの疑問ですが、脳生理学が発達して、「脳のここは体のあそこをコントロールしているのだ」という対応表は幾らでも出来てきて、部厚な辞書のようなものになるだろうが、なぜ物が心というハタラキを醸し出すのかは、あらゆる脳生理学者が突き当たっている壁です。

しかも、例えば、音楽の演奏会で、ヴァイオリンは向こうのステージから聞こえて来るではないか、頭の中で鳴っているのならば分かるが、一体向こうとはどういうことか？……など分からないことだらけですね。

## （二）その他ご返事

＞『天台小止観』も拝読させていただいています。丁寧に解説されていて、とても勉強になります。

坐禅の最高指導書ですが、難しい用語は仏教辞典を参照するなどして、お読み下さい。いよいよ貴女のレベルも大学院になりましたね。貴女がそのようにどしどし仏教を学んで行かれる姿勢は、本当に喜ばしいです。

＞運転中に不注意が必要だなどと突然言うと、かなり怒られそうですが、一つ上の次元の【注
＞意】はこうなっていると思います。
＞研究では、この〝適切な不注意〟の役割をいろいろと実験して、調べていこうと思っています。

よろしい。ですが、発言は慎重にお願いします。

「嘘も方便」ですから、知りながら世俗に合わせることは大事です。この姿勢が、四月五日のメールでお話しした「同事」の一例ですね。『法華経』「五百弟子受記品《ごひゃくでしじゅきほん》第八」にも富楼那《ふるな》（お釈迦様十大弟子の一人で、説法を得意とし、説法第一と言われた）の菩薩行物語として出ています。小生、昔ここを拝読して涙を流した覚えがあります。

＞二元性一原論を通して世界を見ると、色々とおもしろいことが分かってきそうで、楽しくなり

ます。＞

新井先生も年賀状に、いろいろ観えるようになって来た旨、お書きになっていました。「止なくして観はあり得ない」とは和尚様の教えです。ものが観え出すと、世界が広まります。＞

先生は明後日から東京ですね。お気をつけて行ってらっしゃいませ。

有難うございます。四月二九日〜五月一一日の間、東京です。この間メールは可能ですが、ご返事が遅れるかも知れません。悪しからず。

ではまた!!!

# 第一五章　『大正新脩大蔵経』について

二〇一六年五月六日～
同年五月三一日

二〇一六年五月六日

件名：**仏教的川柳、心は不可解、坐禅の最高指導書、へのお返事**

森　政弘　先生　　　　　　　　　　上出　寛子　より

こんにちは。先生は、今は東京のご自宅ですね。

わたしは昨日まで大阪におり、本日東京に参りました。明日明後日に慶應義塾大学で応用哲学会という学会があり、ロボットに対する信頼について、哲学の先生方と議論をするためです。

（一）仏教的川柳について

ありがたく拝読させていただきました。日常生活の中で、二元性一原論を自然と体現されている方がいらっしゃるんですね。本田宗一郎様や、先生の教え子、竹中透さん（ＡＳＩＭＯの開発の重要人物）はきっとそういう方なのだろうと思います。

（二）心は不可解

脳と心の関係は、先生がおっしゃるように、分析的に記述する医学や脳科学、心理学では永久に解明されないのではないかと思います。二元的な頭のままで突き詰めても、問題が複雑化するだけで、「あ、そういうことなのか」という頓悟《とんご》＊的な発見はできないと思います。

ただ、昨日、阪大時代の同期の先生方といろいろ話をしましたが、研究者という一つの見方に固定されず、世界をみる見方が自在にとれることが大事だと思いました。つまり研究者でありながら、研究者でない＊存在でいるということです。

名古屋へ移動すると次は大型プロジェクトでの研究になりますが、先生始め自在研の先生方が技術指導のために訪れていらっしゃった場所に行くことになり、感慨深いです。

お気をつけて宮崎にお戻りください。

---

**＊頓悟とは**……悟りには、頓悟と漸悟《ぜんご》の二種類がある。頓悟は一瞬のひらめきで悟りに到るものを、また漸悟は順序を踏んで次第に高次の境地に入る悟りをいう。

---

**＊そうでありながら、そうでないものになる**……これは人生境涯の極致である。たとえば、
・先生でありながら、弟子になる（弟子から習うのが最高の先生）
・在家でありながら、出家する（僧侶にならずに、仏道を歩む在家仏教）

上出君は七月から名古屋大学へ転勤との由だ。そうなれば釈尊のご真骨が祀られている覚王山日泰寺が近い。転勤の暁には、ぜひ参詣を勧めよう。（森）

二〇一六年五月六日
件名：**日泰寺縁起パンフレット**
（添付ファイル：道歌用画像、エラコン祭壇画像お送り）
上出　寛子　様　　　　　　　　　　森　政弘　より

しばらくご無沙汰しました。今東京からメールしています。
（一）「覚王山日泰寺縁起」のパンフレット
東京の拙宅にある覚王山日泰寺のパンフレット（本書の巻末に画像あり。ぜひ参照されたい）、何とかスキャン出来ましたので添付します。説明文字は小さいですがお読み下さい。日泰寺は、お釈迦様のご真骨が祀《まつ》られている、日本では唯一のお寺です。そして名古屋大学へ転勤されたら、近いですから、ぜひ参詣に行って下さい。

（二）道元禅師の道歌の写真

四月七日付のメールで道元禅師の道歌を二つお教えしましたが、それにふさわしい写真が東京の家の本箱にありましたので、古いスライドですが、添付してお送りします。講演でのパワーポイントのインサートカット*としてお使い下さい。いつもの通り著作権のことは、なしです。

＊注：インサートカットとは：元は映画編集の技術用語だが、パワーポイントの場合には、話の内容を転換したり、ちょっと気分的な休息を取りたい場合に挿入する映像のこと。

（a）水鳥の道歌のためのスライド（『禅林世語集』一七九頁）

「水鳥の行くも帰るも跡絶えて
　　されども道は忘れざりけり」

この「跡絶えて」が禅的ですね。ただ、この写真は残念なことに、夕日と夕焼けを背景に北へ飛んで行く七羽の群れが小さ過ぎるのですが……。

（b）桃の花の道歌のためのスライド

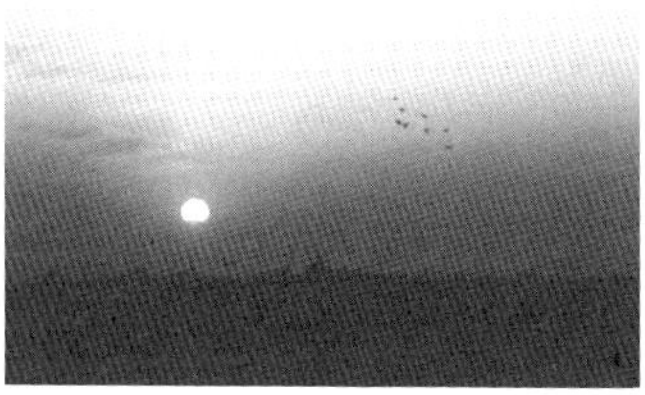

夕焼けを背景に飛んで行く水鳥

「春風に綻びにけり桃の花
　　　枝葉に残るうたがいもなし」

この「うたがいもなし」が効いていますね。仏教では、「信」とは、在りもしないものを在ると妄想することではなく、心が清浄なことを言うのです。

（三）八洲電機エラコン祭壇
何十年も昔の拙著から見付け出しました。スキャンしてみましたが、巧くは行きませんでした。和尚様が作って下さった七言絶句も右方に見えます。

ほころびた桃の花

五月一一日（水）夕方、宮崎着の便で帰ります。では、またよろしく!!!

省察
名古屋はあまりなじみがないと思っていたけれど、日泰寺があったり、先生が昔いらっしゃった土地であることを考えると、ご縁があるということなのかもしれない。それにしても〝覚王山〟という地名があるのは驚きだわ。目覚めた王様、とはお釈迦様のことかしら。

二〇一六年五月八日

件名：**日泰寺縁起パンフレット、へのお返事**

森　政弘　先生　　　　　　　　　　　　　　上出　寛子　より

ご連絡をありがとうございました。日泰寺の場所は確認させていただきました。

昨日、住む部屋を決めたところです。名古屋大学へも日泰寺へも、近い場所にしました。ぜひ、参拝をさせていただきます。お釈迦様のご真骨のおそばで暮らせるとは、大変ありがたいことです。

道歌用画像をありがとうございます。夕焼けに向かって飛んでいく鳥の群れは、本当に絵のように美しいですが、美しいのは無心だからなのでしょうね。何事にもとらわれず無心に教えを実践していれば、自ずと行くべき道が現われるのだろうな、と思わせていただける、非常に心強い風景です。良寛禅師様の、「花は無心に蝶を招き、蝶は無心に花を尋ねる……」の詩*とも通じるところがあると思いました。

**＊良寛禅師の詩「花開蝶来」**（素晴らしい詩ゆえ、ここに再掲）

花無心招蝶　花は無心に蝶を招き
蝶無心尋花　蝶は無心に花を尋ねる
花開時蝶来　花開く時蝶来り
蝶来時花開　蝶来る時花開く
吾亦不知人　吾れまた人を知らず
人亦不知吾　人また吾れを知らず
不知従帝則　知らずして帝則に従う

（帝則とは、天地の道理・真理のこと。森読み下し。）

---

エラコンのお写真もありがとうございました。失敗の大切さを忘れないようにしたいと思います。明日はよいお天気になればいいいと願っています。

願い

僕は技術者として、また仏教徒として、進歩し、ディジタル化し、複雑化して行く現代技術が心配でならない。上出君にはその推進役と同時に、ブレーキ役もして貰いたい。（森）

二〇一六年五月八日

件名：**自動運転への忠告**

上出　寛子　様

森　政弘　より

貴女は名古屋大学への転勤が決まり、お仕事の内容は自動車の自動運転に関することのようですので、左記だけは今申し上げておきます。

「人間が作ったものは、必ず故障するか壊れる」

ということを、心底に置いて研究を進めて下さい。ディジタルでは特にこの傾向が避けられません。将来の夢の世界だけを追求すると、危険です。このことは、人間世界の「退歩」の大問題なのです。この点を心得て、プロジェクトに参加されるよう祈ります。仏教に則《のっと》って行けば大丈夫です。

省察

技術に対する過信は、人間の怠慢や不注意につながり、結局は自分たちが作った技術によって、自分たちの身を滅ぼすことになりかねない。開発できる技術は開発すればいい、という技術中心的な考えだけだと、結局は自然も人間もダメになってしまう。幸いなことに、わたしの周りにいらっしゃるロボットの先生方は、技術開発だけを進めればいいとは思っておられない。こういう先生方と一緒に、技術の価値を考えながら、技術開発の方向を考えていこうと思う。

願い

上出君の仏教の勉強はかなり進んできた。『大正新脩《たいしょうしんしゅう》 大蔵経《だいぞうきょう》』に関しても、知っておいてもらおう。すると仏教の世界が眺望できるようになるから。（森）

二〇一六年五月一四日

件名：**『大正新脩大蔵経』について**

（添付ファイル：大正新脩大蔵経目次、般若部、摩訶般若波羅蜜経の一部、大智度論）

上出　寛子　様

森　政弘　より

五月一一日に宮崎へ帰って来ました。

今日は貴女へ二つのメールを差し上げます。

ひとつは『大正新脩大蔵経』についての説明で、もう一つは「風鈴の詩」です。

このメールは『大正新脩大蔵経』についてです。

『天台小止観』を読み進められると、至る所に、例えば九〇頁の註に、（一）大智度論二六（正蔵二五、二四九ページ下）の引用、と出ています。これに関してご説明します。仏教者ならば心得ておいた方がよろしいから。この引用は貴女も含めてわれわれが、ＩＥＥＥ（電気・電子・情報に関する世界規模の学会、発祥は米国）を引用しておけば信頼されるのと同じように、日本では仏教学の論文は『大正新脩大蔵経』を引用しておくことが必要最低限のマナーです。それで、

（一）『大正新脩大蔵経』の「大正」の意味について。

インドに発祥した仏教は、中国や朝鮮半島を経て、遣隋使・遣唐使らの命がけの求道心《ぐどう》により、日本へと伝来しました。聖徳太子以前の西暦五二二年から平安時代にかけてのことです。その間に膨大な量のお経がもたらされたのですが、当時は印刷術がなく、すべて筆と墨で写経したものだったわけです。夜は暗い、ろうそくの明かりで写経したのです。

写経に写経を重ねて、つまり今で言えば親→子→孫とコピーを重ねて行く内に、「月」が「日」に変わってしまうようなことはざらでしたから、どれが本来の正しいお経の語なのか分からなくなってしまいました。

そのことが昭和の前、明治の後の「大正時代」に問題になり、高麗版の大蔵経を底本として中

国で編纂された各種大蔵経を校合すると共に、日本全国の古いお寺に伝えられていた一切経を集めて照合し、例えば同じお経でも、○○寺のはここは「月」だが、□□寺のは「日」になっている、というのを脚注に書き込んだ一切経が出版されたのです。これが、

『大正新脩大蔵経』

です。これは近年の一大文化事業でした。

一切経ですから、膨大な量で、目次だけで一冊の本になっています。（添付ファイル「大正新脩大蔵経目次」は、僕がそれのコピーを撮ったものです。）

何と！　この『大正新脩大蔵経』全巻は東京工業大学の図書館の旧館のかび臭い書庫に眠っていたのを、僕が見付け出したのでした!!　国立大学の図書ですから購入日の印が押してあり、見たら昭和初期の年度末でした。

買ったまま誰も紐解《ひもと》かず、何十年も眠ったままになっており、僕が初めて開く頁ばかりで、開くとパリパリ音がしました。まことにもったいないことだと思いましたが、これは僕のために御《み》仏《ほとけ》が置いておいて下さったのだと解釈し、欲しい部分をコピーしたのです。それをスキャンしたのがこのメールの添付ファイルです。

その後ＩＴ時代が到来し、『大正新脩大蔵経』を、国中のインド哲学・仏教学系の学部のある

主要な大学の学生たちが手分けして、全部コンピューターへ入力するという、大仕事が行われ、僕はこのCD―ROMは今手元に持っています。

貴女はぜひ、名古屋へ移られる前に東北大学の図書館ででも、拝んでおかれるとよいでしょう。そしてその膨大さを味わっておいて下さい。

定年後、僕は大蔵経が側になくなって寂しく、遂に百数十万円をはたいて『大正新脩大蔵経』を自在研に備えました。買ったのは、東大赤門前にある仏教書専門の書店、

「山喜《さんき》房佛書林《ぼうぶつしょりん》」


からでした。この書店は仏教書に関しては日本一で、貴女も一般書店や通販で手に入らない仏教書は、ここに頼まれれば入手出来ます。

そして二〇〇九年に自在研が解散する時、海禅寺の後藤榮山老大師様に電話して、「海禅寺は経を焼き捨てたり、不立文字をモットーとされている臨済宗だが、『大正新脩大蔵経』を寄進したいから受け取って頂けないか」と伺ったら、さすが「何ものにもとらわれない」禅宗の姿勢で、「ああいいよ、法山《ほうざん》（現、海禅寺ご住職）に言っておくから送っといてくれ。わしも調べたいものもあるしな」と快諾頂いたのです。それで、段ボール十数箱に詰めて海禅寺へ送りました。

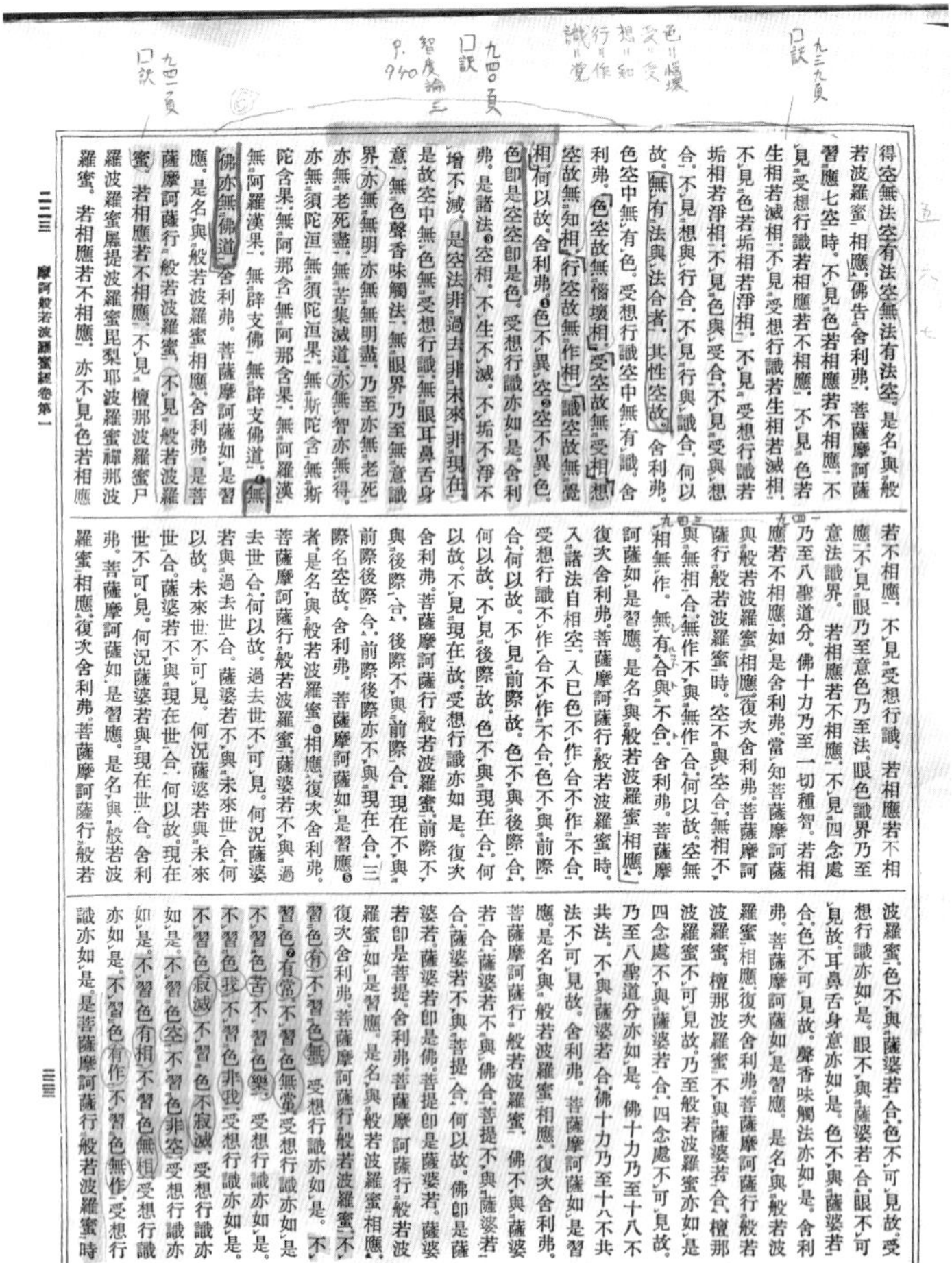

二二三　摩訶般若波羅蜜經卷第一

得空無法空有法空無法有法空。是名與般若波羅蜜相應。佛告舍利弗。菩薩摩訶薩習應七空時。不見色若相應若不相應。不見受想行識若相應若不相應。不見色若生相若滅相。不見受想行識若生相若滅相。不見色若垢相若淨相。不見受想行識若垢相若淨相。不見色與受合。不見受與想合。不見想與行合。不見行與識合。何以故。無有法與法合者。其性空故。舍利弗。色空中無有色。受想行識空中無有識。舍利弗。色空故無惱壞相。受空故無受相。想空故無知相。行空故無作相。識空故無覺相。何以故。舍利弗。❶色不異空。❷空不異色。色即是空。空即是色。受想行識亦如是。舍利弗。是諸法❸空相。不生不滅。不垢不淨不增不減。是空法非過去非未來非現在。是故空中無色無受想行識。無眼耳鼻舌身意。無色聲香味觸法。無眼界乃至無意識界。亦無無明亦無無明盡。乃至亦無老死亦無老死盡。無苦集滅道。亦無智亦無得。亦無須陀洹無須陀洹果。無斯陀含無斯陀含果。無阿那含無阿那含果。無阿羅漢無阿羅漢果。無辟支佛無辟支佛道。❹無佛亦無佛道。舍利弗。菩薩摩訶薩如是習應。是名與般若波羅蜜相應。舍利弗。是菩薩摩訶薩行般若波羅蜜。不見般若波羅蜜若相應若不相應。不見檀那波羅蜜尸羅波羅蜜羼提波羅蜜毘梨耶波羅蜜禪那波羅蜜若相應若不相應。亦不見色若相應若不相應。不見受想行識若相應若不相應。不見眼乃至意色乃至法。眼色識界乃至意法識界若相應若不相應。不見四念處乃至八聖道分。佛十力乃至一切種智若相應若不相應。如是舍利弗。當知菩薩摩訶薩與般若波羅蜜相應。復次舍利弗。菩薩摩訶薩行般若波羅蜜時。空不與空合。無相不與無相合。無作不與無作合。何以故。空無相無作。無有合與不合。舍利弗。菩薩摩訶薩如是習應。是名與般若波羅蜜相應。復次舍利弗。菩薩摩訶薩行般若波羅蜜時。入諸法自相空。入已色不作合不作不合。受想行識不作合不作不合。色不與前際合。何以故。不見前際故。色不與後際合。何以故。不見後際故。色不與現在合。何以故。不見現在故。受想行識亦如是。復次舍利弗。菩薩摩訶薩行般若波羅蜜。前際不與後際合。後際不與前際合。現在不與前際後際合。前際後際亦不與現在合。三際名空故。舍利弗。菩薩摩訶薩如是習應❺者。是名與般若波羅蜜❻相應。復次舍利弗。菩薩摩訶薩行般若波羅蜜。薩婆若不與過去世合。何以故。過去世不可見。何況薩婆若與過去世合。薩婆若不與未來世合。何以故。未來世不可見。何況薩婆若與未來世合。薩婆若不與現在世合。何以故。現在世不可見。何況薩婆若與現在世合。舍利弗。菩薩摩訶薩如是習應。是名與般若波羅蜜相應。復次舍利弗。菩薩摩訶薩行般若波羅蜜。色不與薩婆若合。色不可見故。受想行識亦如是。眼不與薩婆若合。眼不可見故。耳鼻舌身意亦如是。色不與薩婆若合。色不可見故。聲香味觸法亦如是。舍利弗。菩薩摩訶薩如是習應。是名與般若波羅蜜相應。復次舍利弗。菩薩摩訶薩行般若波羅蜜。檀那波羅蜜不與薩婆若合。檀那波羅蜜不可見故。乃至般若波羅蜜不可見故。乃至般若波羅蜜亦如是。四念處不與薩婆若合。四念處不可見故。乃至八聖道分亦如是。佛十力乃至十八不共法不與薩婆若合。佛十力乃至十八不共法不可見故。舍利弗。菩薩摩訶薩如是習應。是名與般若波羅蜜相應。復次舍利弗。菩薩摩訶薩行般若波羅蜜。佛不與薩婆若合。薩婆若不與佛合。菩提不與薩婆若合。薩婆若不與菩提合。何以故。佛即是薩婆若。薩婆若即是佛。菩提即是薩婆若。薩婆若即是菩提。舍利弗。菩薩摩訶薩如是習應。是名與般若波羅蜜相應。復次舍利弗。菩薩摩訶薩行般若波羅蜜。不習色有不習色無。受想行識亦如是。不習色❼有常不習色無常。受想行識亦如是。不習色苦不習色樂。受想行識亦如是。不習色我不習色非我。受想行識亦如是。不習色寂滅不習色不寂滅。受想行識亦如是。不習色空不習色非空。受想行識亦如是。不習色有相不習色無相。受想行識亦如是。不習色有作不習色無作。受想行識亦如是。是菩薩摩訶薩行般若波羅蜜時

❶色不＝非色㊂㊇　❷空不＝非空㊂㊇　❸空相＝相空㊇　❹（亦）＋無㊂㊇　❺〔者〕－㊣　❻〔相應…蜜〕十八字－㊣　❼〔有〕－㊣

二二三

『摩訶般若波羅蜜経』の一部

（二）（正蔵二五、二四九ページ下）の「下」の意味

上記のような『大正新脩大蔵経』ですが、その中の『摩訶般若波羅蜜経《まかはんにゃはらみつきょう》』の大事なページをスキャンしたのが、添付ファイル「摩訶般若波羅蜜経の一部」（右掲）です。ご覧になると、上・中・下の三段になっていますね。そして一行脚注がありますね。冒頭に書いた（正蔵二五、二四九ページ下）の「下」はこの三段の第三段という意味です。また「正蔵二五」は第二十五巻目という意味です。「正蔵」は「大正」と書くこともあります。これが『大正新脩大蔵経』を引用する場合の決まりになっているのです。

また脚注には、○○寺のはここは「月」だが、□□寺のは「日」になっているという情報が出ている訳です。この頁の脚注はわずか一行ですが、数行に及ぶ頁もあります。

以上でお分かり頂けましたね。

（三）『摩訶般若波羅蜜経』（二十七巻）について

『大正新脩大蔵経』の第八巻、般若部四の目次に、第二二三番目のお経として、『摩訶般若波羅蜜経』（二十七巻）鳩摩羅什《くまらじゅう》訳があります（添付ファイル「般若部」左の方参照）。これは重要なお経で（もちろん、すべてが平等に重要ですが）しばしば引用されています。その場合多くは『大品般若経《だいぼんはんにゃきょう》』と略されています。また二十七巻、とありますが、この「巻」は仏教伝来の時、お経は巻物の形で運んで来て、まだ「本」はなかったからです。量的には『大正新脩大蔵経』の

五頁分が一巻に相当します。コピーを撮ると、これも厚さ二㎝程になる大きなお経です。

漢訳のお経には訳者が付きものです。鳩摩羅什訳というのがそれで、『摩訶般若波羅蜜経』(二十七巻)は鳩摩羅什が訳したのです。ご参考までに、現在日本中に流布している『般若心経』の訳者は「玄奘《げんじょう》」です。目次の次々頁、第二五一番目として出ています。玄奘は沢山居た訳者の内の最高峰で、当時の国禁を犯して中国(唐)を出国し、ヒマラヤを越え、インドに渡り、膨大な数の経典を中国へ運び込んだのです。これも仏教のためには命がけという一例です。これを物語化したのが孫悟空の話(『西遊記』)です。

注意して経名を見ると、玄奘訳のは「般若波羅蜜多」と最後に「多」の字が付いていますが、鳩摩羅什訳のには「多」はありません。同じサンスクリット経典を訳しても、訳者によって微妙に異なります。(なお、有名な『妙法蓮華経』(略称:『法華経』)もこの鳩摩羅什の訳です。)

添付ファイル「摩訶般若波羅蜜経の一部」の三段の内の「上」に、僕が書き込んだ赤色の傍線が見えます。この部分は、ほとんど『般若心経』と同じです。『般若心経』はここから抜粋されたものかとも思われます。

(四)『大智度論《だいちどろん》』について
『天台小止観』にも時々現れますが、「大論に曰く……」という表現に出くわすことがありますが、この「大論」とは『大智度論』のことです。

大：摩訶（大きい、大小という対立を超えた大きい*、「二元性一原論」）
智：般若（二元性一原論が分かる智慧）
度：波羅蜜（人を救って悟らせる）

という対応になっており、『大智度論』は『大品般若経』を注釈したもので、『大正新脩大蔵経目録』では、第二十五巻、釈経論部《しやくきようろんぶ》上、第一五〇九番（一百巻）龍樹菩薩造《りゆうじゆぼさつぞう》、鳩摩羅什訳として出ています。

**＊「大小という対立を超えた大きい」とは**……仏教では、対立して二つに分かれることを嫌うので、仏典の中の「摩訶」とか「大」は、次元を上げた「大きい」と心得るべきである。ゆえに、仏典の「摩訶」や「大」は、下の次元の「大」と共に「小」をも含んでいる。『大乗起信論《だいじようきしんろん》』の「大」についても同じ。

この『大智度論』は、仏教の辞書とも言われ、その道では重要なものです。「龍樹」も重要人物ですから、『岩波仏教辞典』で調べておかれますよう。

それから、一切経が出来た歴史的経緯については同辞典で「結集《けつじゆう》」を勉強して下さい。これで、このメール『大正新脩大蔵経』についてを終ります。昼食後に次のメールを差し上げます。では、しばらくお待ち下さい。

省察

お経を後世に伝えて行く、ということは、本当に途方もない作業なのだと思う。数え切れないほどの人が集まって、記録を照らし合わせながらまとめ上げて、時間と空間を超えてずっと伝わってきたということを考えると、本当に感慨深い。『大智度論』という仏典の名前も素晴らしいと思う。しかし、本当に、とてつもない数の文字だわ……。まだまだ学べることがたくさんあると思えば、楽しみでもあるけれど。

二〇一六年五月一四日

件名：**風鈴の詩、盲亀浮木**

（添付ファイル：東大寺の風鈴）

上出　寛子　様

森　政弘　より

これが今日の二つ目のメールです。

先のメールで申し忘れましたが、「般若部」の頁に、第二二〇番、第五巻、『大般若波羅蜜多経』六百巻、玄奘訳があり、第六巻、第七巻と合計三冊にもなるお経が出ていますね。これがいわゆる『大般若経』で、一切経中最大のお経です。巻物だったお経は今では「折本」の形にされて読経に使われていますが、この『大般若経』はとても一回で読み切れるものではないので、儀式化されて、「大般若経転読」という行事が方々の寺院で行われています。また、この『大般若経』と、先のメールでお話しした『大品般若経』とは全く別物ですから、ご注意下さい。さて、以下本論です。

（五）風鈴の詩

良寛禅師の「花開蝶来」と同様に仏教の詩として有名で、お寺（特に曹洞宗）の屏風《びょうぶ》などに書かれている「風鈴の詩」という漢詩（左記）があります。ただし、風鈴といっても、夏に一般家庭でぶら下げるガラス製のものではなく、下図のような、お寺の軒先に下がっているものです。

東大寺の風鈴

天童山如浄《にょじょう》禅師作「風鈴の詩」

渾身《こんじん》似口掛虚空　（体全体が口になってしまって、虚空の中で）

不問東西南北風（仏教が説く完全平等に従い、誰にでも）
一等為他談般若（等しく（「一つ」は多義的）般若を語っている）
滴丁東了滴丁東《チンチャラチンチャラ》（その音はチンチャラチンチャラだ）

この漢詩で、どの文字も大切なのですが、その中でも最後の「チンチャラチンチャラ」がハタラキを表していますから、最も大事なのです（ただ、この詩は微妙な点が異なって伝わっているので、どこかでご覧になると、違った文字で書かれていることがあります）。作者如浄禅師は、道元禅師の中国（宋）での先生で、道元禅師はこの師の所で悟りを開かれたのです。有名な「身心脱落《しんじんだつらく》」の悟りの境地を得られた左記の様な物語があります（この脱落の意味は、落伍ではなく、解脱《げだつ》のことです）。

道元禅師が入宋して宋の天童山・如浄禅師の所で修行し坐禅されていたとき、隣で坐禅していた僧が警策でたたかれたその音で、頓悟され、師である如浄禅師にその境地を報告されたのが、この「身心脱落」でした。ただ如浄禅師はもともと「心塵《しんじん》脱落」（心の塵《ちり》を落とせ）と指導されていたものを、道元禅師は、身も心も脱落したという風に示したとされています。この辺のことは、「じん」という同じ発音をどう受け止めるかにもよりますね。

（六）『ブッダのことば――スッタニパータ――』（中村元訳、岩波文庫、青三〇一―一）お釈迦様が直接語られた言葉に最も近い聖典です。この中の「犀《さい》の角のようにただ独り歩め」は、僕の好きな言葉です。後藤榮山和尚様はよく「獨坐《どくざ》大雄峰《だいゆうほう》」とお書きになりました。人間は生まれて来る時も、死ぬ時も、ただ独りです。

次から次へと仏書をお薦めして恐縮ですが、この書もお薦めです。

（七）仏教で言う「有難い」と「盲亀浮木《もうきふぼく》」

仏教では、毎日「南無……」と何度も唱えます。ことに浄土宗では百万遍と言うほどです。和尚様は「南無」と言ったら「命を預けた」というつもりになれと、指導して下さいました。

「有難い」――仏教で言う「有難い」は、英語の Thank you とは訳が違う、ただの感謝ではなく、希有なことだ。仏法に巡り会った事は、

「盲亀浮木」の喩え

があるように、盲目の亀が百年に一度海中から頭を出し、そこへ流されてきた板切れの穴に首を突っ込むくらい確率が低い希なことだと思え！　と、和尚様は教えて下さいました。

貴女に僕が仏教のお話をさせて頂いているのも、盲亀浮木です!!!

安心ロボティクスの委員会で先生にお会いした際には、まさか自分がこのように、先生から仏教についてたくさん学ばせていただけるようになるとは思っていなかった。あの時は、「不気味の谷の理論を作られた、世界的に有名なロボット工学者の森政弘先生」という存在だったけれども、今のわたしにとっては、偉大な人生の師だ。わたしこそ、先生と出会えたことを考えると、板の穴に首を突っ込んだ亀の気分だわ。

二〇一六年五月一五日

**件名：『大正新脩大蔵経』について、へのお返事**

森　政弘　先生　　上出　寛子　より

ご連絡をありがとうございます。

先生に教えていただいた通り、『天台小止観』や仏教辞典を調べてみました。大蔵経はパーリ語、漢訳、チベット語訳、モンゴル語訳、など、世界中で刊行されているのですね。

一文字ずつ照らし合わせて、どこのお寺のはどういう文字になっているのか、といった途方もない作業が、様々な場所で延々と行われたのかと思うと、とても感慨深いです。今手に持っている仏教辞典や仏教関係のご本は、現在では簡単に購入できますが、今日に至るまでには、本当に長い歴史の流れと、人々の努力の蓄積があったのだと、改めてありがたく思います。

わたしが坐禅に通っている保春院様には、たくさんのご本がございます。しかも自由に閲覧させてくださいます。庭野日敬先生のご本もたまたま見つけて、パラパラとめくっていると、森先生のことをお書きになられている箇所を見つけたりもしました。

玄関の近くには大きな立派な書棚があり『大正新脩大藏経』もございました。一冊だけでも人の枕くらいありそうな、大変りっぱなご本でした。

これまでは「大蔵経があるな、すごいな」くらいにしか思っていなかったのですが、今後坐禅をさせていただく際に、ぜひ拝見させていただこうと思います。

添付していただいた「摩訶般若波羅蜜経の一部」も拝見いたしました。引用の仕方がこの書面の形式に従っている点、承知いたしました。訳者によって少しずつ表現が違うのも趣深いです。お経の膨大さに圧倒されましたが、これほど学べることがあるというのは逆にありがたいことです。

龍樹は『大智度論』だけではなく、『中論』、『廻諍論《えじょうろん》』、『空七十論』など多くをお書きになられ「空」の思想を確立した、と書いてありました。

『大智度論』という名前そのものが意味の深いものなのですね。「結集」についてはこれまでいくつかの本で読みましたが、再度、辞典でも確認をいたしました。

これから、東京へ移動して、深夜便でスウェーデン（ＩＣＲＡ）*へ向かいます。あちらへ着きましたら、二通目のメールのお返事をさせていただきます。

＊注：ＩＣＲＡ：The International Conference on Robotics and Automation. この国際会議は、二〇一六年にはストックホルムで行われた。

二〇一六年五月一七日
件名：**風鈴の詩、盲亀浮木、へのお返事**
森　政弘　先生　　　　　上出　寛子　より

ストックホルムに着きました。久しぶりの海外なので緊張しています。

「大般若経転読」については、調べる前にこちらに来てしまいました。帰ったらぜひ調べさせていただきます。

東大寺の風鈴のお写真もどうもありがとうございました。体全体が口のようになっている風鈴が、東西南北のどの方向からくる風とも分け隔て無く一体になっていて、それが般若を表現している風景ですね。このお写真を見ていると、迷っているのは人間だけ、ということをしみじみ感じます。

『スッタニパータ』のご本は、博士課程の際に入手した記憶があります。まさしく「犀の角のようにただ独り歩め」を覚えております。印象的な言葉で、博士論文にも引用しました。ただ、その時は、宗教によって最善とする目的はそれぞれ違うのだな、キリスト教は隣人愛を良しとする一方、仏教は子供に対する愛着でさえも、煩悩と言って、ひたすら執着から解放されることを目指すのだな、くらいにしか思っていませんでした。自宅にあるはずなので、探し出してもう一度読んでみます。今読むと、きっと前とは違う意味が見えてくる気がします。

仏教の「ありがたい」は「有ること、そのものが難しい」という意味ですね。わたしこそ、先生にこのようにご指導いただけるとは、本当に希で「有難い」ことであると、いつも感謝しております。

先生に教えていただいた「随所に主となれば立処皆真なり」は、新たな場面や人に出会うたびに思い出して、主体的に楽しむことができている気がいたします。ただ、「随所に主」を心がけたり、坐禅をさせていただいてはおりますが、仮想的な自己肯定感が出ているだけの状態では単なる偽物ですね。『天台小止観』を読み込んで、そうならないように気をつけようと思いました。常に謙虚でいることを忘れないようにしないといけませんね。

そろそろ梅雨も始まり、気候が変わりやすくなるかと思います。ご自愛ください。

願い

仏教が体得でき、その哲学的裏付けが納得できることは、仏道の第一だが、上出君には、仏教に関する、いろいろな知識も持って貰いたい。今日は『法華経』と『華厳経』について話そう。（森）

二〇一六年五月一九日

件名：**大正新脩大蔵経追加**

上出　寛子　様

森　政弘　より

先日はＩＣＲＡカンファレンスでお忙しい中を、メール下さって有難うございました。

『大正新脩大蔵経』について追加したいことがありますので、メールを差し上げます。

保春院様に『大正新脩大藏経』がおありになるとは良いことです。『大般若経』についてご覧になるついでに、ぜひ、目次だけでもよろしいから、第九巻「法華部全　華厳部上」と第十巻「華厳部下」を見ておいて下さい。ただこれは、仏教についての知識だけのことですが、ご覧になると、一口に『法華経』と言っても、それには三種類あることが分かります。

二六二「妙法蓮華経　鳩摩羅什訳」、

二六三「正法華経《しょうほけきょう》　竺法護《じくほうご》訳」、

二六四「添品《てんぼん》妙法蓮華経　闍那《じゃな》崛多《くつた》共笈多《ぎゅうた》訳」

の三つです。

それから、通称『華厳経《けごんきょう》』にも、

二七八「大方廣佛華嚴経《だいほうこうぶつけごんきょう》（六十巻）　佛駄《ぶつだ》跋陀羅《ばつだら》訳」と、

二七九「大方廣佛華嚴経（八十巻）　實叉難陀《じつしゃなんだ》訳」

の二種類があることが、お分かりになるはずです。この前者は通称「六十華厳」、後者は「八十華厳」と呼ばれています。

この『大方廣佛華嚴経』だけは格が高いお経です。それは、他のお経は仏様が人間に対して説かれている内容ですが、『華厳経』は「仏と仏との対話」つまり悟った者同士の会話なので、難しいからです。今年三月六日の「重重無尽」という宇宙構造の話はそのひとつです。

でも僕は、この『華厳経』の正式名『大方廣佛華嚴経』が大好きです。理由は「大方廣」と聞くだけで、心が宇宙全体に広がった気持がするからです。それもその筈、「華厳宗」の総本山は奈良の東大寺です。

歴史を調べると、面白い――と言うと語弊がありますが――八十華厳の方は聖徳太子の薨去《こうきょ》後に訳されていたのですね。聖徳太子のお生まれは、西暦で五七四年、お亡くなりになったのは、六二二年に斑鳩宮《いかるがのみや》に於いてで、實叉難陀が八十華厳を訳したのは、六九五年～六九九年ですから。この様に八十華厳は、思ったよりも新しいのですね。

一方、六十華厳の方は佛駄跋陀羅が四一八年～四二〇年に訳していて、六十華厳の訳と、八十華厳の訳の間には、二七〇年以上もの開きがあるのです。こういったところからも、インド原典を漢語に訳した訳経《やくきょう》という営みの凄さを、感じ取ることができますね。

また、「自在」と言えば『華厳経』、『華厳経』と言えば「自在」と言うくらい、『華厳経』は自在学に関係が深いのです。『華厳経』の中に「百自在」というのがあって、僕は正月の書き初めに、全紙大の紙六枚にその「百自在」を写経し、自在研につるしておいたら、和尚様がご覧になって「圧倒された！」とおっしゃいました。

更に、『華厳経』の最後は「入法界品《にゅうほっかいぼん》」です。これは有名で、善財童子《ぜんざいどうじ》が五十五人（俗説では五十三人）の善知識《ぜんちしき》（仏教の正しい道理を教え、導いてくれる人）を次々と尋ねて修行する物語で、東海道五十三次はここから出ているということです。「入法界品」は読むだけでも三ヶ月くらいかかりました。僕は二回拝読し、その善知識の数をメモに書きながら勘定したのでしたが、文章というか話がぼやけていて、結局今になっても、五十五なのか五十三人なのか確認出来ないままになっています。

カンファレンスでは良い収穫があったことでしょう。帰国されたらまたメール下さい。

では!!!

二〇一六年五月二一日

件名：**地球の危機と仏教**

上出　寛子　様　　　　　　　　　　　　　　　　森　政弘　より

今日は非常に厳しい話です。

爛熟期で資源問題や地球危機問題が明らかになった今は、『仏教新論』の巻末に書いた通り、幾つもの難問題が相互に絡み合って、普通の哲学では解けなくなっているのです。産業革命以来、人間が貪欲（仏教読みは、濁らずに、とんよく）にあおられて犯して来た文明の大失敗をどう処理すべきか――。

人類の未来は決して楽観を許しません。しかし絶望していても仕方がないので、仏教の登場なのです。

「仏にお目に掛かる場所は、極楽でではなく地獄に於いてです」

サステイナブル*ではありませんが、（俗な表現をすれば）最後の手段として、仏様におすがりして何とかお願いしますと、合掌し、祈るのみです。人間総懺悔（仏教読みは、濁らずに、さんげ）です。だから和尚様が『仏教新論』を私に書けと言われたのです。

＊注：サステイナブル【sustainable】とは、地球環境を保全しつつ持続が可能な産業や開発などについていう。

そこを『大智度論』（巻一六）には物語で巧く表現してあります。以下の通りです。

ある時山火事が発生し、森の獣は逃げ出るのに懸命でしたが、一羽の小鳥（雉《きじ》）だけは、大火を消そうと死にものぐるいで頑張っていたのです。水たまりに飛び込んで自分の羽根を濡らし、火の上へ飛んで行って羽ばたいて水滴を落す、ということを繰り返していました。客観的・科学的な目で見れば、そんなことで山火事が消える訳はありません。それを帝釈天《たいしゃくてん》がご覧になって、小鳥に「お前、そんなことで火が消えると思っているのか」と問われたところ、小鳥は「私はこの森に大変お世話になりましたし、仲間の獣もたくさん居ます。ですから私は死ぬまでこれを続けます」と決意を述べたのです。

それをお聞きになっていた浄居天《じょうご》は、その小鳥の心に打たれて山火事を消してやり、その後今日に到るまで、その森からは一度も火は出なかったと言うのです。

貴女も小生もこの気持で行きましょう。

そこで拙著『退歩を学べ』になるわけです。地球危機問題は、いきなりメーカー解散というような性急な荒療治では巧く行きません。「軟着陸」こそが大事です。だから企業は「資本主義的な儲け一本槍」でなく、まず拡大主義を止め、漸次縮小して行くのが良いと熟慮します。

今や資本主義もだめ、共産主義や社会主義も合わないことが証明されました。だから〇〇主義ではなく、天地自然の道理に従う以外に道はないということです（本書第六章、一五七頁「南北首脳会談」の記述を参照）。この天地自然の道理を書いたのが、良寛禅師様の「花開蝶来」であり、『華厳経』が説く「四法界《しほっかい》」の内の「理事無碍法界《りじむげほっかい》」です（『仏教新論』二四八頁）。正確に表現すれば「退歩による進歩」と言うべきでしょうね。

このことはホンダだけでなく、ソニーもパナソニックも、あらゆる企業について言えます。

つまり、世の人々は、人間の特徴として「煩悩を持っており」、現在の企業はその煩悩に迎合しているとしか思えません。「食べたい放題」「飲みたい放題」という宣伝文句が横溢《おういつ》し、世の中は贅沢三昧に陥り、「贅沢」は我が店、我が社の製品が如何に良いものであるかの代名詞になっています。

そして、あらゆる物が満ち足りた今、本当は不要な物を必要な顔をして売っている訳です。株価が問題になり、会社の株主総会では、「これだけ今期は儲かりました」と、社長が発表しなければ株主は承知しません。パソコンに到ってはまだ使えるのに、ヴァージョンアップの連続、それに伴ってすべては複雑化し、人々の心が疲れて、精神科医が流行っている訳です。――これらの根本原因は煩悩です、貪欲です、仏教のいう三毒の代表です。

複雑化から単純化へ！　だいたい、マイクロソフトでもサポート係への電話が、お話し中の連続などということ自体が変です。だから、人間の大部分が、天地自然の道理に目覚めなければ、救われないと思います。

結論として、非常に難しい問題が人間全部に降りかかって来ているのですが、そのことに気付いていない人々が多過ぎるのです。

貴女は以上を心得られて、「自動運転」のプロジェクトに参加して下さい。同じ自動化でも、老人や身障者には善でも、若者には悪になる（怠惰になる）ことは、もう申し上げる必要はないでしょう。繰り返しますが、あくまでも謙虚に、発言は控えめに、注意深く、「口は災いの元」ですから。そして、機を見て言うべきことはピシッと言って下さい。

ではまた!!!

省察

これまでのように、便利な技術、生活を豊かにする技術、という方向だけでは、自然も人間も破綻してしまう。ただ、経済性を追求する企業の人にとっては、人間にとって便利な売れる技術の開発を突然やめる、というのはあり得ない話だと思う。色々な立場の人がいるけれど、みんなが軟着陸できるように、こういうことを考える機会を作っていくことから始めよう。技術は目に見えるけど、心構えの重要さは目に見えない。その分、現状の危機や心の持ち方の重要性を語っても、山火事を消そうとする小鳥くらいの意味しかないかもしれない。だからといって、考えたり、実践するのを放棄するのは一番ダメだと思う。小鳥が帝釈天に言ったように、わたしも結局色々な人々や技術のお世話になって生きているのだから。まずはわたしにできる範囲内で、そして、先生のおっしゃるように、注意深く、やっていこう。

二〇一六年五月二三日

件名：**地球の危機と仏教、へのお返事**

森　政弘　先生

上出　寛子　より

昨日ストックホルムから仙台へ戻りました。

飛行機で大移動をしていると、いつのまにか心がそわそわしてしまっていたのですが、先生のメールを拝読していると、浮ついた気持も元に戻りつつあります。ありがとうございます。場というのは大事ですね。お香のたかれた保春院様のお堂が懐かしいです。

わたしはたまに、もしも本田様が、今のように過度な物や技術にあふれた世界をご覧になったとしたら、どう思われるのだろうか、と考えていました。おそらく先生のおっしゃったように技術開発の足るを知らない現状を顧みて、退歩による軟着陸の重要性を、ウィットに富んだ表現で訴えられるのではないかと思います。

先週行って参りましたＩＣＲＡは、退歩とはまったく逆でした。自動運転のセッションが多かったので、すべて見てきましたが、基調講演のＭＩＴ（米国マサチューセッツ工科大学）の先生を含め、みんなが揃って、自動運転は経済効果がすばらしい、どんどんやろう、という雰囲気でした。技術開発の必然性を主張する理由が、経済効果一辺倒になってしまっています。これを仏教では貪欲と言って心の害悪としていることは、あの場にいた欧米の先生方はご存じないかもしれません。

野口和彦先生は、このまま行くと人類が滅亡することは避けられなくなっている、滅亡の時期をいかに引き延ばせるかを考えないといけない、とおっしゃっていましたが、野口先生のような発想の人は、アメリカを中心とする技術社会には、あまりいないのかな、という印象を受けました。


わたしがこれからの一生でできることは、結果としてはほんの少しでしょう。しかし、『大智度論』の小鳥の話を心の底に据えて、また、天女様の羽衣の「劫《こう》」の例え*もありますから、仏教の教えを全うするには、少しずつであっても続けることが重要であると感じております。

**＊「劫」とは**……古代インドの最長時間単位。天女が一〇〇年に一度降りてきて、羽衣で軽くひとこすりして、七㎞立方の石が摩滅してもまだ余りある時間単位。

あとは、葉祥明様がその著『急がない』でおっしゃっているとおり、今回の人生でできなければ、次回の人生でやればいい、という気持でいたいと思います。

仏教とは言わずに仏教を実践され、そして大成功された先生のロボコンのように、人間と技術の適切な関係とは何かを、真摯な態度で考えることが必要だと訴えて行きたいと思います。
「口は災いの元」も承知いたしました。これは本当に大切です。わたしが急ぎすぎたために、かえって誤解を招く議論をしたことが、これまでに何度もありました。正答を言うのが正しいのではなく、その答えに行き着く道筋をどのように説明できるのかが、大事なのだと思います。

二〇一六年五月二四日
件名：**お帰りなさい!!**
(添付ファイル：ガラス窓とハエ)
上出　寛子　様　　森　政弘　より

拝　復
お帰りなさい!!　お疲れ様でした。時差呆け

「退歩」の重要さをハエから習う

はもう解消しましたか。

　貪欲による危機について。

＞わたしはたまに、もしも本田様が、今のように過度な物や技術にあふれた世界をご覧になった
＞としたら、どう思われるのだろうか、と考えていました。おそらく先生のおっしゃったように
＞技術開発の足るを知らない現状を顧みて、退歩による軟着陸の重要性を、ウィットに富んだ表
＞現で訴えられるのではないかと思います。

　全く同感です。貴女も今後も講演などの際には「退歩の重要性」を聴衆に訴えて下さい。そのための画像にお使い頂ければと、僕の「ガラス窓とハエ」を添付して差し上げます。その意味はもう説明不要でしょうが、見えないものを観る眼を持つことと、引きの姿勢があれば助かるよ、ということを示したつもりです。これは、まだパソコンのない昔、僕が下手なりに手書したものです。

　また仏教では、貪欲の制御のためでしょうが、「少欲知足《しょうよくちそく》」という言葉が大切にされています。

＞先週行って参りましたＩＣＲＡは、退歩とはまったく逆でした。自動運転のセッションが多
＞かったので、すべて見てきましたが、基調講演のＭＩＴ（米国マサチューセッツ工科大学）の
＞先生を含め、みんなが揃って、自動運転は経済効果がすばらしい、どんどんやろう、という雰

＞囲気でした。技術開発の必然性を主張する理由が、経済効果一辺倒になってしまっています。
＞これを仏教では貪欲と言って心の害悪としていることは、あの場にいた欧米の先生方はご存じ
＞ないかもしれません。

　多くの人が遅れていますね。

　日本では唐木順三さん（一九〇四～一九八〇年）が、すでにその著『無常』の中で、こう言っています。

「……繁栄し、進歩すればするほど不安である。この繁栄、この進歩が、死への、滅亡へのそれではないかといふ不安は世界の現実なのである」と。

　唐木順三さんは、鈴木大拙先生と共に西田幾太郎先生（坐禅を通して、世界に冠たる日本固有の大西田哲学を完成）や田辺元先生の指導の影響を大きく受けた仏教徒でした。特に中世日本仏教の研究が有名。

＞野口和彦先生は、このまま行くと人類が滅亡することは避けられなくなっている、滅亡の時期
＞をいかに引き延ばせるかを考えないといけない、とおっしゃっていました……

　さすが野口先生は先見性がおありですね。

　明日は、ＮＨＫテレビ取材班が、来年が高専ロボコン三〇年になるので、その番組作りのために東京から宮崎までやって来ます。

僕はこれからその準備です。では、また!!!

省察

ロボコンは三〇年にもなるのね。ロボコンは、わざわざ表明はしていないけれど、仏教的な三昧《さんまい》を経験することで、参加した人々の心の制御を養うという仏教的実践だわ。これが三〇年経った今も、壮大なプロジェクトになって続いている。こういう応用方法を考案された先生のひらめきの力こそが、これからの世の中に必要となる智慧なのだと思う。ロボコンをひらめいた先生のご経験にこそ、わたしたちが学ばないといけない多くの智慧が溢れている。

注：紙面の関係で省いたが、先便で森は上出に、これまでの両者間のメールやり取りは二年以上続き、その数は二〇〇通以上になっているので、これを「文通の記録」として本にする提案を出していた。また講演用のスライド（PowerPoint）作りの注意点についても、細かなアドヴァイスをしていた。

二〇一六年五月二六日

件名：**文通の記録**

森　政弘　先生

上出　寛子　より

こんにちは。ご連絡をありがとうございました。

先生とメールのやりとりをさせていただいて、もう二年も経つのですね。先生からメールをいただくと単純にうれしいだけではなく、気持がシャキッとして落ち着いた気分になります。

いつも本当に大切なことを教えていただいているので、実はこれまでのメールをすべて印刷して常に持ち歩くつもりでいました。大切なことをいつでも読み返せるようにしようと思っていたのです。困ったことや気持が慌ただしい時に読むと、心の制御ができます。それくらい、先生のお言葉には不思議な力があります。

不立文字が禅の骨子であることを納得しながらも、文字を使って、こうやって慎重にやりとりをさせていただけているのは、わたしにとって大変貴重な財産だと思っています。でも、これをわたしだけに留めておくのは、本当にもったいないことです。このような質疑応答を本にするのは、仏教を学ぶ人々にとっては大変良いことだと思います。

二見に堕していることに気が付いていない場合の困りごとや、核開発などの行き過ぎた技術の問題をどう考えればよいのかなど、ありとあらゆることについて、先生がわたしに回答してくださった内容を読めば、同じように困っている人は、きっと目から鱗が落ちる気持になるはずです。

ただ問題は、仏教について懐疑的な人が読んだ場合、揚げ足を取られて大批判をされることが、きっと出て来るのではないかということです。それをうまく回避しながら本質を書くのは難関ですが、先生とわたしのメールのやり取りを本にするのは、ものすごく価値のあることだとも思います。この難関を上手に乗り越えられるかどうかで、本の持つ意義が大きく左右されると思います。

わたしの周りには幸運なことに、本当にすばらしい先生方がたくさんいらっしゃいます。明るくて元気で嫌みがなく、研究に対して真摯な方々ばかりです。しかしそれでも、仏教に関心がおありになる先生はほんの一握りで、やはり仏教は単なる宗教だから役に立たないと考えていらっしゃる先生が大半です。

しかしながら、先生との質疑応答の本を出せば、純粋に興味を持って読んでくださる先生方は少なくないかも知れません。それに、わたしは先生に出会ったことで大変救われたと感じておりますが、同じように感じてくださる先生方もいらっしゃるのではないかと思います。

是非、「文通の記録」の本の出版、実現したいと思います。

スライドについての工夫も、ありがとうございました。確かに、次のスライドがどのような内容であったかを予測できないと、口で話している内容がスムーズにつながらず、聞きにくい話になってしまいますね。わたしはいつも早口で飛ばしてしまうので、スライドの数をきちんと調節して、平等に時間を割り振れるようにしたいと思います。

スマホで写真を日常的に撮ってみようと思います。仏教的な関心を持ちながら景色や風景を見ていれば、先生のように話にぴったりの絵や、インサートカットに適した写真が撮れるかもしれません。なかなか先生のように美しくは撮れないでしょうが……。

唐木順三氏についても調べてみました。その著作、『無常』も興味深いですが、『「科学者の社会的責任」についての覚え書』（筑摩書房、一九八〇年七月。あるいはちくま学芸文庫、二〇一二年）という本があるようです。是非拝読してみます。

最近特に感じるのですが、昔の人のおっしゃったことは古い考えだ、というのは間違いだと思います。真理は時間と空間を超えて真理ですね。お釈迦様のことを考えると当然ですが。

NHKの撮影はいかがでしたでしょうか。お疲れになられたのではありませんか。放送時期はいつ頃ですか？　もしご存じでしたら教えていただけますと大変うれしいです。

わたしは自動車技術会のフォーラムに出席するためこれから横浜に行きます。退歩を願うわたしが、進歩だらけのフォーラムに出るのも奇妙ですが、二見に堕さず進歩の中に退歩を少しでも見つけようという姿勢で、拝聴してみたいと思います。

二〇一六年五月二六日

**件名：国際会議ARSO＊への提出論文採択！**

森　政弘　先生

上出　寛子　より

英語論文が採択されました！　ありがとうございます。取り急ぎご報告まで。

＊注：ARSO：Advanced Robotics and its Social Impacts という国際会議で、二〇一六年には上海で開催され、上出と森は連名でその会議に論文を提出していた。

二〇一六年五月二六日

**件名：英語論文採択おめでとう!!**

上出　寛子　様

森　政弘　より

今日昼頃頂いたメール「文通の記録」、有難うございました。

毎度の事ながら、また長文のご返事を書いている途中に、ARSOへ提出していた英語論文採択の報を頂き、ホッとしました。ご苦労様でした!!

「文通の記録」「NHK取材結果等」のメールは、明日夜にはお送り出来るでしょう。しばらくお待ち下さい。ではおやすみなさい!!

二〇一六年五月二七日

件名:**ご返事とNHK取材に関して**

(添付ファイル:「みる」、論文「ロボットコンテストの源流」)

上出　寛子　様　　　　　　　　　　森　政弘　より

昨夜お送りしたメールで、「文通の記録」「NHK取材結果等」は明日夜にはお送り出来るでしょうと、申し上げましたが、以下はそれです。

拝　復

「文通の記録」のメール有難うございました。

僕の気持を正確に受け止めて下さいました。ちょっと大袈裟かと思ったのですが、申し上げて良かったです。何とか難関を乗り越えて実現させましょう。不適当箇所の削除や訂正は勿論ですが、お互い打てば響くような所があり、話の展開の論理の幅が広いですから、ついて来られない読者もあろうと考えます。そういう読者の身にもなりましょう。どの程度の歩幅で話を進めて行くのが良いかは、著書でも、講演でも同様に大切なことです。

　講演の場合、聴衆と演者の足並みが揃うと、会場はシーンと静かになります。聴衆は聴くことに懸命になって体を動かさないようになり、衣擦《きぬず》れの音が減るからです。そしてひとりでに前屈みに（一五～二〇㎝前屈みになったからとて、その分良く聞こえる訳ではないのに）乗り出した姿勢が増えてきます。こういう状態になったら、成功です。講演が終った時の拍手は会場を揺るがすでしょう。

　話が講演の方へずれてしまいますが、講演の最初五分間くらいは、演者と聴衆とのキャッチボールです。最初の挨拶をしたら（前には、会場への段数のような、すべての聴衆が経験していることから話を切り出すとよい、ということをお伝えしたような記憶がありますが）、何でもよいから適当な球を投げてみるのです。すると聴衆は無言でそれを投げ返して来ます。これを数回繰り返すと「よし、この強さのボールで話を進めよう」と決まります。これも講演のコツです。要は仏教でいう「相手の身になってみる」の具体的応用例です。

＞ＮＨＫの撮影はいかがでしたでしょうか。……放送時期はいつ頃ですか？　もしご存じでした
＞ら教えていただけますと大変うれしいです。

　はい、そこで一昨日、二五日の午後のＮＨＫの取材報告をしましょう。

　取材の日は小雨で、幸いでした。宮崎はもう真夏で、昨日など洗面所の温度は三〇度もあって異常気象です（これも文明の大失敗例）。今も僕は、上は半袖シャツ一枚でエアコンの設定

を二七度にしてこのメールを書いています。しかし取材日は気温を気に掛けずに何とか長時間やれました。

取材班は、カメラ二人（内一人は録音係）、チーフ・プロデューサー、ディレクターを含めて六人がかりでした。

聞けば、来年、二〇一七年に、高等専門学校ロボコンは三〇年を迎えるのですが、そんなに長く続いたロボコンは、今やＮＨＫの財産番組なのだそうです。

それで大変な力の入れ方で、僕のような老人でも引っ張り出された訳です。そう言えば、初回から全回審査員として参加して来たのも僕だけですし、僕はロボコンの創始者でもあるので、疲れるだろうとは思いましたが、止むを得ず頑張った次第でした。

取材の場所は、宮崎随一の豪華ホテルの宴会場と、外の鬱蒼と茂った森の中でした。そこで僕は三時間ほどしゃべりまくったのです。こちらも徹底的姿勢でしたが、ＮＨＫも徹底的に、動画、スチール、ロボコンの源流の写真、それから外へ出て、僕（森）が森の中を散歩して一休みに東屋《あずまや》で腰を下す画像、更にその時の顔を、カメラが腰を低くして見上げるアップまで撮影して行きました。

また、話がずれますが、憧れの写真、ホットな写真は、見上げるように撮るのが原則です。これを仏教語では瞻仰《せんごう》と言います。『法華経』の「観世音菩薩普門品第二十五」の偈《げ》*には常瞻仰《じょうせんごう》とあります。常に観音様を見上げよという意味です。

上から見下すと、クールな客観的な絵になります。これには、俯瞰・鳥瞰という言葉のように「瞰《かん》*」があてがわれます。

---

**＊偈とは**……お経の中に出て来る一種の「詩」で、仏様の説法を聴いた者が、その教えを噛みしめて、反復したり、仏様や菩薩をたたえるためのもの。経文は大別すると、散文部分と、この偈の部分になる。お経を開けば、偈は、美しく整った文字配列になっているから、これが偈だと直ぐに分かる。なお、有名な『般若心経』には偈はない。

---

**＊訓が「ミル」の文字**……見《けん》、視《し》、看《かん》、観《かん》、覩《と》、覚《かく》、覧《らん》、瞻《せん》、瞰《かん》。

見――ミルこと一般。

視――問題意識を持ってミル。見と視とは大いに異る。「キク」を参考にすると、見は聞に対し、視は聴に対す。（ミレどもミエず、キケどもキコエずは、漢文では「視而不見、聴而不聞」と書く。）

看――文字の通り、目の上に手をかざしてみるミル。例：看板、また、つぶさにミル。例：看護。

観――ミエないものまでミル。心をミル。仏教ではこれが大事。

覩――確かにミツケタという見方。親鸞上人作『正信偈《しょうしんげ》』には、「覩《と》見《けん》諸《しょ》仏《ぶつ》浄《じょう》土《ど》因《いん》」との行《くだり》がある。

覚――観て真理を得る。悟る。例：覚王山日泰寺（悟った者の王である釈尊と、日・タイ友好を象徴する寺の意）。

覧――ひと通り目を通す。（一覧、通覧、展覧会など。）

瞻――仰ぎミル。ミ上げる。（瞻仰）

瞰――ミおろす。俯《ふ》してミル。（俯瞰図、鳥瞰図）

---

これは写真撮影の原則の一つですから、覚えて置いて、インサートカット等をお撮りになる時等に役立たせて下さい。水平・正面からという一つ覚えでなくなりますよ。（添付ファイルの「みる」（右記の注）を参照して下さい。）

取材内容は、

（一）ロボコンの意義、とくに教育的意義とその源流
（二）僕が発案した動機
（三）三〇年間の思い出、最も印象に残っているロボット
（四）ロボコン将来への希望や願いと、改善すべき点
（五）ロボコンは野球や相撲と違って、毎回異なるテーマで行って来たが、その理由と出題委員会の苦労
（六）初期のロボコンで優勝した学生の内、何人かが現在社会で活躍し、大企業へ就職するよりも、むしろベンチャー企業の社長をして成功しているが、その感想
（七）ロボコンが一般社会へ及ぼした影響と、創造性の人生上のまた宇宙的な意義
等々、ロボコンのあらゆることに関していました。

　僕は最後には「ロボコンは応用仏教です」とまで言い切りました。また更に「陰・陽」の話・「アクセルとブレーキ」の話・「刃物には切れない部分が必要」という話・「退歩することが進歩だ」という話にも及んだのでした。

　以上のような訳ですから、何日の何時に放映されると言うことではなく、これから色々に編集して、大きくは「ロボコン三〇年を顧みて」等というタイトルで、小生の顔のアップから始まるような大番組にしたり、また番組の間に挿入する、ちょっとしたPR画像にしたりして、

二〇一七年秋のロボコン三〇年まで、様々な形で、今回の取材内容を使うようです。それも放送だけではなく、印刷にして全国の高等専門学校へ配布したり、また「本」にして出版すると言うのです。

その「本」のための取材は来月二〇日（月）に、別の取材班が宮崎へ来て、さらに詳しく聞くそうです。左記のような依頼が別途来ています。

「高専ロボコンが二〇一七年に三〇回大会を迎えるにあたり、出版社より書籍化をしたいという申し出があり、事務局が全面的に協力することになりました。出版社はＫＫベストセラーズという会社。内容としては、年間を通した高専への取材（二〇一六年大会のルール発表〜全国大会終了）と、ロボコン創生期の関係者へのインタビュー、そしてロボコン三〇年のデータブックなどで構成したい」とのことでした。

発売時期は、二〇一七年のロボコン地区大会前（来年秋頃）を予定しているそうです。

ともかく、ＮＨＫはロボコンに大変な熱の入れようです。

まさに、僕はロボコンの濫觴《らんしょう》を作った訳です。濫觴とは、「濫」とは「浮かべる」意、「觴」とは「さかずき」の意で、大きな揚子江も、源ではわずかにさかずきを浮かべるくらいである、と言う意味です。しかしそれが、今や大河・大海になって、世界へ影響しているので、自分自身がビックリです。

＞唐木順三氏についても調べてみました。その著作、『無常』も興味深いですが、『「科学者の社
＞会的責任」についての覚え書』……

先見性や現代への危機感のある人々の話や著作を、ぜひ味って下さい。

＞昔の人のおっしゃったことは古い考えだ、というのは間違いだと思います。真理は時間と空間
＞を超えて真理ですね。お釈迦様のことを考えると当然ですが。

そうです、もっと言えば、真理が時間や空間を後から創ったのです。天地創造・宇宙開闢《かいびゃく》を考えると、直ぐに納得出来ます。

＞退歩を願うわたしが、進歩だらけのフォーラムに出るのも奇妙ですが、二見に堕さず進歩の中
＞に退歩を少しでも見つけようという姿勢で、拝聴してみたいと思います。

よろしい！　知っていて地獄へ入って行って下さい。白隠禅師の御《み》教《おし》え通りに。

添付ファイルを二つ付けました。「みる」と論文「ロボットコンテストの源流」です。後者は長い論文ですからお時間のある時にゆっくりと見て下さい。こういうことでロボコンは始まったのだなということが、よく分かります。

ではまた!!!

二〇一六年五月三一日

件名：**ロボコン三〇年記念と、日本ロボット学会**

森　政弘　先生　　　　　　　　　　　　上出　寛子　より

自動車技術会のことなど、様々ご報告したいこともあるのですが、取り急ぎ、お願いがございます。

ＮＨＫの取材の件を拝読していて、これはＮＨＫだけではなくて、日本ロボット学会にとっても大変重要な節目なのではないかと思いました。

わたしは今年も、日本ロボット学会で「ロボットの社会的価値を考える」というオーガナイズドセッション（ＯＳ）を主催いたします。わたしは基調講演をして、ロボットと仏教哲学の関わりについて、先生とわたしとのこれまでのやりとりを踏まえたメッセージを伝えようと考えておりました。しかしながら、ロボットと仏教の関わりが聴衆に明白に伝わる、よい例がやはり必要になるのではと、考えていたところです。

そこで、先生にロボコンの根本的な精神について、仏教哲学とロボット工学との関連から、改めて、お言葉をいただけませんでしょうか。

具体的には、わたしが先生の元へお伺いをし、インタビューをさせていただいて、その録画内容を抄録にまとめ、編集した録画を用いて発表をさせていただきたいのです。

日本ロボット学会の会員で、ロボコンをご存じない人はもちろんいらっしゃらないと思います。そして先生を存じ上げない人も、もちろんいないはずです。しかしながらロボコンの精神については、もしかしたらまだ十分にご存じない先生方もおられるかもしれません。なので、このタイミングで、先生からのロボコンの意味についてのお話を、このセッションで発表させていただくのは、本当に大切な機会になるのではないかと考えております。

ロボット学会の抄録の締め切りは七月一三日です。それまでの間に先生のいらっしゃるところへお邪魔してお会いし、お話をお聞かせいただければ大変光栄です。ご検討いただければ幸いです。

ただ、ご無理はなさらないでくださいね。どうかよろしくお願い申し上げます。

# 第一六章　日本ロボット学会会員への厳しい問いかけ

二〇一六年六月一日～
同年六月二二日

願い

ロボコンは、開き直って言えば、応用仏教なのだ。しかも深い意味を含んでいる。それを分かりやすく説明し、その後で折角のチャンスだから、ついでに、直接会ってでなければ伝えられないものも、伝えよう。（森）

二〇一六年六月一日

件名：**ロボコン三〇年記念とロボット学会、への御返事**

上出　寛子　様

森　政弘　より

拝　復

日本ロボット学会用のインタビューの件承知しました。わざわざ宮崎まで来て頂くのは滅多にない貴重なことです。どうぞおいで下さい。

それで先ずは日程ですが、……

注：ここで日程の打合せのため数通のメールやり取りがあり、その結果、六月一七日（金）と一八日（土）の二日間に決まった。また、大阪大学の新井健生教授も同行されることになった。

インタビューが済んだ後、お目に掛けたいものが山とあります。どれもネットを通してではお見せできないものばかりですから、楽しみにお待ちしています。

では、取りあえず急ぎのご返事だけ！

上出　寛子より

二〇一六年六月四日

件名：**自動車技術会**

森　政弘　先生

この度は、インタビューのお願いを聞いてくださり、本当にありがとうございました。ロボコンの精神は、これから先のロボット学会にとって、とても大切な基盤と考えますが、それにあまり気づいていない（若手の）研究者も多数いるのではないかと思っています。革新的な技術開発のみに研究者の関心が偏りつつある中で、この度のインタビューを通して、先生がどのような真意でロボコンを始められたのかを、あらためて広く紹介することができれば、ロボット学会にとっても、研究者にとっても、非常によい機会になると思います。

先生にお久しぶりにお会いできるのが楽しみです。

よし、上出君だけでなく、日本ロボット学会会員全部に、僕がロボコンを創《はじ》めた仏教的な真意が伝わるようにしよう。(森)

ところで、不思議に感じるのですが、先生のメールを拝読してお返事をすることで、大学の様々な締め切りや雑多な議論でざわざわした心が、スーッと落ち着くのです。最初の頃は、お返事をするたびに緊張をしていましたが、今は自分の状況を見ながら、どのタイミングでメールを出そうかと楽しみにもなっています。

メールのやりとりを本にする件ですが、わたしが先生にコンタクトを取らせていただくのが自然と楽しみになるように、他の人たちが自然と手が伸びて読み返したくなるような本になれば、とても素晴らしいなと思います。

NHKの取材班は六人もいらしたのですか。三時間もお話しになったとは、大変お疲れになったことと思います。ロボコンがNHKにとって三〇年も続いた番組だとは、先生は本当に大河・大海の源をお作りになられたのですね。

今、先日お送りいただいた、先生の日本創造学会の招待論文「ロボットコンテストの源流」について、じっくり拝読させていただいているところです。

先生にインタビューをさせていただく際には、ロボットと仏教哲学がどのように関連するのか（ほとんどの工学者は両者は関係ないと思っていると思います）や、この間、N先生にご指摘いただいた核問題に対する対応、また、ロボット学会の会員が聞いておくべきことなどを、質問させていただきたいと思います。

事前にその質問内容をまとめて、先生に後程メールで送らせていただきますね。

## 願い

上出君の来訪には、重大な意義があるのだ。それに応えなければいけない。（森）

「みる」のファイルもありがとうございました。一口に「みる」と言っても、様々なレベルの「みる」があり、単に物理的にみることから、心の目で真理を発見するに至るまでの深さがあるのですね。その難しさがよく分かりました。

「ロボットコンテストの源流」にもお書きになっていましたが、真理に気づくときには、「念」から「忘」につながり「解」に至りますね。

わたしは「念」はそれなりにできると思っているのですが、なかなか「忘」に移動できません。

「忘」は簡単ではなく、どうしても疑問点や自分の関心ごとについついこだわってしまいます。放っておけば「忘」に至るのでしょうか。お風呂に入っていても結局、気になってあれこれ考えてしまい、「忘」にはなかなかなりません。

先生のおっしゃるように「念」の時間は数週間単位ではなく、年単位や、かなり長い時間待たないといけないということなのでしょうか。

さて、本論の自動車技術会についてですが、先週は自動車技術会のフォーラムに参加してきました。日産、トヨタ、マツダなど、多くの企業が、各社の自動運転技術の将来について語っていらっしゃいました。ほとんどが自社の技術の革新性に関する紹介でした。

唯一、技術がどうあるべきかについてお話しされていたのはマツダさんでした。人がこれからも成長していくためには、自分の能力の少し上をいくチャレンジを支援しないといけない、そのために、自動運転の技術開発に対するチャレンジを続け、原爆が投下された広島の地の人々の社会を活性化していくことがマツダの技術開発の骨子である、とおっしゃっていました。

逆に技術の具体的な内容については何もおっしゃらなかったので、他の先生方は若干ポカンとされていましたが、一生懸命技術を開発することで人間が元気になるというのは、三昧を促しているということと同じなのかな、と少し思いました。進歩ばかりの発表の中で、少し退歩*を垣間見た気がしました。（＊森政弘著『退歩を学べ』を参照されたい。）

仙台も暖かくなってきました。汗をかく季節になると体調の調整が難しくなってきますね。どうかご自愛ください。

願い

悟りやアイデアがひらめく瞬間への道を、僕は「念↓忘↓解」として自分でも納得し、人にも説明しているが、いざその実践となると難しいのだろう。肝心なことだから、何とかうまく説明して上げたい。また、後藤榮山老大師の「仏教物観」も伝えよう。（森）

二〇一六年六月五日

**件名：自動車技術会、への御返事**

（添付ファイル：仏教物観）

上出　寛子　様

森　政弘　より

拝　復

∨先生がどのような真意でロボコンを始められたのか……

それがよく分かって頂けるＤＶＤを何枚か用意してお待ちします。

＞ロボット学会にとっても、研究者にとっても、非常に
＞よい機会になると思います。

日本ロボット学会名誉会長としても頑張りましょう。研究者にとってはもちろんですが、特に教育者として参考になるでしょう。大学教育だけでなく、広く教育全般の大問題ですから。

ロボコンの発案には、裏に二つの事が僕の心に焼き付いていました。これは「念」かも知れません。

第一は何と言っても、本田宗一郎様が一九七〇年から始められたオールホンダ・アイデアコンテスト（略称アイコン）です。僕は一九七一年から数年間その審査員をしました。これについても話し出せば切りがありませんが、今日は審査しながら撮った写真を五枚添付します。これで本田様の心中とアイコンの素晴らしさを垣間見て頂けるでしょう。

例えば、その中に「車軸のない自転車」というのがありますが、人間から心臓を取り去ったような、絶対

車軸のない自転車

に必要だと思い込んでいるもの、「車軸」を取り去ったアイデアで、これは確か、第三回目の大賞を取りました。本田様はこうして社員の「柔軟心《にゅうなんしん》」＊を育てておられたのですね。

**＊柔軟心**……仏教では心を柔らかくせよと導く。固い心では仏道には入れない。柔軟心は金のように尊いと、『正法念処経《しょうぼうねんじょきょう》』に出ている。

さて、ロボコン発案に影響した第二は、僕が東京芸術大学の教室に教卓がないことに驚いたことです。その頃僕は、「システム工学」を教えるべく、東京芸術大学美術学部の非常勤講師もやっていたのです。そこの教壇に立った時、「どうして教卓がないのか？」を考えさせられた結果、芸大を卒業したら実地に絵が書けなきゃだめなんだ、彫刻ができなきゃだめなんだ！と分かり、大学の工学部や工業大学の教室に教卓があることが恥かしくなりました。そして「教卓と黒板（今では白板）」など教室の隅にあればいいんだ、人間は手を汚すことが大事なんだ、と気付いていたのです。

そこへ仏教の三昧と物作り三昧が重なり、高度経済成長による、やる気や、危機感という緊張のない学生たちの平和呆けが引き金となって、ロボコンの源流の一滴が落ちた次第です。

＜不思議に感じるのですが、先生のメールを拝読してお返事をすることで、大学の様々な締め切

>りや雑多な議論でざわざわした心が、スーッと落ち着くのです。

有難うございます。でもそれは、話の裏に理性の世界を超えた「二元性一原論」の仏教哲学が控えているからでしょうね。だから二元論的議論を耳にすると頼りなく感じられるからだと思います。仏教が身に付くと一言一言の重みが違ってきますから。一方で優しく他方で厳しく。

>メールのやりとりを本にする件ですが、わたしが先生にコンタクトを取らせていただくのが自
>然と楽しみになるように、他の人たちが自然と手が伸びて読み返したくなるような本になれば、
>とても素晴らしいなと思います。

そのレベルで行くには、無理に意識しないで、

「自然体*」

で行きましょう。すれば深い読み込みに耐えられる本が出来ます。

---

**＊自然《じねん》**……人間が大自然の道理にかなった生き方ができるようになった状態を「じねん」と言い、仏教の目指すところである。「自然体」はそれを目指す。

＞先生にインタビューをさせていただく際には、ロボットと仏教哲学がどのように関連するのか（ほとんどの工学者は両者は関係ないと思っていると思います）や、この間、N先生にご指摘いただいた核問題に対する対応、また、ロボット学会の会員が聞いておくべきことなどを、

＞質問させていただきたいと思います。

＞事前にその質問内容をまとめて、先生に後程メールで送らせていただきますね。

承知しました、よろしくお願いいたします。

注：この質問内容は、来訪の日、六月一七日に記してある。重大な内容ゆえ、ぜひお読み頂きたい。

＞わたしは「念」はそれなりにできると思っているのですが、なかなか「忘」に移動できません。

貴女は熱心に坐禅へ通っておられますからお分かりと思いますが、坐禅と同じです。念に成り切ればひとりでに「忘」へ入ります。あるいは円環構造と言ってもよろしい。

僕は、昭和四九年のことですが、鈴木大拙先生著『無心ということ』（角川文庫）を拝読している時、どの頁にも感動して、どんどん付箋《ふせん》を付けていったのでした。そしたら、全頁に付箋が付いてしまい、付箋の意味が消えてしまって、入れないのと同じ事になってしまったのです。付箋はそこだけを特別に選び出すために入れるものですからね。この例のように、徹底さ

せれば逆の所へ落ち着きます。

∨「忘」は簡単ではなく、どうしても疑問点や自分の関心ごとについついこだわってしまいます。

∨お風呂に入っていても結局、気になってあれこれ考えてしまい、「忘」にはなかなかなりません。

お風呂は「忘」ではなく、「解」がはじけ出る非常に大切な場所です。お風呂に入った瞬間に悟られた方もあるそうです。

それから、大事なご参考として「仏教物観」を添付しましたから、味わっておいて下さい。

では一七日を楽しみに!!!

省察
ロボコンは、ただ生まれ出てきたのではない。仏教の「縁起」の思想通り、先生の創造性をかき立てた「縁」がいろいろあったのね。また、柔らかい頭や心は、アイデアを出したりすることだけでなく、仏道にもとても大切なのだと思う。坐禅を怠らないように努力して「自然《じねん》」を目指して行こう。

二〇一六年六月九日

件名：**仏教物観、へのお返事**

森　政弘　先生

上出　寛子　より

後藤榮山老大師様のお言葉*をどうもありがとうございました。

勤労そのものに絶対性を認め、全力を尽くすことで、三昧になり、物と自己が不可分な一つになることの重要性を改めて認識させていただきました。

七月のＡＲＳＯの発表のためにも鈴木大拙先生の『一禅者の思索』を拝読しておりますが、鈴木先生もロンドンでイギリス人を相手に、物理と精神を二元的に分けてはいけないことを論じていらっしゃいますね。物理と精神という風に分けて考えるのではなく、ハイフンでつないでおかないといけないと、おっしゃっています。

**＊仏教での（特に禅での）「物」に対する態度……**

今日では、一般に「物」というものは、人間の欲望充足の手段として利用され、人間が「主」、物が「従」になっている。そればかりかさらに進んで財テクブームが現れてからは、「物」は計算の対象となってきた。

だが仏教では、「物」は計算の対象ではなく、合掌の対象とする。

「物」に合掌し、使用し、消費し、その「物」に無限性と絶対性を認める。つまり物にも仏性があるとするのが仏教的立場である。「一日作《な》さざれば一日喰《くら》わず」とは、唐の時代の百丈禅師の言葉であるが、社会主義の「働かざるものは食うべからず」の考え方とは似て非なるものである。働くことを「食べる」ための手段として考える思想とは異なり、仏教では、勤労そのものに絶対性を認め、勤労に全力を尽くすことを重要視する。（後藤榮山老大師談、森要約。）

これを英国人にとって腑に落ちるように説明するのは難しいですが、日本家屋とイギリスの家屋の違いを上手に具体例として使っていらっしゃいます。

イギリスの家は窓という中間にあるもので家の中と外を分けて庭を覗くけれど、日本の家屋は引き戸を開けると家は庭とすっかりつながり、家は庭であり、庭が家になる、我と彼の区別なく「一つ」になる、と説明なさっておられます。

ロボコンは人が主、ロボットを従として扱う競技ではなく、人がロボットの仏性に気付くことで両者がハイフンでつながれて、「一つ」になることを実現しているのですね。当日のインタビューで先生から、直接教えていただければ幸いです。

宮崎は仙台に比べるとずっと気温が高いでしょうね。宮崎にお邪魔するのは初めてで、楽しみです。

**省察**

「一切《いっさい》衆生《しゅじょう》悉有《しつう》仏性《ぶっしょう》」と言うけれども、物にも勤労にも仏性があるのね！

二〇一六年六月一四日

件名：**大正新脩大蔵経を拝見できました**

森　政弘　先生　　　　　　　　上出　寛子　より

お伺いするまで待ち切れなくて、ご報告します。

先日、保春院様で坐禅をさせていただいた際、大蔵経を拝見させていただきました。以前先生からいただいたコピーの『大品般若経』の写真と同じ部分も、拝見させていただくことができました。

副住職様がおっしゃっていたのですが、大蔵経の編纂は国家事業だったので、どの国立大の図書館にも大蔵経があるそうです。ですから名古屋大学にもきっとあるはずです。保春院さんには九〇巻近くまであって、これを拝読するのは至難の業だと実感しましたが、名古屋大学の図書館でも一度探してみたいと思います。

一七日にお会いできるのを楽しみにしています。どうかよろしくお願い申し上げます。

二〇一六年六月一五日
件名：**ご来訪と大正新脩大蔵経**
上出　寛子　様
森　政弘　より

いよいよお目に掛かる日が、明後日になりました。

「友の遠方より来たるあり、また楽しからずや」（孔子の『論語』より）の気持で、子供のようにわくわくしております。

とうとう貴女は大正時代の文化的大事業、本物の『大正新脩大蔵経』をご覧になれましたね!!

仏教経典の膨大さ、それを全部「写経」し、巻物にして、海を渡って来た遣隋使や遣唐使の命がけの宗教心……が、ひしひしと感じられるでしょう。

では、新井先生、上出さん、楽しみにお待ち申し上げております!!!

注：二〇一六年六月一七日の昼過ぎ、新井先生と上出は森の宮崎宅へ来られた。昼食後以下の内容でインタビューが行われた。

**【上出寛子インタビュー質問内容】**

**§発言項目　一　（何故か？）**

日本ロボット学会設立は、一九八三年一月二八日で、三四年を迎えたが、今は重大な節目だという。その理由は？

〈人類と地球が危機に瀕しているからである〉

先見性のある賢者たちは誰もがそれに気付き、警鐘を鳴らしている。例えば、哲学者唐木順三さんは、すでに一九六五年に、その著『無常』の中で、「……繁栄し、進歩すればするほど不安である。この繁栄、この進歩が、死への、滅亡へのそれではないかといふ不安は世界の現実なのである」と、述べており、また、『「科学者の社会的責任」についての覚え書』という著作もある。唐木さんは、有名な仏教学者鈴木大拙や、世界に冠たる大哲学を創始された西田幾多郎の影響を受けた仏教徒だ。

また、「危機管理」が専門の野口和彦横浜国立大学教授も、「このまま行くと人類が滅亡することは避けられない、滅亡の時期をいかに引き延ばせるかが問題だ。」と、言っておられる。

**§発言項目　二　（現実はどうだろうか？）**

〈だからロボットの研究も、ただ安閑とやっていてはだめだ〉

ロボット研究も、しっかりした哲学に基づいて行わなければ危ないのだ。さもなくば、ロボットは人間に危害を及ぼし滅亡を加速する悪者になってしまう。

この哲学とは、「カントがどうの」「ヘーゲルがどうの」という哲学（他人がやった哲学を説明する哲学学）ではなく、物事の「正しい根本原理」のことだ。

この哲学なしには、人間のため地球のためになるロボットは、作れない。もっと言えば、ロボット工学だけでなく、科学技術のどれもが前進出来ない。数式を書き、プログラムを組んでいるだけではだめなのだ。

**§発言項目　三　（ではどうすればよいのか？）**

〈自力で「気付く」こと〉

物事の「正しい根本原理」は、どうしても、自力で把握することが必要だ。書物を調べることから始めてはいけない。

先ず「大きな問題意識」や「疑問」を抱くことだ。そして勇猛心を奮い起こし、徹底的に模索し、思索しなさい。すれば、頭や姿勢は柔らかだが、心中には揺るぎない信念（頑固ではない）

が得られる。これはレールにも例えられる。ハンドルを切らなくても、「ひとりでに」レールの上を車がスイスイと走るように、ロボットの研究も応用も「善」に向って進むようになる。

そうなるには「気付き」が重要だ。「気付き」は、知識で把握するものではなく、智慧《ちえ》によってこそ得られるものだからである。

## §発言項目　四　（「陰・陽」関係に目覚めよ）

〈片方だけを取るな〉

知識と智慧とは「陰・陽」あるいは「＋・－」という正反対の関係にあり、互いに助け合っているのだが、ほとんどの人は知識はあるが、折角持っている「智慧」を育てていない。だから、次から次へと難問が押し寄せ、当座その一つを解決したのは良いが、それが次の難問を招く引金となって、永久に難問に苦しむのだ。

つまり、「陰・陽」両輪が両方とも協調して回ることが真っ直ぐ進む条件なのに、片方が回らないから思わぬ方向へ向って行って衝突するのだ。要するに「陰・陽」の一方を置き去りにして、物事の「正しい根本原理」から外れているからだ。

## §発言項目　五　（「正しい根本原理」の発見者）

〈ロボコンと仏教〉

実はこの「正しい根本原理」を発見されたのはお釈迦様だった。これが、私が仏教を勉強している理由である。言っておくが、仏教は釈迦主義ではない。宇宙天地の道理である。大事なポイントは、この根本原理は発明されたものではなく、発見されたということである。お釈迦様が発見されなかったと仮定しても、誰かが発見していたに違いない。ここで「宇宙」を持ち出したが、その大本は真空中にもみなぎっているエネルギーである。現代物理学が示す通りだ。

この「宇宙」は「動」を本質とするから、常に創造的で、それがロボットコンテストを生み出した根本理由である。

**§発言項目　六　（具体例は？）**

〈もの作り・創造・感動〉

具体的に言えば、私が東工大で現役の頃、学生君たちの眼に輝きがなく、望みにたぎる若き頬が見られなかったから、私は危機感を抱いた。これが「もの作り」にも重点を置いた授業（ロボコンの源流）を始めた直接原因だった。

そしてこれがロボコンに発展して行ったのである。

もしも私が仏教を身に付けていなかったら、ロボコンは生まれていなかっただろう。ロボコンをすれば、創造的になるばかりか、眼が輝き出し、生きるための重要なことに「気付く」ようになる。智慧が働き出した証拠、車の両輪が回り出した結果である。

例えて言えば、料理を噛む歯応えや、それを飲み込む時の美味しさを、学生君たちは初めて味わったのだ。食欲のない者に、流動食を無理に食べさせているような現代教育を超えることが出来たのだ。

## §発言項目　七　（どのように道は開かれるか？）

〈大自然に謙虚に〉

冒頭で語った「危機」の様相は、人口問題、食糧問題、環境汚染の問題、原子力とエネルギーの問題、資源枯渇の問題などが複雑に絡み合っている。たとえば、世界規模で見れば爆発的に増大している人口に対し、十分な食料を生産しようとすれば機械化に頼らざるを得ず、それは環境汚染と資源枯渇に拍車をかけるというふうに、幾重にも矛盾し、芋づる式につながった深刻な様相を呈している。

これを解きほぐすには、これまでの諸哲学では刃が立たず、「正しい根本原理」に従うしかない。大宇宙の法則に従って行けば間違いはない。「自然」は超偉大だから。故に、野の一輪の草花にも無限に奥深いものが含まれている。私の旧制高等学校の寮歌の一つに、

「見よ、ソロモンの栄耀《えいよう》も、野の白百合に及《し》かざるを」

という句があったが、今日の爛熟状態は野の草花にさえも及ばないことを知るべきである。私も含めて、人間は、もっと謙虚になって、大自然に頭を下げ大自然を師とする必要がある。

産業革命以来、人間は思い上がって、師である自然を材料と見下してやって来た。そのあげくが「資源枯渇」や「核問題」ではないのか。人間が作り出した文明の大失敗を正直に認め、懺悔し、「正しい根本原理」に従おう。

申し添えるが、現代は「飽食の時代」ということについても、反省が必要だ。それは人間だけが持っている貪欲に原因している。この欲望は飽くなき欲望で、制御理論的に言えばポジティブ・フィードバックであり、爆発曲線に乗っている。「吾唯足知《われただたるをしる》」「少欲知足」に目覚めなければアッと言う間に滅びてしまうぞ!!

注：六月一七日は、以上のインタビュー後、森は以下の資料や本を、新井先生と上出に紹介し、夕刻まで歓談した。

・ロボットコンテストの源流となった「東

別れる時、森（右）と上出（左）、新井先生撮影

工大での乾電池車競技」のＤＶＤ
・『臨済録』（和綴じ、元禄時代の木版印刷）
・白隠禅師著『毒語注心経』
・太田久紀著『仏教の深層心理』有斐閣選書
・亀井勝一郎著『大和古寺風物誌』東京創元社
・柳宗悦著『南無阿弥陀仏』岩波文庫
・平川彰著『大乗仏教入門』第三文明社、『般若心経の新解釈』世界聖典刊行協会

翌一八日午前も更に、森の古い仏教勉強ノートなど、諸資料も紹介し、昼過ぎに、別れた。

二〇一六年六月一九日
件名：**お礼**
森　政弘　先生　　　　　　　　　　上出　寛子　より
昨日お別れしてから大阪に参りました。明日仙台に戻る予定です。
一昨日、昨日とたくさんお時間をいただき、ありがとうございました。これまでもメールで

様々な事を教えていただいていますが、やはり直接お会いしてお教えを拝聴できるのはとても楽しく、アッという間に二日が過ぎてしまいました。

今は『法華経』を少しずつ勉強させていただいていているだけですが、大蔵経にはまだまだ学ぶべきことがたくさんありますね。

縁起のお話も大変興味深く、仙台にもどったら辞典ですぐに調べてみようと思います。鈴木大拙先生や平川彰先生、亀井勝一郎先生、柳宗悦先生、太田久紀先生など、教えていただいたご本も探して手に入れて、拝読させていただくのが楽しみです。

『臨済録』には「随所に主となれば立処皆真なり」が二カ所も出てくるのですね！ 自分が主体性を持って取り組み、ひいては我を忘れて対象と一体となることが、生き方としていかに大切なのかを改めて実感いたしました。

「乾電池車競技」のＤＶＤに写っていた学生さんたちの笑い声と笑顔は、見ているこちら側の気持も自然と嬉しくなるほど活き活きとして力強いものでした。

インタビューで先生にいただいたお言葉を抄録と動画にまとめ、ロボット技術に対して哲学をもってとらえ直す重要性を、真摯に伝えられるようにしたいと思います。

本当に充実した二日でした。突然のお願いにもかかわらずこのような貴重な機会をいただき、改めて深くお礼申し上げます。ありがとうございました。

先生は大変お疲れになったのではないかと存じます。どうかごゆっくりお休み下さいませ。

省察

上出君はそれだけのものを掴んで帰って行ってくれた。来てもらって良かった！　とくに、『臨済録』には「随所に主となれば立処皆真なり」が二カ所もあることに、気付いてくれた。ものごとはその気がないと観えないものだ。これで上出君が、仏教が大事にする「主体性」を常に念じていることがはっきり分かった。（森）

願い

僕の真意が日本ロボット学会会員へ伝わるように祈る。また、「十二因縁」など言い足りなかった。お礼への返事で伝えよう。（森）

二〇一六年六月一九日

件名：**お礼、への御返事**

上出　寛子　様

森　政弘　より

　僕が宮崎へ来てから初めての有意義な二日間も、アッと言う間に過ぎました。本当に夢のようでした。よくぞ遠路はるばる来て頂けました。

＞今は『法華経』を少しずつ勉強させていただいているだけですが、大蔵経にはまだまだ学ぶべきことがたくさんありますね。

　お分かりの通りすごく沢山あります。しかし濫読されてはいけません。幾つかの主要な経典をものにされてからにして下さい。貴女の場合、それは『法華経』と『般若心経』でしょうね。

＞縁起のお話も大変興味深く、仙台にもどったら辞典ですぐに調べてみようと思います。

　「縁起」は仏教の中心思想です。昔から「縁起を知る者は法を知る、法を知る者は縁起を知る」と言われて来ました。

　大仏教学者、平川彰先生の著作集第一巻は、『法と縁起』という厚さ五センチもある部厚な本です。平川先生も生涯の集大成の最初の本に「縁起」と名付けられた位に、縁起は重要な思想です。その中の四三一頁には「「十二因縁」（無明《むみょう》・行《ぎょう》・識《しき》・名色《みょうしき》・六入《ろくにゅう》・触《そく》・受《じゅ》・愛《あい》・取《しゅ》・有《う》・生《しょう》・老死《ろうし》）は難解な思想である」と述べておられます。

因みに、『般若心経』の中に、「……無無明亦《やく》無無明盡乃至無老死亦無老死盡……」とありますが、これは、「十二因縁」さえも否定するのが空の思想「般若波羅蜜」だからです。「十二因縁」は釈尊が悟られた時の思想のひとつだと言われています。


＞先生にいただいたお言葉を抄録と動画にまとめ、ロボット技術に対して、哲学をもってとらえ
＞直す重要性を、真摯に伝えられるようにしたいと思います。

　あれだけ沢山の録画を編集されるのは大変な仕事でしょうが、是非よろしくお願い致します。

＞先生は大変お疲れになったのではないかと存じます。

　有難うございます。しかし明日はＮＨＫがロボコンの本を出版するための取材です。それが済んだらやっと休めます。

二〇一六年六月二二日
件名：**ご無事ですか**
森　政弘　先生
上出　寛子　より

九州では大雨のようですね。宮崎でも被害が出ているとニュースで聞きました。

先生はご無事でしょうか。飛行機の中から美しい雲海を見ている時もそうですが、自然災害があるたびにも、

「自然は人間がコントロールする対象ではない」

という先生のお言葉を思い出します。

二〇一六年六月二二日

件名：**ご無事ですか、への御返事**

上出　寛子　様

森　政弘　より

> 九州では大雨のようですね。宮崎でも被害が出ているとニュースで聞きました。
> 先生はご無事でしょうか。

お見舞い有難うございます。

我が家は何ともありませんので、ご安心を。ただ、あの翌日、翌々日は雷雨が凄く、近所に落雷もありました。

「自然は人間がコントロールする対象ではない」

は銘記しておいて下さい。

名古屋への引越しでご多忙でしょう。名古屋へ落ち着かれたら、またメールで文通しましょう。

では!!

# 第一七章　仏教と科学をつなげる

二〇一六年七月一日〜
同年七月一九日

二〇一六年七月一日

件名：**名古屋大学に着任致しました**

森　政弘　先生　　　　　　　　　　　　上出　寛子　より

本日無事に名古屋大学に着任致しました。

先生に教えていただいた本をようやく手に入れることができ、大変楽しみです。

名古屋大学でのプロジェクトは数々の企業と連携で行うものです。

ホンダの方々とも研究をさせていただいているのでよく感じるのですが、企業の方はやはり「役に立たないといけない」とか「売れるものを作らないといけない」という、会社運営の要請に反省的でいるということが難しいようですね。個人としては仮にそうだったとしても、雇われている以上、吾唯足知《われただたるをしる》の精神＊を行動に移すことは困難なのだと思います。

上出さんは車会社にご縁があるから、そのうち自動車関連の企業に呼ばれるのではと、おっしゃって下さる方もいらっしゃいますが、やはりわたしは、技術開発を何らかの形で支援しながらも、技術とは何かという社会的意義を哲学として考えて発言できる立場にいたいと思います。

**＊吾唯足知の精神**……仏教では、貪欲・怒り・無智の三つは、三毒

と言って心の最悪な状態とされている。この貪欲の制御を、「吾唯足知」、とか、「少欲知足」と、表現することも多い。

名古屋もとっても暑いです。体調崩されませんようにご自愛ください。

願い

僕が推薦した本も直ぐに買い求める努力家だ。上出君の自覚を更に支えて上げたい。（森）

二〇一六年七月一日

件名：**大事なこと**

上出　寛子　様

森　政弘　より

是非お伝えしたいことがあります。

＞上出さんは車会社にご縁があるから、そのうち自動車関連の企業に呼ばれるのではと、……や
＞はり私は、技術開発を何らかの形で支援しながらも、技術とは何かという社会的意義を哲学と
＞して考えて発言できる立場にいたいと思います。

是非、その立場を死守して下さい。もちろん、自動車会社そのものは大事ですが、貴女は、トヨタであろうと、ホンダであろうと、「一自動車会社のために、この世に生を受けられた方ではありません」。貴女には、「科学技術や論理の世界へ、「二元性一原論」や仏教の原理を（言葉は荒いですが）ぶち込む使命がおありです」。

今日は、これを申し上げたかったのです。では、お休みなさい!!

省察

先生も、このようにおっしゃって下さっている。「科学技術や論理の世界へ、仏教の本質を伝える」というわたしの使命感をしっかり守っていこう。

願い

上出君は学会活動を積極的に行う人だ。広くいろいろな国際会議へも参加するので、応援したい。（森）

二〇一六年七月五日

件名：**日本ロボット学会への原稿**

森　政弘　先生

上出　寛子　より

今日は、日本ロボット学会への原稿を添付してお送りさせて頂きます。タイトルはシンプルに「ロボット工学とロボット哲学」としてみました。先生に作っていただいた資料とビデオ録画のデータを書き起こしながら書きました。どうかご確認をよろしくお願い申し上げます。

ところで七月七日からＡＲＳＯ*があり、上海に行ってまいります。

＊注：ＡＲＳＯとは、二〇一六年の七月に上海で行われた、社会ロボットの国際会議（本書三六二頁の注を参照）。上出はこの国際会議で「三性の理」を発表したが、それが好評を博し、後に、上出は、この年一〇月に北京で開催される World Robot Conference という、巨大なロボットの国際会議の関連ワークショップで、再度「三性の理」を発表するよう、依頼を受けた。（二〇一六年五月二六日の上出から森へのメール参照。）

特別省察

今年はＡＲＳＯをはじめ、World Robot Conference のワークショップの他、幾つもの国際会議で仏教哲学に関する発表を依頼される機会が増え、本当にありがたく思っている。ＡＲＳＯ以後は、わたしの方から発表させてくださいと頼んだ事は一度もないのに、向こうから依頼が来る。先生は、それはこちらに「計らい」がないから、ひとりでに向こうの仏性がこちらの仏性を迎えに来るのだと、おっしゃる。先生は「計らい」は自己中心的な心が元になっているから仏道に合わないと、教えてくださっている。なるほど、「計らい」をなくすれば、このように、頼まないのに向こう側から依頼が来る。尊い体験だと思う。わたしは「自分が相手から講演に招待された」のではなく、世界中に存在しているお釈迦様の御《み》教《おし》えが、時間と共に次々とつながり合っていくのを、そばで拝見させていただいているような気分がしている。（上出）

二〇一六年七月一一日

**件名：日本ロボット学会への原稿とＡＲＳＯご報告**

森　政弘　先生　　　上出　寛子　より

日本ロボット学会への原稿は、上海で開かれた国際会議から帰ってきてから、じっくり訂正をいたしました。ご確認頂ければ幸いです。

ＡＲＳＯでは産業技術総合研究所の横井一仁先生が三性の理*に興味を示してくださり、またロボット法を研究されている弁護士の先生も、技術と価値をわけて考える点がとても重要だとおっしゃってくださいました。

＊「三性の理」とは……本書には、すでに何回も出て来ている仏教教理だが、これが納得できると視野が広がる。また仏教を理解する入門としても大切なものである。森もこの「三性の理」から仏教哲学へ入門した。本書一六五頁の注を参照。

ただタイムスケジュールがうまくいっていない学会で、どの発表にも質疑応答の時間がなく、それ以上のコメントはいただけていません。でも、今後もこのような機会がありましたら、どんどん発表していきたいと思っています。

願い
上出君にも仏教語の正しい読み方を教えて上げたい。（森）

二〇一六年七月一一日
**件名：日本ロボット学会への原稿、への御返事**

上出　寛子　様

森　政弘　より

拝　復

∨ご確認いただければ幸いです。

添付の「日本ロボット学会への原稿」を訂正されたもの拝見しました。

短い中に深く大きな内容が平等に配置され、濃縮されていて、ここまで仕上げられるのは、さぞ大変でしたでしょう。ご苦労様でした。

ただひとつお願いがあります。それは本文中でお使いになった仏教用語に「ルビ」が欲しいということです。四箇所あります。左記です。

（1）般若――「ハンニャ」

（2）仏性――「ブッショウ」

（3）懺悔――「サンゲ」（仏教ではザンゲと濁らずサンゲです）

（4）貪欲――「トンヨク」（これもドンヨクと濁らずトンヨクです）

∨今後もこのような機会がありましたら、どんどん発表していきたいと思っています。

貴女のその積極性大いに評価させて頂きます!!

省察
そうだ、仏教読みも正式なものをきちんと覚えよう。人に伝える時も同様に。

願い
上出君はかなり仏教理会のレベルが上がってこられたので、一切経の中の検索方法についても教えて上げたい。（森）

二〇一六年七月一二日
**件名：一切経検索、少室六門、ゲーテ**
上出　寛子　様
森　政弘　より

今日は、かなり高級な話です。
（一）先ず始めは『大正新脩大藏経』の検索についてです。
これまで僕の本の担当者だった、佼成出版社の大室英暁さんから、大変長いＵＲＬが貴女と僕用に送られて来ていましたので、それをここにお届けします。これは「ＳＡＴ大正新脩大藏経テキストデータベース」のURLで、あの膨大な『大正新脩大蔵経』の全検索が可能です（本データベースの制作にあたった組織の本拠は東大の中にある）。これで選び出せばどの経典でも拝読出来ますね。（さらに今では、この長いURLはなしで、インターネットで検索すれば、大正新脩大蔵経テキストデータベースに入れます。）

**願い**

ここで、相当専門的になるが、上出君は『大正新脩大蔵経』の検索もできるようになられたので、禅の古典も読んで欲しい。その取っ掛かりに『少室六門』はどうだろう。（森）

（二）次は、『少室六門《しょうしつろくもん》』についてです。

これは『大正新脩大蔵経』第四十八巻、諸宗部五、第二〇〇九番にあります。この第四十八巻は禅宗の古典を集めたものです。右記を使って検索してみて下さい。

『少室六門』は達摩《だるま》大師の著作と言われています。その「少室」とは、達摩大師が足がなくなるまで（九年間？）面壁《めんぺき》坐禅された少林寺のことです。

「達摩」は達磨とも書きます。釈尊から十大弟子の一人、摩《ま》訶《か》迦葉《かしょう》に直伝《じきでん》された「禅」には（拈華《ねんげ》微笑《みしょう》＊の物語があります。『岩波仏教辞典』参照）、その後、達摩・臨済……と、大和尚様が時々現れました。

その『少室六門』の第五門、悟性論《ごしょうろん》には、

一切の煩悩は如来の種子となる。
煩悩によりて智慧を得るがためなり。
衆生と菩提《ぼだい》とは、また氷と水の如し。
蛇は化して龍となれども、その鱗《うろこ》を改めず。
衆生佛を度し、佛衆生を度《ど》す。是を平等と名《なづ》く。
（「度とは悟らせること、三途の川を「渡す」と同意）
衆生佛を度すとは、煩悩、悟解《ごげ》を生ずることなり。

---

**＊拈華微笑とは**……ある時お釈迦様が弟子たちをお連れになって霊《りょう》鷲山《じゅせん》で、一本の花を取って示されたところ、みな何のことかわからず黙っていたが、摩訶迦葉（お釈迦様の十大弟子の一人）だけがその意味を理解してにっこりとほほえんだ。そのために、お釈迦様は迦葉に法を伝えられた、という故事である。これが禅宗のモットー「以心伝心」の元になっていると聞く。

佛衆生を度すというは、悟解、煩悩を滅するなり。
煩悩なきに非ず、悟解なきに非ず。ここに知る、
煩悩に非ざれば以て悟解を生ずることなく、
悟解に非ざれば以て煩悩を滅することなし。
若し迷える時は佛衆生を度し、若し悟れる時は衆生佛を度す。
何を以ての故に。佛自ら成らず。皆衆生を度するに由る。
故に諸佛は無明を以て父と為し、貪愛を以て母と為す。
無明貪愛は皆是れ衆生の別名なり。……（要約。森読み下し。）

と書かれています。

すでにその頃から「二元性一原論*」だったのですね。これが僕の知る限りでの「二元性一原論」の最古の記述です。

---

＊**「二元性一原論」**……すでに何回も述べたが、仏教思想の核心であって、森の著書『仏教新論』にはこれが一貫して詳しく述べてある。矛盾の構造をしているので普通の論理で考えただけでは納得できず、実践的な修行を必要とする。

また、『白隠禅師坐禅和讃』（「衆生本来仏なり　水と氷の如くにて」で始まる）にもあるように、水と氷の例えは大昔からあったのですね。

これは昔、和尚様から教えて頂いたことですが、「『少室六門』の第一門から第六門までを順に拝読すると、坐禅していて夜が更けるにつれ、禅定の具合も深くなって行くのが分かるじゃろう」とのことで、なるほどと思いました。

願い

何の道でも奥義を究めると仏教の教えに近くなってくる。上出君も仏典だけ味わうのでなく、西欧の文豪の書も味わって欲しい。今回はゲーテを示そう。（森）

（三）ゲーテ詩集より

先日新井先生とご来訪頂いた時、『ゲーテ詩集』に「神即自然の顕現」という金言がある所をお目に掛けましたが、今日はその数頁前に「五つのこと五つを生ぜず」というのがあって、それについて語りたいです。（『ゲーテ詩集』高橋健二訳、新潮社より。）

この内容は、貴女はもう身に付けておられるので、貴女ご自身への参考にはなりませんが、僕は大学時代より心に刻み込んだ詩です。学生たちの教育には役立ちましょう。

五つのこと五つを生ぜず。
汝、この教えに耳を開け。
驕慢《きょうまん》の胸に友情めばえず、
礼にならわざるは卑賤《ひせん》の仲間、
無頼の徒は大をなさず、
嫉《ねた》む者は弱点を憐れまず、
虚言をなす者は誠と信を望み得ず、
こを肝に銘じ、ゆめ惑わさるるなかれ。

仏教を学ぶ以前は、ゲーテの本は僕の生き方指導書でした。

僕の時代の旧制高等学校生は、たとえ理系でも、哲学や古典をかじっておかなければ、友達仲間に入れて貰えませんでした。生意気でも「見よ、ソロモンの栄耀《えいよう》も、野の白百合に及《し》かざるを」などと大声で歌いながら名古屋市の町中を闊歩《かっぽ》したものです。

まだまだ貴女にお伝えしたいことは沢山あります。でも、今日はこの辺で。

二〇一六年七月一三日

件名：いろいろお教え頂きありがとうございました。

森　政弘　先生　　　　　　　上出　寛子　より

ご連絡をありがとうございます。

『大正新脩大藏経』の目録の索引を拝受いたしました。早速『少室六門』を検索したところ、第四十八巻の三六五頁にございました。貴重な資料をいただきありがとうございます。

拈華微笑は、言葉を介さずとも意味が伝わるという点で、不立文字《ふりゅうもんじ》（文字による教説でなく体験によって伝える）を骨子とする禅の世界では理想的な伝わり方だと思いました。

悟性論の教えもまったく二元性一原論ですね。中間ではなく片方だけをとらない「中道」であることがいかに重要なのか、そしてこれは同時に難しいことであるとも感じます。

昨日は哲学がご専門の方々とお話をしていたのですが、ある学生に生きる意味はあるのかないのかと質問されて、どう答えていいものかと若手の先生が困っておられました。これも二見に堕*していて、自分の問いの立て方自体が、自分の見方を狭くしてしまっていることに気がついていない例だと思います。

＊**「二見に堕す」とは**……この世界の真理は、正反対の二つ（「陰・陽」と言ってもよい）が協力し、融合して巧く動いているということなのに、その一方を嫌った態度のこと。ちょうどブレーキなしで、アクセルだけで車を走らせるのに例えられる。この態度は仏教では堕落と見る。「二見に堕すな」は、非常に重要な教えである。

「水を離れて氷はない」――違うものの中に同じものを同時に観《み》るという視点が、腰を据えて安らかに生きる上で、いかに大事かということを実感しました。弥勒《みろく》菩薩様も前世は「求名《ぐみょう》」という利己的欲望に執着するお弟子さんだったと『法華経』に書いてありました。

初めから煩悩も何もないということが悟りなのではなく、無明と気づきの二元を超越したところに一原の悟りがあるのだと思います。

ゲーテの詩集の「五つのこと五つを生ぜず」を教えて頂きありがとうございました。高度経済成長の後の、物と情報が有り余る今の日本にとっては、本当に大切なことだと思います。基本的なことですよね。こういうことは仏教だけではないと思います。

謙虚であることはどのような場においても、念頭に置かなければならないと深く感じます。わたしも失敗したなと思う時は、その謙虚さを忘れている時です。自分がかわいいばかりに、他人や自然をおろそかにしていては、結局自分自身が損なわれていくことを、個々人が認識しないといけないと思います。

ただこういうことを他人からはっきり言われると、たいていの場合疎ましく思うことが多いでしょうから、自分で気づけるきっかけ作りが大切だと思います。

九月の日本ロボット学会学術講演会がそうなれば嬉しいです。

今日は茨城県つくば市の産業技術総合研究所（産総研）に自動運転の技術調査に行くため、新幹線に乗っています。

もうそろそろ豊かさの爆発曲線*を抑えていかないといけない、ということを問題意識として持ちながら、研究として何ができるのかを考えてみたいと思います。

**＊爆発曲線とは**……人間の欲望を火薬の爆発に例えて、いくら得ても、欲望が満たされず、得れば得るほど一層欲しくなる傾向のこと。人間のこの傾向が地球を危なくしている。

そちらの雨は大丈夫でしょうか。蒸し暑い日が続きますがご自愛ください。

願い

よし、上出君の理会、手応え充分だ。では『臨済録』からの金言のひとつを教えて上げよう。

（森）

二〇一六年七月一三日

件名：**臨済録より**

上出　寛子　様

森　政弘　より

拝　復

『少室六門』やゲーテの「五つのこと」もちゃんと受け止めて下さって、有り難いです。

＞今日は茨城県つくば市の産業技術総合研究所（産総研）に自動運転の技術調査に行くため、新

＞幹線に乗っています。

それに関して、今日は『臨済録』の中にある大切な教えのひとつをお伝えします。

「在途中不離家舎、離家舎不在途中」

（途中にあって家舎《かしゃ》を離れず、家舎を離れて途中に在せず）

です。出張中は家に居ると思え、家に居る時は出張中と思え、ということで、またもや「矛盾」的言回しですが、ここで、

家舎＝大学、

途中＝共同研究する企業

と、代入してみて下さい。すると、ひとりでに、どういう心掛け、どんな態度で共同研究に臨めば良いかが、演繹されます。

僕の現役時代、和尚様が僕に「企業を指導するのは良いが、企業に巻き込まれてしまって大学教授としての立場を失うのではないか？」と質問された時、「家舎を離れて途中に在せず」です、とお答えしたら、「それならば大丈夫」と合格させて頂けました。

共同研究では、ここが難しく、相手が自動車会社ならば、自動車会社というものの立場を理解し、相手の身にならなければいけません。だからと言って、こちらの主体性を失ってはだめです。ここでも「二見に堕すな」が役立ちます。

結局、何でも、「二元性一原論」に落ち着きますね。

では、また!!!

省察

これで心がスッキリした。

二〇一六年七月一五日

件名：**共同研究の心得**

森　政弘　先生

上出　寛子　より

昨日つくばから帰ってきました。

産総研の先生方がわたしの研究を紹介させていただける機会をくださったので、本当の注意とは「不注意」と「注意」の合一だ、ということをできるだけ丁寧に説明したつもりですが、「不注意」の研究はすでに「ディストラクション（運転を邪魔するもの）」として多くの研究があるのにどうしてこの研究をする意味があるのかと、ご指摘を受けました。

「不注意」＝悪という考えがやはり強くあるんだなと実感しました。

一方でこのように自分の説明が十分には通じなかったということは、自分の立場をいったん離れて相手の言うことを真摯に聞いてみるということがわたしにもできていなかったからだと思います。一緒に研究してくださっている先生方がフォローをしてくださったので、今回は助かりましたが毎回が練習ですね。

＞「在途中不離家舎、離家舎不在途中」
＞（途中にあって家舎を離れず、家舎を離れて途中に在せず）

　ありがとうございます。これができるようになるにはやはり随所において主となることが大切ですね。企業と大学ではやはり方向性が違います。だからといって、売れるもの作りがだめで、原理や問題を探求するアカデミアが良いという態度では、何も進まないですし、亀裂が深まるばかりです。

　広い視野と主体性を持ちながら、色々な先生方や研究者の方々と関わることができたら、自分がずっと成長すると思います。辛辣な指摘を受けても「仏様が来られた」と思って、自分の智慧を深める機会にしたいと思います。

　これから研究会で仙台に行ってきます！

願い

上出君は、自分に対する辛辣な批判も、きちんと仏教的に受け止められるようになられた。よし、それでは、『少室六門』について言い足りなかったこともあるし、平川彰先生のご本に現代の危機感に言及されている所も見付かったし、さらに道元禅師の金言も念のため教えて上げよう。

二〇一六年七月一七日

件名：**少室六門の般若心経・平川先生も危機感・自未得度先度他**

上出　寛子　様

森　政弘　より

暑くなりました。名古屋は元々、東京より数度夏は気温が高かったのですが、今は如何ですか。今日は、お話が三つあります。

（一）『少室六門』の『般若心経』

先にお話しした『少室六門』についてですが、ネットから検索すれば（本書四八七～四八八頁参照）、『少室六門』の冒頭が出て来ます。そこには、

T2009_.48.0365a10：第一門心經頌

T2009_.48.0365a11：摩訶般若波羅蜜多心經

T2009_.48.0365a12：智慧清淨海。理密義幽深。波羅到彼岸。……

とあり、これが僕が知っている最古の『般若心経』の説明です。『般若心経』は達磨大師の頃か

ら延々と継承されて来たのですね。ご参考までに。

（二）平川彰先生の『大乗仏教入門』に、やはり、現代文明の危機についての文章があるので、僕が要約したものを、以下にお届けします。

西洋文明は、人間の欲望を肯定して、幸福を実現していこうというものだが人間の欲望には限りがない。例えば、リニア新幹線も時速五〇〇kmもの速度を目指すというように、歯どめがない。欲望肯定の文明には歯どめとなる「中道」がない。

炭酸ガスの増加も、石油の消費を抑え、熱帯林の伐採を止めればよいのだが、それができない。それは、人間の欲望を制御する理念が、弱いからだ。

本来、我々の世界は調和し、炭酸ガスと酸素の循環が成立している。だが人間はその事を知りながら、調和を壊している。これは生存上の根本的な矛盾である。

仏教には、自己否定を媒介にして、より高く自己を超えて行く自己肯定の思想がある。これが「中道」である。

唐木順三さん始め、先見性のある仏教関連者は、皆危機に警鐘を鳴らし、最後の解決は仏教の

「二元性一原論」だと発言されていますね。

（三）自未得度先度他（「じみとくどせんどた」と、一気に発音します。）

これは道元禅師の金言のひとつで、拙著『仏教新論』の第四章「仏道での「一つ」」に載せているので貴女はとっくの昔からご存じでしょうが、菩提心について、道元禅師が述べられた、つぎのような金言があります。小生はこれを拝読したとき、はらはらと涙を流した覚えがあります。

菩《ぼ》提《だい》心《しん》を発《おこ》すといふは己《おの》れ未だ度《わた》らざる前《さき》に一切衆生を度さんと発願《ほつがん》し営むなり、設《たと》ひ在家にもあれ、設ひ出家にもあれ、或ひは天上にもあれ、或ひは人間にもあれ、苦にありといふとも楽にありといふとも、早く自未得度先度他の心を発すべし。其形《そのかたち》陋《いや》しといふとも、此心を発せば已《すで》に一切衆生の導師なり、……衆生の慈父なり、男女を論ずること勿れ、此れ仏道極妙の法則なり。（『修証義《しゅしょうぎ》』第四章「発願利生《ほつがんりしょう》」より）

これについて、昔、僕の現役時代、問題学生に何とか目覚めて貰おうと、四人ほどを車に乗せて海禅寺へ坐禅に連れて行った時、和尚様がおっしゃいました。「皆、自分が悟りたいから坐禅に来るのじゃが、君の様に他の人（腰抜けの学生）を坐禅させに誘うのは、より仏道にかなっとる……」と。

では、暑さに負けずお元気で!!!

二〇一六年七月一七日
件名：**平川先生も危機感・自未得度先度他、へのお返事**
森　政弘　先生　　　　　　　　　　　　上出　寛子　より

メールありがとうございました。

お送り頂いた、平川彰先生のお言葉の中によっても裏付けられました。

「仏教には、自己否定を媒介にして、より高く自己を超えて行く自己肯定の思想がある。」とあるように、二元性一原論を体現することが本当に大事なのですね。そして、これがまさに「中道」だと思いました。


「自未得度先度他」についても教えていただきありがとうございました。

これまでは、自分が悟っていない状態で仏教の教えを人に伝えるのは、間違うかもしれないし、不適切なのではないのかと自問することがありました。しかし、菩薩行とは自利よりも利他を心がけることであり、本来は、自分も他者も「一つ」であるということに基づいた、慈悲の心であると気づきました。道元禅師様のこのお言葉は本当に「慈悲」の表れですね。己未だ渡らざるより〝先に〟という心の持ち方に、はっといたしました。お教えいただき、どうもありがとうございました。

省察

上出君の「中道」の理会も、中間ではなく仏教的な止揚（次元向上）と、本物になっている。「中道」を支える矛盾の論法「二元性一原論」も完全に理会できている。熱心な坐禅のお陰だろう。三年半指導させて頂いた甲斐があった。仏道は無上であり、法門は無量だから、さらに高きへ向かって共に歩んで行こう。南無、御仏よ、よろしくお願い申し上げます。（森）

二〇一六年七月一九日

件名：**覚王山日泰寺へお参りさせていただきました**

森　政弘　先生　　　　　　　　上出　寛子　より

おはようございます。

昨日は早速、日泰寺へお参りをさせていただきました。

名古屋は本当に「猛暑」で、ジリジリと焼けそうな日差しが照っています。

日泰寺は本当に大きなお寺で、びっくりしました。

さすが日本の仏教の全宗派が協力して建立されたお寺ですね。日泰寺の「泰」は Thailand のタイであるとは知りませんでした。本堂の中にもタイ語の文字がありました。広大な本堂でご本尊様の釈迦如来様を拝ませていただき、その後奉安塔へお参りしました。こちらにお釈迦様のご真骨がと思うと、不思議にしんとした気持になりました。

同時に、まだまだ自分には準備が足りないなという反省にも似た気持にもなり、これからひとつひとつ学びを大事にしようと、心が自然と改まりました。

お釈迦様のおかげだと思います。

多くの人は、仏教の教えを、技術の進歩と真っ向から対立する、いわゆる一般的な倫理的配慮のようなものだと思っていると思います。これでは技術の進歩と同じ次元に仏教が配置されていて、いつものように、いずれを取るかという永遠の水かけ論になり、問題は解決しません。仏教の考えとは、技術の進歩と欲望の制御の両方を自由自在に行き来できるようになる「中道」であり、この視点が身につけば、自然と調和へと向かうことができることに、気づくことが大事なのですね。

**省察**

無上甚深微妙《むじょうじんじんみみょう》の大宇宙の真理を発見されたお釈迦様のご真骨のすぐ前に立ち、合掌礼拝させていただくことができた。名古屋大学へ転任してきたことは、限りなくありがたいことだとしみじみ思い、じっと手を合わせていた。この気持は言葉を絶し、文字を絶し、しばらく無言のまま、たたずむのみでした。

合　掌

覚王山日泰寺パンフレット（表）

# 覚王山日泰寺略記

一八九八年(明治三十一年)一月、ネパールの南境に近い英領インドのピプラーワーというところで、イギリスの駐在官ウイリアム・ペッペが古墳の発掘作業中ひとつの人骨を納めた蠟石の壺を発見した。その壺には西暦紀元前四世紀頃の古代文字が側面に刻みこまれており、それを解読したところ「これは佛陀世尊の舎利(骨)を収める器であり、栄光ある釈迦族の人々とその兄弟姉妹妻子たちのものである」と記されてあった。これは原始佛典に、釈尊が死去した後、遺体を火葬に付し、遺骨を八つに分けてお祀りし、その中釈迦族の人々もその一部を得てカピラヴァツに安置したとある記載が事実であったことを証明するものである。当時十九世紀の西欧の学者の間では、佛教の教祖である釈尊なる人物はこの地上に実在したものではあるまいという見方が一般的であって、一部の学者にいたっては釈尊信仰は太陽神話の一形式であるとの見方をしていたほどである。そうした状況がこの発掘によって一変し、釈尊の実在が立証されたわけであり、まことに十九世紀東洋史上の一大発見であったわけである。

その後インド政庁はこの舎利器と若干の副葬品の呈出をうけ、舎利器その他はカルカッタの博物館に納めたのであるが、釈尊の御遺骨についてはこれを佛教国であるタイ国(当時シャム)の王室に寄贈したのである。時のタイ国々王チュラロンコン陛下は大いに喜ばれ佛骨を現在もあるワットサケットに安置しお祀りしたのであるが、その一部を同じく佛教国であるセイロン、ビルマに分与せられた。この時日本のタイ国弁理公使稲垣満次郎はバンコクに於てこれを見聞し、羨望にたえず、日本の佛教徒に対してもその一部を頒与せられんことをタイ国々王に懇願し、その結果「タイ国々王より日本国民への贈物」として下賜するとの勅諚が得られたのである。

稲垣公使の通牒が外相青木周蔵によせられ、直ちに日本佛教各宗管長に対して、受け入れ態勢の要請がなされ、当時の佛教十三宗五十六派の管長は協議を開いてタイ国々王の聖意を拝受することを決定、明治三十三年六月に奉迎の使節団を結成し、正使に大谷光演(東本願寺法主)、副使に日置黙仙(曹洞宗後に永平寺貫主)の他、藤島了穏(浄土真宗)、前田誠節(臨済宗)等がタイに渡り、六月十五日バンコク王宮に於てチュラロンコン国王より親しく御真骨を拝受し、又使節団が帰国後、佛骨奉安の寺院を超宗派で建立するとお約束を申しあげたところ、完成時の御本尊にとタイ国々宝の一千年を経た釈尊金銅佛一軀を下賜された。(表紙写真)

奉迎使節団は御真骨を奉持して帰国後、京都妙法院に仮安置し、佛教各宗の代表が集って新たに御真骨をお祀りする寺院の建立計画を協議したが、候補地をめぐって意見が分れ、これの調整に甚だ難渋した結果、名古屋官民一致の誘致運動が最後に効を奏しようやく名古屋に新寺院を建立するとの結論を得た。ここに於て名古屋市民あげての協力によって現在の地に十万坪の敷地を用意し、明治三十七年、釈尊を表わす「覚王」を山号とし、日タイの友好を象徴する日泰寺の寺号をもった現在の覚王山日泰寺が誕生したわけである。

釈尊御真骨を安置する「奉安塔」は東大教授伊東忠太の設計によって、ガンダーラ様式の荘麗なる花崗岩の佛塔で大正七年に完成し屹立した偉容を誇っている。以来漸次伽藍整備が行なわれてきたが、昭和五十九年、現在の大本堂落成に際し、七月十六日、本堂建築の任に当った鷲見弘明日泰寺代表役員と斡旋の労をとった江崎真澄国務大臣は招きをうけてバンコク王宮に伺候、タイ国々王プミポン陛下の謁見をうけ、新本堂完成の御報告を申しあげたところ、懇切なる御祝辞とともに金銅釈迦如来像一体と直筆の勅額一面を頂戴した。勅額は本堂外陣正面に掲げられタイ文字で「釈迦牟尼佛」と記され両側にはプミポン、チュラロンコン両帝の御紋章が輝いている。現在、この大本堂をはじめ大庫院香積台、大書院鳳凰台、普門閣等諸伽藍が林立し名古屋を代表する大寺院となっている。境内東側丘陵地には二万五千坪の広大な墓地を有しこの中には松坂屋伊藤家、豊田一門、滝兵、滝定等名古屋名家の墓所が多い。

この寺院は成立の性格上日本佛教徒全体の寺院であり、いずれの宗派にも属していない単立寺院であって、その運営に当っては現在十九宗派の管長が輪番制により三年交代で住職をつとめ、各宗の代表が役員として日常の寺務に携わっている。日本でも唯一の全佛教寺院として特異な存在である。

年中行事としては二月十五日涅槃会、四月八日の花まつり、五月のウェサカ祭、六月十五日の奉安記念法要、十二月八日成道会、春秋彼岸会法要、等々。特に毎月二十一日の縁日は境内一円に露店が出店され終日殷賑を極め名古屋市民の信仰と憩いの場所となっている。

同（裏）

時代の要請か、科学技術の世界も技術を研究するだけでは済まなくなってきた。

正しい人間学というか、人間を真の幸福へと導く哲学が必要になってきたのである。それで日本ロボット学会の中にも「安心ロボティクス研究専門委員会」というのが設けられ、人の心に安らぎを与えるには、ロボット工学は如何にあるべきかが論じられるようになった。その研究会の幹事をしていたのが心理学出身の上出寛子であり、森政弘は教え子の生田幸士東京大学教授の紹介により、その研究会で講演をするということになったのであった。これが森と上出の邂逅の縁であった（なお、その時の委員長が新井健生大阪大学教授であった）。

まえがきでも述べたように、本書は、二〇一三年三月から二〇一六年七月までの、約三年半に渡る、森と上出という二人の科学者同士がやり取りした電子メールの文章を、仏教を軸に編集し直し、仏教初学者の参考に供しようとしたものである。

いうまでもなく、時間は永遠に続くので、少なくとも老齢化した森がパソコンを扱うことができる間は、この両者間のメールのやり取りは区切りなく今後も続くであろう。しかし一冊の本として出版するからには、当然どこかで区切って終らざるをえない訳で、どの時点を終りとすべきか考慮していた所、上出が名古屋大学へ転勤し、覚王山日泰寺の近くに居を構え、日泰寺へ参詣に行き、日本ではこの寺だけ（奉安塔内）に祀ってある、釈尊のご真骨の前で合掌し額《ぬか》ずく時点が最適だ、という結論に落ち着いたのだった。

ところで、本書をまとめ上げて非常に有難く感じたことは、内容の進展具合が、とくに上出の立場からすると、『華厳経』入法界品の善財童子の旅に似ているような気がするということであった。

善財童子は最初、文殊菩薩に会って発心《ほっしん》し、仏道を求めてインドの南方へ旅立ち、五十五人（俗説では五十三人）の善知識を次々と訪れながら、より高きへ向かって求道の旅を続け、観音菩薩や弥勒菩薩にも会い、最後に普賢菩薩に出会って正覚・自在力を得たわけだが、その善財童子の旅では、どの善知識も自分の境涯までは善財に教えはしたものの、「自分はここまでしか分かっていない、これ以上のことは何処何処に○○という方が居られるから、その方の所へ行ってお聴きなさい」と紹介し、導いて行くという格好を取っている。この五十人以上の紹介役を森一人に、善財童子役を上出になぞらえれば、ほぼピッタリと重なり合うのである。

さらに有難さが加わったのは、『法華経』の長者窮子の喩えを地で行かせて頂いているのが、この文通集と、上出の名古屋大学への転任だったと思われた点であった。
この比喩の窮子と同様、自分がそうとは気付いていなくても、知らぬ間に歩みを仏の方へと向けさせるのが、人の仏性というものである。上出が安心ロボティクス研究専門委員会以後、仏道を求めだしたこと自体が、その歩みの第一歩であり、名古屋大学への転勤は御仏が方便を使って吾が側へ呼び寄せられたのに違いない。しかも、釈尊のご真骨が祀られている覚王山日泰寺は、森が毎日小学校へ通う時、その前を通っていた寺院でもあった。
何と不可思議なご縁、巡り合わせであろうか。

「知らぬ間に 仏に呼ばれ 名大へ」

最後に、本書刊行については佼成出版社に、とくに大室英暁氏のお世話になった。ここに甚深の謝意を表させて頂く。

二〇一八年五月

著者の一人　森 政弘　しるす

著者略歴

**森政弘**（もり まさひろ）

1927年、三重県に生まれる。名古屋大学工学部電気学科卒業。工学博士。東京大学教授、東京工業大学教授を経て現在、東京工業大学名誉教授、日本ロボット学会名誉会長、中央学術研究所講師、ＮＰＯ法人国際ロボフェスタ協会特別顧問を務める。ロボットコンテスト（ロボコン）の創始者であるとともに、「不気味の谷」現象の発見者であり、約40年にわたる仏教および禅研究家としての著作も多い。紫綬褒章および勲三等旭日中綬章を受章、ＮＨＫ放送文化賞、ロボット活用社会貢献賞ほかを受賞する。おもな著書に『機械部品の幕の内弁当——ロボット博士の創造への扉』『ロボット考学と人間——未来のためのロボット工学』（共にオーム社）、『今を生きていく力「六波羅蜜」』（教育評論社）、『親子のための仏教入門——我慢が楽しくなる技術』（幻冬舎新書）、『退歩を学べ——ロボット博士の仏教的省察』『仏教新論』（共に佼成出版社）等がある。

**上出寛子**（かみで ひろこ）

1980年、大阪府に生まれる。大阪大学人間科学部人間科学学科卒業。博士（人間科学）。大阪大学特任助教、東北大学助教を経て、現在、名古屋大学特任准教授。日本ロボット学会の安心ロボティクス研究専門委員会幹事、ロボット哲学研究専門委員会委員長を務める。現在は、両委員会が終了し、引き続き、ロボット考学研究専門委員会を立ち上げ、委員長を務める。大阪大学総長奨励賞、日本応用心理学会優秀大会発表賞、日本ロボット学会研究奨励賞などを受賞する。

**ロボット工学と仏教**
――AI時代の科学の限界と可能性――

2018年6月30日　初版第1刷発行

著　者　森　政弘　上出寛子
発行者　水野博文
発行所　株式会社佼成出版社
〒166-8535　東京都杉並区和田2-7-1
電話　(03) 5385-2317 (編集)
(03) 5385-2323 (販売)
URL　https://www.kosei-shuppan.co.jp/

印刷所　錦明印刷株式会社
製本所　株式会社若林製本工場


ISBN978-4-333-02784-2 C0015